学校变革与教师发展丛书 | 主编 谢 萍 朱旭东

卓越学校领导力

学习与成就的基石

［英］戴杰思（Christopher Day）
［英］帕姆·萨蒙斯（Pam Sammons）
［加］肯·莱斯伍德（Ken Leithwood）
［英］大卫·霍普金斯（David Hopkins）
［英］顾 青（Qing Gu）
［英］埃莉诺·布朗（Eleanor Brown）
［英］埃尔皮达·阿塔里杜（Elpida Ahtaridou） 著

谢 萍 吕馨桐 向 怡 译

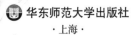

图书在版编目(CIP)数据

卓越学校领导力:学习与成就的基石/(英)戴杰思等著;
谢萍,吕馨桐,向怡译. —上海:华东师范大学出版社,2022
(学校变革与教师发展丛书)
ISBN 978-7-5760-2440-1

Ⅰ.①卓… Ⅱ.①戴… ②谢… ③吕… ④向…
Ⅲ.①中小学-校长-学校管理-研究 Ⅳ.①G637.1

中国版本图书馆 CIP 数据核字(2022)第 161129 号

卓越学校领导力:学习与成就的基石

著　　者　戴杰思 等
译　　者　谢　萍　吕馨桐　向　怡
责任编辑　张艺捷
责任校对　梁梦瑜　时东明
装帧设计　刘怡霖

出版发行　华东师范大学出版社
社　　址　上海市中山北路 3663 号　邮编 200062
网　　址　www.ecnupress.com.cn
电　　话　021-60821666　行政传真 021-62572105
客服电话　021-62865537　门市(邮购)电话 021-62869887
地　　址　上海市中山北路 3663 号华东师范大学校内先锋路口
网　　店　http://hdsdcbs.tmall.com

印 刷 者　上海商务联西印刷有限公司
开　　本　787 毫米×1092 毫米　1/16
印　　张　18.75
字　　数　266 千字
版　　次　2023 年 3 月第 1 版
印　　次　2023 年 3 月第 1 次
书　　号　ISBN 978-7-5760-2440-1
定　　价　58.00 元

出版人　王　焰

(如发现本版图书有印订质量问题,请寄回本社客服中心调换或电话 021-62865537 联系)

Successful School Leadership: Linking with Learning and Achievement

By Christopher Day, Pam Sammons, Ken Leithwood, David Hopkins, Qing Gu, Eleanor Brown, Elpida Ahtaridou

ISBN-10: 033524243X, ISBN-13: 978-0335242436

Copyright © Christopher Day, Pam Sammons, Ken Leithwood, David Hopkins, Qing Gu, Eleanor Brown and Elpida Ahtaridou 2011 by McGraw-Hill Education.

All Rights reserved. No part of this publication may be reproduced or transmitted in any form or by any means, electronic or mechanical, including without limitation photocopying, recording, taping, or any database, information or retrieval system, without the prior written permission of the publisher.

This authorized Chinese translation edition is published by East China Normal University Press Ltd. in arrangement with McGraw-Hill Education (Singapore) Pte. Ltd. This edition is authorized for sale in the People's Republic of China only, excluding Hong Kong, Macao SAR and Taiwan.

Translation Copyright © 2023 by McGraw-Hill Education (Singapore) Pte. Ltd and East China Normal University Press Ltd.

版权所有。未经出版人事先书面许可,对本出版物的任何部分不得以任何方式或途径复制传播,包括但不限于复印、录制、录音,或通过任何数据库、信息或可检索的系统。

此中文简体翻译版本经授权仅限在中华人民共和国境内(不包括香港特别行政区、澳门特别行政区和台湾)销售。

翻译版权© 2023 由麦格劳-希尔教育(新加坡)有限公司与华东师范大学出版社有限公司所有。

本书封面贴有 McGraw-Hill Education 公司防伪标签,无标签者不得销售。

学校变革与教师发展丛书

主编：谢 萍 朱旭东
编委（按照姓氏拼音顺序）：
  程化琴 戴杰思 何 暄 贾莉莉 裴 淼
  宋 萑 杨 洋 赵玉池 郑泽亚

总序

随着 2020 年 COVID-19 新冠肺炎疫情的全球暴发,全球各国的社会、政治、经济和生活等方方面面都受到很大的影响,教育领域也同样发生了重大的变化。人们普遍认为,在全球和国家发生根本性变化时,教育可以促进社会、经济和文化的转型,教育改革已经成为许多教育制度和学校发展计划的共同主题。从 20 世纪中叶以来,教育变革经历了不同发展阶段,先是在外部授权的改革模式中进行课程和教学的革新;逐渐有公众对公共教育和学校表现日益不满后导致改革资金投入减少从而导致对教育变革的关注也一定程度地减少;后来发展为转向授予地方学校决策权,并强调其责任。教育改革逐渐成为学校及所在社区进行平等管理的问题;在 20 世纪的后期,很明显,问责制和自我管理本身不足以成功地改变教育。教育变革开始更加强调组织学习、系统改革,而不是仅仅在教学,在课堂。教育工作者对教育变革的理解从线性方法发展到强调改革过程复杂性的非线性系统策略。教育变革的主要挑战是如何理解和应对不可预测的动荡世界中的快速变化。同样,改革的重点也从改组教育系统的单个组成部分转向改变某一学校或学校系统中盛行的组织文化,以及改变某一学校或系统的大部分需要改革的内容,而不是学校的不同组成部分。学校变革的意识和思维需要重新建构和进入新的阶段。

学校的变革是教育变革的核心内容,从教师、领导者和管理人员,到教育研究者、课程开发者和大学研究者,都需要在这段旅行中分工与合作。变革政策从萌芽到实现是一个漫长的、变化的、动态的过程。学校的许多变革都来自上级行政部门的要求。近年来,国内的"双减"政策、新课标的颁布、民办教育促进法实施条例、家庭教育促进法等各种政策、法律法规的出台随时都让教育工作者感受到:自上而下的变革有着法定的起源。英国政府发起了许多试图提升教学、学习和成就的改革,从现实来看,这种自上而下的改革不一定会引发真正的革新,也就是说,政策对于改变教师未来期望和教学方法也可能无法有直接的影响。① 一方面,自上而下变革的增多可能会使纯粹的教师自我变革空间缩减(House,1998),教师的自主选择受限,不得不在压力下重新学习以应对陌生的变革,这对许多老师来说都是一种挑战。另一方面,教学需要专业的知识,更需要良好的同事关系、灵敏而有目的的领导以及教师自己的使命感,这些可能是比政策强制更有力的提高教育质量的杠杆。②

同时,学校变革的成功与否与校长领导力、教师质量与专业发展密切相关。一切变革的成功实现都离不开学校的利益相关者的共同努力,学校领导力尤其是校长领导力、教师质量以及家校社协同等变量都非常关键。第一,在变革的环境下,校长的领导风格可以影响教师对变革的准备状态,③可以通过影响教师参与教学相关活动的意愿和参与的预期来影响教师的专业发展,校长变革领导中"营造支持环境"和"调整组织与绩效"两个因素对教师专业发展有更为显著的预测作用。④ 变革会给组织和个人带来一定程度的痛苦,但管理不善会造成过度或不必要的情绪痛苦。对于变革管理的关键不在于变革的起源是内部的还是外部的,而在于在设计和实施的过程中是否支持与包容教师的专业性。校长不能做一个对大规模改革毫无疑问的管理者或执行者,而应该运用道德目标和个人勇气,维护学生和教师的利益,建构一个动态学习的共同体,使所有成员都能够体验和享受深度学习。学校和教师工作模式的变革需要改变教师整体的工作状况与环境,在具体的情境中建立学习文化,因为学校文化氛围会塑造教师个人的心理状态。建构专业学习共同体可以发展一种新的文化,形成跨越学校内部层级结构和同一层次内部的能力结构和合作文化,为推进变革提供技术帮助、同辈

---

① Spillane, J. P. (2012). *Distributed leadership*. NY: John Wiley & Sons.
② Day, C., & Smethem, L. (2009). The effects of reform: Have teachers really lost their sense of professionalism?. *Journal of educational change*, 10(2), 141-157.
③ National Council for Curriculum and Assessment (NCCA) (2010), "Leading and supporting change in schools", discussion paper, available at: www.ncca.ie/en/Old%20Publications%20listing/Leading_and_Supporting_Change_in_Schools.pdf (accessed 2 January 2011).
④ Chang, D. F., Chen, S. N., & Chou, W. C. (2017). Investigating the Major Effect of Principal's Change Leadership on School Teachers' Professional Development. *IAFOR Journal of Education*, 5(3), 139-154.

群体支持和适宜的文化氛围。这种专业学习共同体不能只局限于一个学校内部,而应该形成跨学校范围的更大的共同体。对学校正式组织结构的重构也为变革的产生以及成员间的有效沟通提供了组织支持。

第二,学校的变革更需要教师的理解、支持、行动和付出。教师在变革中的专业性发展及其贡献也成为研究的重点。在教师个体的层面上,首先,教师的主体性是实现教育体系目标的核心。其次,教师的专业水平直接影响变革的实施效果。教育变革的成功取决于教师的审辨性思维、专业自尊、创新和创造的自主程度以及专业资本。[1] 教师的专业发展不仅可以提升自身的能力,还能促进学生成就的提升,校长可以通过支持教师专业发展的合作模式,促使教师成为变革的推动者。[2] 这就要求教师开展持续不断的学习,提升自身专业水平,寻找变革的正确方向与措施,同时也要防止专业共同体的合作学习强化错误的认知和手段。[3] 第三,变革将引发教师的情绪变化,积极情绪更能让教师利用自身的知识和承诺在学校变革的过程中进行专业性的参与。第四,教师间的合作是促进变革成功的重要指标。第五,教师的领导力是学校改善的关键因素,可以通过教师专业发展得以培养和促进。[4]

综上可以看出,变革已经成为教育领域的新常态,当教育生态系统作为更加开放的系统,各元素之间的相互依赖和促进变得越来越重要的时候,教师作为学校教育与变革的核心作用无论怎样强调都不为过。理论者和实践者之间逐渐地形成一定的共识,即传统的教育变革思维模式不再提供足够的概念工具来应对多维需求和变幻的情境。因此,也是基于以上的考虑,我们决定出版这样一套"学校变革与教师发展"的丛书,从前沿的理念和创新的实践来探讨在这样的变革时代中教师和学校如何才能实现可持续的发展与成功,追寻"变革"中那些永

---

[1] Hargreaves, A., & Fullan, M. (2015). *Professional capital: Transforming teaching in every school*. NY: Teachers College Press.

[2] King, F., & Stevenson, H. (2017). Generating change from below: what role for leadership from above?. *Journal of educational administration*.

[3] Hargreaves, A., Lieberman, A., Fullan, M., & Hopkins, D. (Eds.). (2010). *Second international handbook of educational change* (Vol. 23). Berlin: Springer Science & Business Media.

[4] Darling-Hammond, L. (2006). Constructing 21st-century teacher education. *Journal of teacher education*, 57(3), 300–314.

恒的"不变"。本丛书包含以下六本书,其中有三本是英文专著的中译本,有三本是专著,它们分别是:

1.《教育与激情》

本书是北京师范大学讲席教授戴杰思的一本经典专著。它将与"激情"的对话延伸到教师工作和生活的各个方面,从八个章节探讨我们为什么需要在教育中拥有"激情",如何才能永葆教育激情。从教师个体到学习共同体,从教育理论到教育实践,从教师学习到学校领导,本书带领教育工作者在教育旅程中满怀激情,寻找到一条幸福的志业之路。

2.《保持教学生命力:追求有品质的教师生活》

本书是关于教师成长与发展的前沿论述。通过分析教师工作与教师世界的复杂性,剖析是什么帮助和阻碍了教师的工作,以便帮助他们尽自己最大努力教好学生。作者将"竭尽全力教好学生"贯穿全书,一方面,教师尽其最大所能教学生很重要,但是并不一定每位教师都会这么做;另一方面,未必这样就能教好学生。因此,本书为教师保持教学的生命力和有品质的教师生活的"幸福"教育工作者提供了可借鉴和实施的理念、方法与策略。

3.《卓越学校领导力:学习与成就的基石》

本书是一项为期三年的有关学校领导力对学生成就影响的实证研究成果。通过对英格兰学校的抽样和创新的混合研究设计,研究全国范围内中小学校长的领导工作,探索领导力对于学生成就产生怎样的影响以及影响是如何产生的。所有这些学校都在提高学生成就的举措上取得了成功,并且至少连续三年具有增值成就。本书为教育循证领导与管理提供了详尽的数据支撑。

4.《学校领导与管理基础》

本书通过对学校"领导"与"管理"的全面剖析,结合全球研究理论,扎根中国本土,通过案例分析,使读者对学校发展过程中应该关注的基本要素和理论基础有一个比较扎实的了解,为对教育领导与管理感兴趣的研究者、学校领导实践者和愿意成为学校领导的人员提供可思考与学习的前沿领导与管理的理论知识与实践技能。

5.《变革时代的卓越校长是如何"炼"成的》

本书通过对全国不同类型的学校的优秀校长的典型案例深描,较为全面而生动地揭示卓越校长在变革时代中的学校领导的共性与差异,从而形成中国路径的卓越校长成长路径,为校长的专业发展与培养的政策制定和实践探索提供可参考的数据支持和循证依据。

6.《"变"与"不变":变革领导力的魅力》

本书在区域治理视阈下,探讨了学校中高层领导在学校变革中对变革的意愿与态度;引领变革的措施与决策;变革带来了怎样的效果与影响等一系列问题,从而启发这个不确定时代的变革领导的"变"与"不变"的精髓与魅力。

虽然学校的变革在世界各地都常常发生,但它仍然没有被世界各地的学界和教育工作者作为重要议题进行系统地讨论和分析。希望本套丛书的出版能够为推动国内学校变革和教师发展的研究尽一些绵薄之力,也希望能够通过大家的共同努力,能提出并形成一套属于中国本土的学校变革与教师发展的理论与实践模式,为教育研究与实践贡献智慧。

我们真诚地感谢在本套丛书的编著过程中无私奉献的每一位成员,不管是译者、作者还是在编著过程中给予建议、意见和帮助的专家、校长、教师、学生及助理等,还要感谢华东师范大学出版社在出版过程中辛勤付出的领导、编辑等,虽然没有办法在这里一一列举名字,但是对大家在过去这些年的一起陪伴和共同努力的感激之情无以言表。感谢我们的领导、同事和家人对我们工作的支持和鼓励,感谢所有关心、指导、帮助和支持过我们的人。本套丛书能顺利出版,离不开所有人的共同付出。同时,本套丛书也难免会有瑕疵或者错误与不当之处,如果您有任何的意见和建议,也请与我们或者任何作者取得联系,我们将在再版时修订完善。如果您有兴趣参与本套丛书再版或者有关学校变革项目,也欢迎随时与我们联系,谢谢您的帮助与支持。

谢萍博士
北京师范大学教育学部惠妍国际学院院长
cathyping.xie@bnu.edu.cn
朱旭东教授
北京师范大学教育学部部长
zhuxd@bnu.edu.cn
2022年6月

译者序

随着教育界对教育领导力研究领域的持续广泛关注,越来越多的海内外同行学者开始基于不同情境探讨不同领导力模型或者风格与学生学业成绩和教师专业发展等因素之间的关系,但是我们却很少关注或者深入研究"卓越领导力"(Successful Leadership),或者根据字面意思译为"成功领导力"。校长领导力的水平影响着学校的成败,正如戴杰思教授一直强调的那样,"我们要真正潜心研究的是卓越领导力,而不是单纯的领导力",正因为如此,他在2001年在全球范围内创建了"全球卓越校长领导力项目",至今已有二十余年,也使我在英国诺丁汉大学读博士期间有了机会近距离了解并参与到这个全球研究网络中,并有了将相关的研究书籍引入国内的想法。

博士毕业之后,我开始了在北京大学教育学院的研究工作,并开始邀约志同道合的小伙伴们一起探寻"领导力"的魅力,向怡和馨桐便是一路的同行者。开始着手翻译本书的时候,向怡还任职于英国伦敦的汉语学校,我和馨彤都分别在北京、上海工作。由于COVID-19的持续影响,汉语学校所受冲击也不小,学生人数锐减,我们也都开始长时间的居家办公,线下课转为线上网课。翻译的工作让我们长时间因疫情受困于家的生活变得更为充实而有意义,仿佛人生的黑暗时刻倔强开出的花朵,在属于自己的那片空间里绽放着。

《卓越学校领导力》一书是基于一项在英国开展的领导力实证研究,通过英国本土学校的实证数据来分析领导力策略和类型等的变化对于学校绩效和内部其他关键群体所产生的影响以及影响的程度,帮助我们了解成功的领导力背后的情境和其运作机制,从而进一步通过构建成功和有效的领导力模式,实现更为广泛的学校改进。

由于本书的数据是完全基于英国教育系统中特有的政策与制度来进行收集

的，虽然我们三人都有在英国求学的经历，也有机会多次深度走访英国当地中小学，对英国相关的教育政策、制度和情境有一定的了解，但是我们在翻译的过程中仍然会在忠实原文表达和中文语言可读性之间反复踌躇，特定的英国社会文化情境和中国读者的阅读习惯给翻译带来了不少的挑战，在此过程中也得到了不少专家的支持和学生助理的帮助，让我们不断地精进译文内容，但是仍然难免会因我们水平有限而致译文有不妥之处，还请各位读者、专家不吝指教。

最后，原著作者们在书中表达了这样的期待，他们所记录的这项研究，不应该仅仅被设置在英国的学校改革背景之下，还应该可以在更大更广的情境——世界学校改革的大浪潮之中，他们期待此书能为英国之外的同仁提供一个互相学习、互相借鉴的参考。在此，我们也怀揣同样的期待，一方面，希望书中关于卓越学校领导力的研究设计、研究发现等深入的讨论在此与国内广大教育工作者、科研学者和政策制定者分享，交流西方学界在教育领导力和管理学领域的前瞻研究成果，能为大家带来一些有益的启迪，并能够借此推进本土情境下卓越领导力理论和实践的探索和积累，为国内此领域的研究和实践贡献新思路、新方案和新路径。另一方面，书中记录的是截至原著成书之年，英国开展的规模最大、范围最广的有关领导力的混合研究，其中详实的图表及附录能为还在学习如何开展教育学实证研究的相关专业的硕士和博士研究生、青年学者提供一个良好的范例，促进读者成长与研究能力的不断提升。

谢　萍　吕馨桐　向　怡
2023 年 1 月

目录

图目录 / 1
表目录 / 2
附录目录 / 4
作者简介 / 5
前言 / 9
致谢 / 13

第一部分 成功的情境 / 1

第 1 章 领导者和情境：关于两者之间的关系，研究告诉了我们什么 / 3
第 2 章 所有成功的领导者在大多数情境下会做什么 / 18

第二部分 领导行为和学生成就 / 33

第 3 章 领导力模型和学生成就 / 35
第 4 章 小学和中学领导者之间的异同：领导力研究中一项被严重忽视的区别 / 62
第 5 章 改进起点不同的学校的领导者特点和实践 / 80

第三部分 校长们是什么样的人，为了获得并维持成功，他们做了什么 / 103

第 6 章 核心价值观和实践：领导力、学生学业及学校改进 / 105

第 7 章　学校改进的阶段 / 131

第 8 章　分层领导策略：领导者如何实现和维持学校的成功改进 / 148

第四部分　未来发展与前景 / 189

第 9 章　组织民主、信任和领导力的逐步分配 / 191

第 10 章　成功的领导力：情境、主张和特质 / 223

附录 / 243

参考文献 / 256

图目录

3.1　研究设计：整合高效能且已改进学校的证据 / 37

3.2　抽样总结 / 44

3.3　中学校长领导力实践五个维度之间的相关性 / 52

5.1　中学学校和改进小组过去十年校长在岗数量 / 86

7.1　使用数据——优先策略 / 138

7.2　课程个性化——优先策略 / 146

7.3　丰富课程——优先策略 / 146

8.1　校长的成功轨迹：格林帕克小学 / 158

8.2　分层领导策略：格林帕克小学 / 169

8.3　校长的成功轨迹：埃汉普顿中学 / 176

8.4　分层领导策略：埃汉普顿中学 / 186

9.1　信任的逐步分布 / 200

10.1　成功领导力的八个维度 / 230

表目录

3.1 第一阶段调查回收率 / 42

3.2 根据学校情境(免费校餐组)和学校改进组,中学样本数量情况 / 43

3.3 小学校长领导力实践四因素验证性因子分析模型基础的问卷项目 / 50

3.4 支持领导实践的 CFA 模型的调查问卷项目(二级项目) / 51

3.5 小学校长对过去三年学校环境下项目相关变化程度的看法 / 54

3.6 中学校长对过去三年学校环境下项目相关变化程度的看法 / 54

3.7 支持有关学校环境下学校改进的三因素验证性因素分析模型的问卷项目(中学校长) / 55

3.8 支持有关学校环境下学校改进的三因素验证性因素分析模型的问卷项目(小学校长) / 55

5.1 中学学校和改进小组过去十年校长在岗数量 / 82

5.2 学校改进小组对校长调查的回复 / 83

5.3 学校社会经济地位情境(免费校餐组)和中学校长的变动 / 85

5.4 按照中学改进小组划分校长对过去三年"学生失踪班级"变化的回复 / 93

5.5 按照小学改进小组划分校长对过去三年学校环境变化的看法 / 95

5.6 按照中学改进小组划分校长对过去三年学校环境变化的看法 / 95

5.7 按照小学改进小组划分校长对过去三年影响改进的最重要行动/策略的回复 / 98

5.8 按照中学改进小组划分校长对过去三年影响改进的最重要行动/策略的回复 / 99

7.1 各阶段的课程个性化和丰富化(小学) / 144

7.2 各阶段的课程个性化和丰富化(中学) / 144

7.3 不同阶段的改进战略的组合与积累 / 146

8.1 格林帕克小学：领导策略 / 155

8.2 埃汉普顿中学：改进策略 / 174

9.1 产生信任的品质：建立信任关系 / 197

9.2 各阶段领导权分配的性质(小学) / 210

9.3 各阶段领导权分配的性质(中学) / 210

附录目录

3.1 校长问卷调查的部分问题示例 / 245

3.2 小学校长对过去三年为实现改进而采取的三项最重要行动/策略的反馈分类 / 247

3.3 中学校长对过去三年为实现改进而采取的三项最重要行动/策略的反馈分类 / 248

3.4 中学的结构方程模型(SEM) / 251

4.1 小学校长对领导实践的看法和三年来学生成就的变化(2003—2005) / 252

4.2 三年来领导实践和中学学生成就变化的案例:结构方程模型(N=309) / 253

5.1 费舍尔家族信托(FFT)改进标志的定义 / 254

5.2 费舍尔家族信托按免费学校午餐(FSM)层级划分的改进学校和高效能学校 / 254

5.3 问卷回收率 / 255

作者简介

戴杰思(Christopher Day)是英国诺丁汉大学教育学院的荣誉教授。在此之前,他曾担任过学校教师、大学讲师和地方政府学校顾问。他是《教师与教学:理论与实践》(*Teachers and Teaching:Theory and Practice*)的杂志编辑,也是《教育行动研究》(*Educational Action Research*)杂志的联合编辑。他不久之前指导了三个研究项目:一个是在欧洲9个国家开展的、在充满挑战的城市环境中获得成功的学校领导模式项目,以及两个分别关于学校领导力和学生成就、有效课堂教学的国家项目。

目前,他又在指导一项在14个国家/地区开展的、关于成功学校领导模式的项目。其一系列有关教师和领导者工作、生活和有效性的书,被译成多种语言出版,其中包括《教师的新生活》(*The New Lives of Teachers*)(2010,Routledge)、《教师是重要的》(*Teachers Matter*)(2007,Open University Press)、《成功的校长:国际视角》(*Successful Principalship:International Perspectives*)(2007,Springer)、《教学的热情》(*A Passion for Teaching*)(2004,Falmer)、《教师持续专业发展国际手册》(*International Handbook of the Continuing Professional Development of Teachers*)(2004,Open University Press),以及《变革时代的领先学校》(*Leading Schools in Times of Change*)(2000,Open University Press)。

帕姆·萨蒙斯(Pam Sammons)是牛津大学教育学院的教育学教授,也是牛津大学耶稣学院的高级研究员。在此之前,她曾是诺丁汉大学的教授(2004—2009),教学与领导力研究中心的成员。她曾在伦敦大学教育学院工作了11年(1993—2004),并曾担任教育学教授和国际学校效能与改进中心协调主任。她从事教育学研究近30年,特别关注学校效能和改进、学校领导力、学前影响和教育公平的促进。她对教育政策改革和评估有着浓厚的兴趣,开展了多项关于中小学对学生影响的研究。她的专长为纵向研究和混合研究设计。她最近的出版物包括：由塔沙克科里(Tashakkori)和特德利(Teddlie)编译的《混合方法研究手册》(Handbook of Mixed Methods Research)(2010，Sage)中的"混合研究对今年教育有效性研究的贡献"部分和《国际教育百科全书》(International Encyclopedia of Education)(2010，Elsevier)中的"平等与教育有效性"部分。

肯·莱斯伍德(Ken Leithwood)是多伦多大学教育学院教育领导力和政策荣休教授。他的研究和写作涉及学校领导、教育政策和组织变革。他已发表了80多篇期刊文章，并撰写或编辑了三十余本书。例如，他是《国际教育领导和行政手册》(International Handbooks on Educational Leadership and Administration)(1996，2003，Kluwer)第一版和第二版的高级编辑，也是《国际教育政策手册》(International Handbooks of Educational Policy)(2007，Kluwer)的联合编辑。他最近的著作包括《从证据来谈分布式领导力》(Distributed Leadership According to the Evidence)(2009，Routledge)、《领导力和教师的情绪》(Leadership with Teacher's Emotions in Mind)(2008，Corwin)、《让学校变得更聪明》(Making Schools Smarter)(2006，Corwin)和《深入理解教学》(Teaching for Deep Understanding)(2006，Corwin)。莱斯伍德教授因其贡献获得了诸多奖项，例如多伦多大学的公共政策影响奖。他还是加拿大皇家学会的会员。他目前是安大略省教育部领导力分部的特别顾问。

大卫·霍普金斯(David Hopkins)是伦敦大学教育学院的荣誉教授，并在近期刚刚卸任首届汇丰国际领导力会议主席。他是外展组织(Outward Bound)的受托人，在圣地亚哥天主教大学、香港中文大学、爱丁堡大学、墨尔本大学和威尔士大学担任客座教授，并就学校改革提供国际咨询。在2002年至2005年间，他曾在英国教育和技能部担任三名国务卿在教育标准议题方面的首席顾问。此前，他曾担任莱斯特市合作委员会主席、诺丁汉大学教育学院院长和剑桥大学教育学院导师、中学教师和外展组织项目指导者。大卫还是国际登山向导，至今仍定期攀登阿尔卑斯山和喜马拉雅山。他著有《每所学校都很棒》(Every School a Great School)(2007，Open University Press)和《实践中的系统领导力》(System Leadership in Practice)(2009，Open University Press)。

顾青(Qing Gu)是英国诺丁汉大学教育学院的副教授。她是英国国际比较教育学会(BAICE)的执行委员会委员,《比较》(Compare)杂志的编委会成员,也是《国际教育发展杂志》(International Journal of Educational Development)的评审编辑。她的研究兴趣涉及教师专业发展、学校领导和改善,以及跨文化学习。自2004年在伯明翰大学获得博士学位后加入诺丁汉大学以来,顾青博士以主任、联合主任和首席研究员的身份为一系列国际和国家研究项目的成功作出了贡献,其中包括英国经济和社会研究理事会(ESRC)有关国际学生在英国高等教育经历的项目,一项关于留学经历对回返者工作和生活影响的英国国家学术院项目,一项关于大学和中小学之间伙伴关系的英格兰高等教育基金委员会(HEFCE)项目,以及两项由政府资助的有关教师工作、生活和学校领导力的大型研究项目。她还是两个ESRC研讨会系列的联合主任。她是《教师发展:知识与语境》(Teacher's Development: Knowledge and Context)(2007, Continuum)的作者,《教师是重要的》(Teachers Matter)(2007, Open University Press)、《教师的新生活》(New Lives of Teachers)(2010, Routledge)以及2008年发表在《教育研究员》(Educational Researcher)杂志上的一篇有关混合研究法的论文的联合作者。

埃莉诺·布朗(Eleanor Brown)是英国诺丁汉大学教育学院的研究助理和博士生。她对教育有着长期的兴趣,她的职业生涯始于在西班牙和哥斯达黎加开展对外英语教学。自2006年获得外交与国际关系硕士学位以来,她担任过多个项目的定性研究员,其中包括:"学校领导力对学生成就的影响"(英国儿童、学校和家庭部,DCSF),"学校与大学之间的伙伴关系"(HEFCE),"有效的课堂实践"(ESRC),"文化外交"(英国理事会)和"和平教育"(英国国家学术院)。她与他人合著了几篇文章和报告,其中包括:《关于成功学校的十项主张》(10 Strong Claims about Successful School Leadership)(2010,国家学校和儿童服务领导学院)、"英国的教育、公民身份和新公共外交:关系是什么?"(2009,公民、社会和经济部)以及"通过全球公民教育发展和平文化"(2008,《和平评论》)。她目前正受英国经济与社会科学研究理事会(ESRC)资助,攻读博士学位,探究非政府组织在全球和平教育和社会变革中的作用,这是一项针对英国和西班牙的比较研究。

埃尔皮达·阿塔里杜(Elpida Ahtaridou)是学习与技能联盟(LSN)的首席研

究员。在加入学习与技能联盟之前,她是伦敦教育学院的伦敦领导力学习中心(London Centre for Leadership in Learning)的研究员。在此之前,埃尔皮达在中央兰开夏大学担任教育学讲师,并在普利茅斯大学担任有关后义务教育教师培训的讲师。埃尔皮达管理并参与了许多国际和国家研究项目,包括"国际学生评估项目(PISA)政策的影响的评估"、"对墨西哥教育系统绩效的反思"和经济合作与发展组织的"英格兰学校领导力分析评论项目"。她最近的出版物包括《国际城市教育研究手册》(*Handbook of Research on Urban Education*)[即将出版,与霍普金斯(D. Hopkin)合作]中的"系统领导力:对英格兰城市学校所面临挑战的回复"和"英格兰的学校领导:当代挑战、创新对策和未来趋势"[2009,与霍普金斯和海厄姆(R. Higham)合作]部分。

前言

本书基于一项为期三年的国家实证研究项目的结果。该项目名为"学校领导力对学生成就的影响"(IMPACT),受英国儿童、学校和家庭部与英格兰国家学校领导学院共同委托完成。该项目是迄今为止在英国开展的规模最大、范围最广的现代领导力研究。它的抽样方法和创新的混合研究法设计使其能够研究全国范围内中小学校长和其他领导的工作,尤其是校长对于学生成就的影响。所有这些学校都在提高学生成就的举措上取得了成功,并且至少连续三年在增值方面取得了高成效。

国际上在该领域少有的几项实证研究项目中,最著名的是斯林斯和马尔福德(Silins 和 Mulford,2002)在澳大利亚所开展的探讨领导力与组织学习之间联系的研究、哈林格和赫克(Hallinger 和 Heck,1996)对文献的评论、鲁宾逊、霍赫帕和劳埃德(Robinson,Hohepa 和 Lloyd,2009)基于新西兰的具备最充足证据的合成报告,以及莱思伍德、扬茨基和施泰因贝克(Leithwood,Jantzi 和 Steinback,2009)在北美的研究。然而,这些研究都没有专门调查能够持续提高学生成就的中小学领导力。

我们的研究试图测试和完善对学生成就产生影响的现有学校领导力模式。据推测,尽管一般情况下这样的模式在各种环境中均属常见,但它们在具体实施过程中可能具有高度的适应性和偶然性。结果表明:更高效学校的校长通过他们自身(价值观、美德、性格、特质和能力)所采用的策略、对策略的特定组合、对策略的及时实施和管理,以及对他们特定工作环境作出的响应,成功提高了学生的成就。促成提高的改变过程无疑不是线性的。

IMPACT 项目的研究目的如下:

(1) 明确学校领导力,尤其是那些被称为"领导中的领导"的校长的领导力,其类型、素质、策略、技能和环境的变化,在多大程度上影响学生成就的变化(学生成就的变化通过对学生成就、参与度和动机的测量表现得出)。

(2)识别学校领导力,尤其是校长领导力,对教师和学生成就产生直接和间接影响的强度。

因此,该研究试图:

(1)收集并分析国家层面的成就、出勤率和行为数据,以探讨领导力与学生成就之间的关系;

(2)秉持将这些变化与学生、教师和组织学习及成果相联系的观点,收集证据以识别和描述有效领导实践在有关类型、素质、策略和技能方面的变化;

(3)探究学生成就的变化在多大程度上可以通过领导能力的类型、素质、策略、技能和领导背景差异来解释;

(4)识别哪些影响因素能够缓解领导力实践对短期和长期学生成就的影响;

(5)识别哪些影响因素能够调节领导力实践对短期和长期学生成就的影响;

(6)提供有关(1)和(2)的完整且可靠的数据,为英国教育和技能部、国家学校领导学院(NCSL)、地方当局和学校提供参考。

我们从国家数据集的统计分析出发选定了三组学校,它们在学业成就方面取得了持久的进步,但是起点不同,分别是低起点、中起点和高起点。我们把问卷发放给在不断改进的学校任职的国内众多校长和主要教职工,并将得到的反馈结果,与另外20份详细的中小学案例结合起来进行研究,从中识别高效率校长的工作、学校和课堂教学流程的变化,以及改善学生成就所需的条件这三者之间的直接和间接关系。

尽管IMPACT项目聚焦在相对较短的三年内显著提高学生学业水平的那些学校,但是它们当中的许多学校在随后几年仍保持着良好成就,甚至有更进一步的提升。在较长的时期内持续改进或保持改进有效性的能力,是校长在各个学校发展阶段对强大教育价值理念进行应用、对与教育环境敏锐相关的战略进行组合与积累的结果,它也表明谋求学校改进已经成为学校工作与文化的一部分。

该项目对成功的学校领导提出了十项基于证据的有力主张：

- 校长是学校领导力的主要来源。
- 成功的领导力具有八个关键维度。
- 校长的价值观是成功的关键。
- 成功的校长采用基本相同的领导实践，但是实现成功领导的模式并不是单一化的。
- 情境差异会影响领导行为的特质、方向和步调。
- 校长通过策略和行动的结合与积累为学生的学习和成就作出贡献。
- 领导力的成功可从广义上分为三个阶段。
- 校长通过分层领导策略和行为来孕育和保障成功。
- 成功的校长会逐步进行领导权分配。
- 领导力分布的成功取决于建立信任。

虽然本书的各章并未直接涉及这些观点，但是我们将在最后一章中再次讨论它们。① 本项目的研究结果在政策方面的四项意义为：

- 首先是强调"自上而下"和"自下而上"的改变都不是单独发挥作用的，它们必须保持平衡，如同具有一种富于能动性的相互拉力。在任何时候两者之间的平衡都取决于校长对于学校发展阶段和政策背景的判断，以及为策略行动划定的优先级和层次。
- 其次，在创造新的教育格局时，决策者需要了解其角色的局限性，并将精力逐步集中在为职业素养的蓬勃发展创造条件上。这意味着作出假设和制定管理方案的横向和纵向工作模式与我们现在所了解的完全不同。
- 第三，领导者自身以及负责领导力培训和发展标准完善的相关人员需要逐步将精力集中在加强领导的价值观建设、提高领导判断能力、提升其在人际关系与策略层面的敏锐度上，从而使他们能够构建、积累和应用不同的策略组合。这些策略组合应该与相关背景高度吻合，并能够提高学生成就。本书阐明了这些判断能力、价值观、素质、策略和技能。无疑，我们应该明确的是其中尚含大量相对未知的领域。

---

① 十项主张已以总结报表的形式在其他地方出版（戴等，2010）。

- 最后,越来越明晰的是,领导在主观能动性、承诺、韧性、信任感、合作、分布式领导力和道德目的等方面,都是领导力创新的前沿力量。

因此,书中所述的研究,不应仅被视为发生在英国政府通过一系列举措以持续提高学校标准这一背景之下,还应被置于全球性学校改革的浪潮之中。本书倡导聚焦引入和管理全面化的系统改革,从而以各种形式、在各种背景下提高对学校领导力的认识,并在此基础上制定一系列的领导力招募、筛选、培训和发展策略机制。所有这些策略都必须明确地将学校领导力的质量与学生学习和成就的质量联系起来。

致谢

我们想要感谢四组同事,他们是项目研究团队不同时期的成员,并为最初 IMPACT 项目的开发作出了巨大贡献。首先,是科研同事艾莉森·金顿(Alison Kington)、克莱拉·彭林顿(Clare Penlington)、阿尔玛·哈里斯(Alma Harris)、帕拉克·梅塔(Palak Mehta)和詹姆斯·高(James Ko)。其次,是项目指导小组,特别是格雷厄姆·汉斯克姆(Graham Hanscomb)和马丁·杨(Martin Young)。再者,是项目秘书马丁纳·戴金(Martina Daykin)和海莉·麦卡尔拉(Hayley McCalla),这本书因他们的耐心、幽默和专业技术能力而得以完成。最后,是 20 所案例研究学校的校长和教职工,感谢他们慷慨献出时间,增强了研究的知识基础——如探讨了校长的身份及其在持续改善儿童与青少年学校教育中所做工作之间的联系。本书献给全世界专业精通、爱岗敬业、坚韧不拔的学校教育工作者。

第一部分

成功的情境

第 1 章　领导者和情境：关于两者之间的关系，研究告诉了我们什么

本书源于在英格兰进行的一项为期三年的大规模研究项目，项目名为"学校领导力对学生成就的影响"（简称 IMPACT）。和其他许多有关领导力的研究一样，该项目的主要目的是探究成功领导者所为之事及其如何促进学校改进。接下来的几章会总结我们的探究成果。但是第 1 章与领导力实践无关，它涉及的是领导者的工作情境如何影响或者可能会怎样影响这些实践。贯穿本书的核心主张是：(1)几乎所有的成功领导者都使用一套核心实践模式；(2)但是，为了达到预期效果，我们必须用与领导者所处情境相适宜的方式来制定具体的领导实践策略。

换句话说，领导力的成功很大程度上取决于领导者的价值观和素质，领导者分析其所面临问题的诱因，以及在特定情境而非大背景下有效应对这些问题的能力。从这个角度来看，情境是领导者促进组织发展中不可避免要解决的问题要素。无法理解情境、无法用恰当的方式应对情境是导致不恰当解决方案和弱领导力的原因。事实的确如此，凯利和肖（Kelly 和 Shaw）指出了这种不足的普遍性。他们声称"很多学校只采用解决方案，但不解决问题"（2010：50）。

具有讽刺意味的是，大多数学校领导者所处的情境，使采用某种颇具吸引力的解决方案成为许多领导者的"惯用伎俩"，如果采用该解决方案不起作用，则可以归咎于某个人。此外，由于薪资较高者发明了许多种解决方案且他们的努力需要得到认可，他们便会督促下级采用他们的解决方案，甚至让后者对此负责。尽管有诸多弊病，但是，从认知上来讲，采用这些解决方案对学校领导者更具有诱惑力，因为它成本低廉，而学校领导者工作忙碌且快节奏的属性使得低成本变得必要。在面对下一项挑战前，学校领导几乎很难有充足时间去思考任何一项

挑战[如,克梅茨(Kmetz,1982)]。事实的确如此,有证据表明校长普通的一天要面对和解决 150 个不同的问题[利思伍德和斯坦巴克(Leithwood 和 Steinbach,1996)]。这也解释了为什么多数学校领导者通过"交给自动模式"来度过每一天。所有成功的学校领导者共同擅长的事情是与处在不同情境下的不同个人和群体进行互动来解决问题,并对一系列外部、本土和国家层面的准则和政策作出响应,而非反应。由于情况大多复杂又紧张,关键的领导能力是学校领导者能够筛选出那些保证可以解决问题的个人、群体、学校或政策背景情境。情境的特征比其他因素更重要吗?如果是这样,它们是如何变得重要的?这些是本章所探讨的问题。

情境在一般领导力理论中的重要地位

教育领导力研究在解读领导力的成功时,尚未阐明领导和管理情境的能力以及领导和管理情境所产生的问题和困境的重要性。忽视这一点最直接的后果便是如果要在这些情境下取得成功,领导者无法为他们将面临的独特挑战做好充分准备。然而,许多经过检验的一般领导力理论常常以完全不同的方式承认领导者情境的重要性。下面我们用四个这方面的理论样本来阐述这一主张。尽管这些理论很少在教育领导力研究中得以呈现,但它们证明了一般的领导力理论家认为领导力成功的起因来自于情境这一观点有多么关键。这些理论样本还阐明了被认为与领导者的关注点有关的一系列广泛情境。

第一个说明性理论是尤克尔(1994)的多重链接模型。该模型宣称了情境变量的重要作用,这些情境变量影响了许多潜在的独立于领导行为之外的影响领导力的调节媒介。例如,尽管教师动机是校长领导力的重要调节媒介,但许多老师对学生相关工作的高度投入极大地抵消了反激励领导者行为的动机所产生的负面影响。尤克尔发现领导者需要考虑的情境变量包括工作组规模、组织的政策和程序,以及组织成员的先前培训和经历。

第二个例子是领导者-成员交换理论(Leader-member exchange theory, LMX)[比如格兰和尤尔-比恩(Graen 和 Uhl-Bien,1995)]。该理论主张,领导者与跟随者之间的关系会存在差异,这取决于领导者对追随者的态度、能力和责任的看法。比如,新人老师会感到给英语为第二语言的学生上阅读课很吃力。资深老师会为自己交往圈内、本地或学校周边地区的同事定期组织关于教授英语为第二语言学生的工作坊。教师属性的变化,即该理论中领导力的情境,意味着一个成功的校长将对这两类教师采用不同的互动方式。最近一项关于领导力分布的研究发现[安德森(Anderson,2010)],教师专业知识是校长做出分布式领导力决定的最重要标准。因此,当通过领导者-成员交换理论视角来看待学校领导力的时候,教师的经历和专业知识是关键的情境变量。

在所有理解领导者如何以及为什么要适应他们所处环境的方式方法中,领导力的信息处理[劳德和马厄(Lord和Maher,1993)]可以说是最具情境敏感度的。从这个角度来看,领导者会根据内部和外部环境落实他们的行动。内部情境包括他们的理解(例如有关有效教与学的知识)、性格(例如自我效能感)和特征(比如性别和其他身体属性)。领导者的理解和性情会极大地影响他们对于所面临挑战和如何应对这些挑战的解读,也再一次暗示了领导者的经历是一个重要的情境变量。相反,领导者的特征会影响他人对领导行为的反应,这种反应部分取决于同事和/或追随者内心构建的领导力原型(理想领导的内部模型)的本质特征,以及这些同事对于领导者与他们内心原型匹配程度的判断。根据这种观点,后来自愿成为追随者的那一类人倾向于将领导力归功于其所追随的特定领导个人。由此指出,学校同事对于领导经历和领导力的理解是一个关键的情境变量。

跨文化领导理论为通过情境敏感度探究领导力提供了最终示例。在民族文化中广泛共享的规范、价值观和被人们视为理所当然的对事物的理解定义了在这个理论里情境的含义。迄今为止,"全球领导力和组织行为的有效力"(GLOBE)研究项目[例如豪斯等(House等,2004)]是同类研究中规模最大的尝试。比如,它探究了62个国家和地区民族文化的六个维度(例如自信、未来取向、避免不确定性、权力距离)以及不同领导实践偏好(例如魅力型领导、团队合作为导向型领导、参与式领导)之间的关系。结果表明,在成功领导的主要原型中,民族文化之间存在着显著差异。例如,来自重视高"权力距离"(power distance)国家的人们[有关此文化层面详见霍夫施泰德(Hofstede,2001)]更接受领导决策的非参与模式。尽管跨文化领导力研究强调了与本书所基于的研究不相关的情境因素,但是它确实为以下说法提供了进一步支持,即:许多情境变量可能会对领导者提高组织生产力的成功经历产生重大影响。

学校领导者情境的研究

1996年,哈林格和他的同事们得出了如下结论:"研究人员在组织环境对于教育管理者的影响方面没有给予足够的重视"(529)。尽管"学校的环境提供了决定校长领导情况的制约因素和资源"(哈林格等,1996:532)这一观点似乎是毋庸置疑的。自开展评估以来的几年,涉及学校领导情境的研究已经开始大量增加。例如,在准备撰写本章的过程中,我们研究了6本最著名的教育领导力研究学术期刊在过去十年的议题,通过对领导者情境的自由定义,我们共锁定了60项原创研究。[①]

尽管60项研究看起来很充足,但从我们对本研究的阅读中可以明显看出,研究情境的方法多样,使得知识的积累变得复杂。一种极端的情况是,有人声称情境对领导者来说几乎最至关重要,但是他并没有提供系统的证据来证明此主张的合理性。一些案例研究方法有助于更好地理解成功的领导力才是这种主张最常见的来源[例如戈登和帕特森(Gordon和Patterson,2006)]。关于领导力情境的不同立场来自于对教育领导力的定量研究,这些研究有时在解读领导者影响时将情境变量视为一种"可控"或"局部出局"的变量。这种做法从根本上消除了将情境视为领导者需解决的一项问题。但是,在教育有效性的文献中,越来越多的研究试图探究学校情境的作用,尤其是位于劣势地区或位于充满挑战的社群的学校[穆伊斯等(Mujis等,2004);哈里斯等,2006]。

尽管存在上述路径与方法上的不同,最近发表的大量研究依然切实地帮助我们了解了领导者行为在各自情境下的结果及此类行为的影响。只是,这些研

---

① 《教育管理季刊》(*Educational Administration Quarterly*)、《教育行政杂志》(*Journal of Educational Administration*)、《学校领导杂志》(*Journal of School Leadership*)、《教育领导和管理》(*Educational Leadership and Management*)、《学校效能与学校改进》(*School Effectiveness and School Improvement*),以及《国际教育领导杂志》(*International Journal of Leadership in Education*)。

究以两种截然不同的方式对领导力情境进行了概念化。

一组研究将情境视为领导实践的先决条件。这个概念的潜在(通常是隐含的)假定是领导者或多或少地考虑过他们所处的情境,并据此对他们的行为做出相应的调整。这种假设与"可能的"和"风格"领导理论相一致[诺斯豪斯(Northouse, 2007)]。设想领导者拥有丰富的实践储备,他们在特定的时间内能够灵活地匹配和制定适合于他们机构组织在特定时间节点面对的需求、挑战和机遇的方式。

第二组研究将情境概念化为领导者对组织发展结果影响的调节者。调节者既可以抑制也可以放大同一组领导实践对组织发展结果的影响。这种情境概念与领导力模型一致,并声称在大多数情况下,某些类型的领导力实践可能比其他领导力实践更有效,教学型领导和变革型领导理论就是如此[例如哈林格, 2003;莱斯伍德和扬茨基(Leithwood 和 Jantzi, 2006)]。但是在情境研究中将情境视为调节者,有一个隐含的假设,即当领导者在不同情境中以相似的方式行事时,他们对组织成果的贡献有多大,取决于其所处情境。本章的这一部分综述了有关教育领导研究者情境的研究样本。情境有时被视为先决条件,有时被视为调节者。

学校特征

学校规模

大量证据表明,虽然规模小的学校通常在学生的学业成就方面更有"生产力"(莱斯伍德和扬茨基, 2009),但对他们的领导者来说却是异常艰巨的挑战,尤其是当这些学校地处农村地区时。正如克拉克和怀尔迪(Clarke 和 Wildy, 2004)所指出的,小型学校的领导者经常身兼教学与行政管理两职,他们可能发现自己身处有限的社区内,但因为自身在学校教职工群体中承担更大份额工作,对学校的影响更大,只是他们在其所在地区或洛杉矶的影响力被外界公认为要小于大型学校的领导者。

学段

小学、初中和高中的情境差异对领导者的行为产生了持久的不同影响。例如,西肖路易斯和瓦尔斯特龙(Seashore Louis 和 Wahlstrom)(出版中)发现,与初中和高中相比,小学的共享型和教学型领导力水平更高,并会对学生的学习产生重大影响。初中和高中的老师"不太可能信任他们的校长,并且不太可能认为他们的校长会积极地让父母和老师参与到决策当中、或积极地担任学校里的教学领导者角色"。在中学阶段,高中的"领导能力赤字"甚于初中。当然,由于大多数辖区中小学规模存在系统性差异,学校规模和学校水平的影响通常很难加以区分。该数据表明,通常规模较小的小学享有更成功的领导实践声誉。

学科主题

斯皮兰(2005)的领导力研究以芝加哥一所小学作为样本,研究关注的是与提高学生计算能力相比,学校领导者提高学生读写能力的信念和实践。这些差异是明显的。正如斯皮兰所解释的:

> 不论他们的职位如何,大多数领导者在教学改善方面的愿景都将综合读写素养贯穿全天学习,而不是将其视为一个独立的主题。此外,领导者将读写能力看成衡量学生和学校进步的总体指标。相比之下,领导者在数学方面的责任在于让学生遵循课程,以使得学生能够在标准化考试中表现出色。优先考虑数学主要是因为地区政策。　　　　　　　　(斯皮兰,2005:389)

这项研究的领导者还依靠完全不同的资源来改善学校工作。为了提高读写能力,这些领导者通常会依靠本校教师和教师领导者的专业知识,而提高数学专业知识则被认为主要依靠外部资源。

学术强调

越来越多的研究开始关注文化变量,学术强调是学校层面学生学习成就的关键影响因素[比如马和克林格(Ma 和 Klinger, 2000);麦圭和霍伊(McGuigan 和 Hoy, 2006)]。这项研究表明,学校学术氛围的增强与数学和阅读成绩的提高呈正相关,但其相关程度也受到社会经济地位(Socio-economic status, SES)的影响[戈达德、斯维特兰和霍伊(Goddard, Sweetland 和 Hoy, 2000)]。

一些证据还表明,学术强调是领导力影响学生过程中的一个影响调节媒介。德迈耶(De Maeyer,2006)等人的研究就是此类证据的来源之一。该研究在47所弗拉芒大区的中学进行,探究了"综合领导力"对学生学业成就的影响。综合领导力是马克思和普林提(Marks和Printy,2003)提出的一种领导力概念,它结合了教学和变革型领导力的要素。德迈耶等人发现,综合领导力对于更重视学术强调学校的阅读能力具有更大的间接影响。

教师特征

教师集体效能(Collective teacher efficacy,CTE)

这种共同的教师气质被概念化为:教师群体对他们自身能力的信心水平,该能力指教师筹划与实施任何可帮助学生达到高水平成就的教育措施的综合技能。这种效能,或被称为集体信心,对教师绩效的影响是间接的,它使教师在面对最初的失败时产生恒心,使一个有信心的团队有机会继续学习而不是就此放弃。教师的集体高效能与学生学习体验的大幅度改善有关[比如戈达德等(Goddard等,2000)]。

在高效的学校,教师对学生的学习承担责任。学习障碍不被认为是社会经济地位低、能力或家庭背景缺乏的必然产物。教师集体效能的积极影响还表现为它给学生创造了高期望值,它鼓励教师为自己设定具有挑战性的基准、去参与高水平的项目和组织机构、去为学术学习投入更多的课堂时间[恰讷-莫兰和巴尔(Tschannen-Moran和Barr,2004)]。

当教师感到高效时,那些担任领导职务的人能够担起更多雄心勃勃的学校改进计划,并花费更少的精力说服他们的教学同事进行改变。他们也可以期望教师们在相当大程度上自己领导自己。

信任同事、学生和父母

这种关系型信任的形式包括大多数教师的一种信念或者期望,即他们的同事、学生和家长支持学校在学生学习方面的目标,并且会可靠地努力实现这些目标。能够说服他人相信一个人值得信赖的品质包括透明度、能力、善心和可靠性。有证据表明,对教师的信任对于学校的成功至关重要,与学生和家长培养信任关系是改善学生学习成就的关键因素[例如李和克罗宁格(Lee 和 Croninger,1994);布赖克和施耐德(Bryk 和 Schneider,2003)]。

在信任度较低的学校中,领导者为改善而努力的过程面临着艰巨的挑战。信任通常被认为是组织机构平稳运行的润滑剂。当组织机构成员和利益相关者彼此缺乏信任时,他们的合作意愿会大大降低,而那些担任领导职务的人的主动行为也会受到很大限制。不久前的证据,包括我们自己的研究证据(请参阅第9章)指出,校长领导力是促成教师、父母和学生之间信任的关键因素(例如,恰讷-莫兰,2001;布赖克和施耐德,2003)。

领导者特征

工作经验的年限

此变量结合了学校领导者在一所特定学校的任职年限和他作为领导的整体任职年限。作为一个主要趋势,学校领导者在工作初期阶段面临一个陡峭的学习曲线,但随着时间的推移,他们对自己的能力变得越来越有信心。例如,魏德林和迪莫克(Weindling 和 Dimmock,2006)认为,获得新任命的英国校长发现他们要与很多的困难作斗争,这些困难来自前任校长领导风格和实践遗留的产物、与教职工进行沟通和咨询、学校的公众形象以及高层领导团队中一些成员的短板等方面。对于新任校长来说,这些最初的挑战意味着他们需要在学校努力开展一轮相对浅层的组织结构变革,并着眼于从根本上改善教学的质量。如果校长在同一所学校待了较长的一段时间,比如8年以上,在进入自满阶段前,他们可能会花一些时间来巩固之前的变革成果,但本书所报告的校长们并不符合这种模式,而是继续展露着他们对于持续改进的热情。然而,魏德林和迪莫克研究中从一所学校转到另一所学校工作的领导者可能重新经历了很多次工作初期阶段,尽管第二次或者第三次经历的时候转换过程会更快。

种族

尽管布鲁克斯(Brooks,2007)和同事只基于美国的一所学校研究了美国黑人和白人中学的领导者群体内部、群体与群体之间的情况,但这项研究仍指出了在领导者价值观和规范方面与种族有关的大量差异。在这项研究中,黑人领导者将自己视为黑人学生的重要榜样,他们与流行文化对学生志向方面所产生的消极影响之间进行着一场硬仗。

这些领导者也将自己视为学生的倡导者,他们积极搜罗着能够促成学生成功的奖学金和其他的机会。他们在这所主要是非裔美国人的学校招募黑人教师,并"指导有前途的黑人教师进入正式的领导职位"[布鲁克斯和简-玛丽(Brooks 和 Jean-Marie,2007:761)]。另一方面,学校里的白人教师似乎对学生的潜能和家庭环境给他们所带来的挑战秉持着局限性的刻板印象。

这些刻板印象似乎没有任何直接证据,即这项研究尚不清楚黑人领导者对白人学生的回应是否也是基于刻板印象。两组领导者之间的关系受到了限制,很大程度上避免了对于学校所面对的种族问题的任何直接讨论。这项研究表明,面对巨大的种族多样性,领导者面临着抛弃他们的刻板印象和致力于理解陌生文化的挑战。

地区/区域情境

领导者在学校承担的工作通常受到其学校所在的较大组织机构情境的直接影响。对于许多读者而言,英格兰的地方当局和北美的学区将是这种情况最常见的例子。受国家问责政策的大力推动,北美地区最普遍的新倡议是要求学校领导和他们的教职工在决策中更加以证据为基础。国家政府管辖着英格兰的地方当局,并确保其教学标准、学生福祉和学业成就达到标准。

关于学校对这一广泛倡议回应的研究有助于说明,如果要在学校的标准运作程序中实现重大变革,那么学校和洛杉矶地区领导力之间的相互依存关系将更加紧密。例如,沃尔斯泰特(Wohlstetter,2008)和同事们发现,学校领导和他们的教职工不仅需要所在地区的大力支持,还需要足够的自治权来作出反映学校真实需求的决策。学校领导者在决策中使用系统数据的程度也受到洛杉矶地区领导者建模数据使用情况的影响。地区或洛杉矶领导者也是学校领导者提升其数据相关能力的主要求助对象。

国家情境

教育投资

各国领导人在本国对教育的投资方面面临着不同的挑战。举一个极端的例子,布什(Bush)和奥杜罗(Oduro)报告说:"1990年,经合组织国家在每名学生上的花费是撒哈拉沙漠以南非洲国家的40倍。"(2006:361)对于后面这些国家的学校领导者来说,这个程度的国家投资导致了训练与信念不足的教师、拥挤又衰败的设施、稀缺的基础教育资源,极端情况下甚至包括水资源或公共场所的缺乏。在这种情况下,学校领导的工作消耗在学校基本运作、行政任务执行上,严重剥夺了改善教学质量的时间。

政策

自1990年代中期以来,国家教育政策对学校领导的工作产生了越来越大的影响。例如,在英国,实施国家课程和基本策略(魏德林和迪莫克,2006)、完成"每个孩子都重要"的议程是学校领导者的重要工作内容,与"不让任何孩子掉队"[埃文斯(Evans,2009)]的美国立法大致相同。

诸如此类的国家政策极大地限制了学校领导者和他们教职工的自主权,迫使学校重视考虑和执行政府所定义的优先选项。此类国家政策对学校领导者工作的影响使问责机制的功能成为学校的一部分。在奉行此类政策的国家中,与成功领导相关的愿景和方向设定功能很大一部分已经迁移到中央层面。

学生和他们家庭的特征

本章最后探讨的情境是学生和他们的家庭所具有的许多条件或特征,包括民族或者种族文化、宗教、父母教育和期望、在家里交流所用的语言、家中父母的数量、父母的就业情况,尤其是家庭收入。尽管这些特征中的每一个都可能具有明显独立的效果,但它们通常聚集性地"变迁"(travel)。在以解释整个学校学生成就变化为目标的大量研究中,具备这些特征的样本被汇集起来代表家庭的社会经济地位。

服务于低社会经济地位家庭的学校通常会陷入"恶性循环",这始于家庭贫困的经济状况和较差的资格条件。这些条件可能是失业、文化、种族和语言的多样性、近期移民、高流动性、家庭破裂等的结果。这些情况通常会引起家庭问题的风险,例如育儿技巧不稳定、父母监督不力、低收入、贫穷、游离社会、家庭暴力、虐待子女、亲情淡漠和父母冲突。社会经济地位较低的家庭也更可能对孩子在学校的表现抱有较低期望。

贫穷的经济状况增加了家庭在高密度住房的社区中挣扎求生的可能性。他们的家庭成员将遭受营养不良、其他健康问题和药物滥用的困扰。居民的高周转率,以及针对年轻人的设施和服务不足,这些都是社区风险因素。

传统上,来自多元化、少数群体和经济贫困的家庭背景的学生在学校取得成功的人数比主流中产阶级同龄人取得成功的人数要少。关于城市教育、社会公正和平等的大量文献清晰表明,教育工作者、政策制定者和学者是多么关心提高这些学生的成功率。但是,这些文献的规模和其延续的长期性也证明了问题是多么棘手。近期对于"扭转学校局面"和"缩小成就差距"的呼吁只是这些长期担忧中相对简单的当代表达方式。

从詹姆斯·科尔曼(James Coleman,1996)和他的同事所报道的著名证据开始,一项又一项的研究表明,家庭社会经济状况可以解释三分之一到一半的学校学生之间成就的差异[利顿和派普特(Lytton 和 Pyrpt,1998)]。社会经济地位也与暴力、辍学、大专教育情况,以及学生成年后就业和收入水平密切相关。社会经济水平的大多数考量标准相对来说不受学校改变的影响,但是学校和他们的领导者应该考虑其他可改变的家庭特征。沃尔伯格(Walberg,1984)将这些特征称为家庭教育文化,即家庭对一般智力工作特别是学校工作所持有的假设、规范和信念。家庭教育文化体现在家庭工作习惯、向孩子所提供的学业指导和支持,以及激发思考大环境中的问题中。家庭文化的其他组成部分包括学业和职业愿望、父母或监护人对子女的期望、足够的健康和营养条件供给,以及有利于在家中开展学业工作的物质环境。

学生在家庭相关的条件差异,给领导者和他们的教师同事在努力为所有学生提供公正的成就方面创造了一项最持久的挑战。这些情况也与领导形式有关,并且通常与服务于中产阶级学生学校的领导形式不同。哈林格、布里克曼和戴维斯(Hallinger, Brickman和Davis)发现:"服务于高社会经济地位学校学生的校长比低社会经济地位学校学生的校长展现了更活跃的教学领导力"(1996:542)。这一发现与在此研究之前和之后有关该问题的大多数研究结果一致[例如戈德林(Goldring, 1990)],比如,西肖路易斯和瓦尔斯特龙(出版中)的研究发现:

> "随着学生贫困和多样性的增加,教师从校长那里所获得的共享型和指导性领导力的经历也随之减少。此外,收入较低且多样性程度较高学校的教师还报告说,教师在学生学习集体责任方面的领导力更低,并且教师不太可能分享有关教学和指导的规范。换句话说,专注于改善学生学习的校长和教师领导都更少。"
>
> 西肖路易斯和瓦尔斯特龙(出版中)

但是戈德林和她的同事们(2008)所报道的证据与这个一般性结论有所不同。这项精心设计的研究区分了两组校长,一组校长(折衷派领导)在学校或多或少同时留意很多不同的因素,另一组校长只关注教学和/或学生相关问题。事实证明,情境因素是解释这两组领导人行为差异的重要原因。折衷派领导所在的学校对学术有更高的重视程度,更高的学生参与度和更少处于劣势地位的学生,多数也是普通规模的一流小学。可以得出的结论是,在这种情况下,折衷领导力可能会发挥作用;这项工作的目的是确保学校保持良好的实践,并确保所有利益相关者继续致力于完成学校的使命。这本书所报道的研究表明,关注面更窄的领导者通常面临更多更具挑战性的问题。特别是在他们担任领导职务的初期,包括之后,这些问题都需要更深入的关注和解决,以应对在学校改善方面最紧迫的挑战。

结论

本章的起点是领导力成功与否很大程度上取决于领导者的素质和技能。通过这些素质和技能,领导者可以理解他们所遇到问题的根本原因,并在特定情境而非大背景下用有效的方式应对这些问题。我们认为,情境是领导者改善组织机构时所需要解决的不可避免的问题要素;我们进一步指出,解决方案查找不充分和领导力弱的原因是无法对情境进行理解和适当的应对。因此,本章的中心目的是说明成功解决领导力问题时所需要理解的各种环境,即一个敏感化的目标。

到目前为止,我们一次性回顾了一个话题,但我们对证据的回顾都是线性的。而事实上,没有哪个领导者可以奢求能如此简单地做事。我们来考虑一个普遍问题,比如校长通过帮助教师改变教学法,以更好地满足不断增长的经济贫困入学儿童的需求。教学实践非常适合早期大量的中产阶级学生,但不适用于特征各异的学生群体。这个问题的常规解决方案或多或少地需要和教师共同执行。解决方案是这样的:

1. 收集有关教学法的信息,这些教学法已被证实可成功应用在处于劣势地位的学生身上。
2. 收集有关学校通常采用的教学形式的信息。
3. 识别学校所采用的典型实践和成功应用在处于劣势地位的学生身上的实践之间的异同。
4. 为教职工提供专业发展,旨在帮助他们了解教学法中所需要的变革,并获得改变所需要的技能。
5. 监控教师在教室里实施这些变革的情况,并确定推动变革的教师所需的其他支持条件。
6. 评估这些教学实践的变化对学生学习和参与的影响,并根据此评估完善相关解决方案。

通用的解决方案作为学校领导解决问题时的框架可能是有用的,领导者如何制定具体方案又要注意什么呢?

- 学校是否处于学生有重要年度考试的政策环境中?教师教学法改变的影响必须在考试结果中快速显现。
- 学校是小学还是中学?对于可能不太熟悉某些中学学科所制定的专门教学形式的领导者来说,对教师的现有实践进行良好判断是更具挑战性的。
- 学校是否在为社会经济上处于劣势地位的社区服务？学生行为、出勤率和课堂参与度变化的影响需要在校长任职的初期阶段有所显现。
- 学生的家人是否是东欧人、亚洲人、非洲人、墨西哥人或越南人？文化、种族和宗教传统在很大程度上影响着学生的学习智力和情感起点。
- 学生的母语是哪种语言？如果学生的第一语言不是教学语言，则必须将更深层次的第二语言教学引入学校。
- 学校是在英国还是泰国？英国所期望的西方领导实践不仅允许，而且假定了正式学校领导者的巨大的主动权；本质上，泰国领导者却更期望有像是社区或家庭一样的氛围。
- 学校是为200名学生还是1500名学生服务？收集和理解60名教师的当前教学实践显然比收集和理解12名教师的领导教学实践要复杂得多。
- 学校领导者是否得到高度信任，是否长期服务于学校，还是学校的新成员尚未与教职工建立信任关系？与那些尚未与教职工建立信任关系的领导者相比，受到教职工高度信任并被教职工所熟知的领导者们在决策中有更大的自由度。

领导者情境中的每个独特功能都是重要的，有一些功能则是非常重要的。但这似乎支持我们在本章介绍中所批评的"情境是唯一重要的"这一观点。但这不是我们的结论，也不是本书其余部分所采用的立场。

情境是唯一重要的要素这一观点的问题在于，在领导者沉浸于解决问题的时候，他们无人依靠。在这种情况下，解决问题的认知成本将是极高的。这就是为什么在那些经过更全面测试的成功领导模型中，领导实践被赞扬发挥了重要作用。经常受到这些模型指导的研究确实证实了某些实践在不同情境下非常有用的说法（戴和莱斯伍德，2007）。上面提到的教学模型和转换模型都是如此，更不用说"真实型"领导和"整合型"领导[马克思和普林提，2003；阿沃利奥和加德纳（Avolio 和 Gardner, 2005）]。因此，我们整本书的论点是，几乎所有成功的领导者都运用了一套可知的核心领导力实践(第6章有更全面的表述)。当这些实践方案的制定方式适合那些情境时,它们就为情境中的敏感问题的解决提供了基础。但是,正如本书各章所表明的那样,这些核心实践只是领导行动的起点,并不是终点。此外,本书所报道的实证研究结果清晰表明,领导力实践本身的运用离不开适时的、持久的领导力美德、品质和性格。

第 2 章 所有成功的领导者在大多数情境下会做什么

上一章以这样一个主张作为结束,即成功的领导力很大程度上取决于领导者实践的敏感度,即对学校诸多特征,以及对导致儿童教育质量出现差异的更广范围的情境方面的敏感度。然而我们还主张领导者要在建立核心领导实践的基础上锻炼这种敏感度。证据表明,这种实践在大多数情况下都是有用的。领导者的敏感度体现在这些核心价值对重要情境的适应、组合和积累上,以及有时体现在制定其他"有针对性"的实践计划上。

这些主张来自有关学校领导力不同方面的广泛的证据综述,它是在收集本项目的研究数据开始之前进行的(莱斯伍德等,2006)。之前的证据综述的第 2 章名为"成功领导力实践的性质"。这一章详细介绍了核心领导力实践。这些实践成为了框架的重要组成部分,尤其指导了我们采用问卷调查方法(更多细节讨论详见第 3 章)所开展的研究项目的定量部分。我们"测试"了我们的研究样本中成功领导者进行这些实践的程度,以及这些实践如何与学校组织的其他因素相互作用以影响学校改善和学生学习。

我们的研究结果支持我们的主张,即在证据的初步综述中所确定的实践对成功领导者所做的工作至关重要。因此,本章对这些实践进行了概述,就像它们出现在我们的初步综述中一样,并添加了自我们综述以来被报告相对较少的证据。

四大类核心领导力实践

本章的以下各节总结了四类核心领导力实践,每个类别分别代表了领导者成功完成学校改善工作所要实现的一个重要目标。这些类别(对原标题做轻微改动)分别是"设定方向""培养员工""精简和匹配组织机构"以及"改善教学计划"。与这些类别中的每一个类别相关的是3—5种特定的领导行为和实践,总共14种。

我们最初对这些实践价值主张的辩护是基于我们自己对实证研究的分析,以及我们自己和其他人先前对相关证据的系统综述,比如尤克尔(1994)、哈林格(2003)、沃特斯(Waters,2003)、莱斯伍德和扬茨基(Leithwood 和 Jantzi,2005)、莱斯伍德和里尔(Leithwood 和 Riehl,2005)。这些回顾中有一些通过现有研究衡量各种领导力实践,有一些基于在非学校情境中所收集的证据,还有一些则根植于教学型领导或变革型领导的理论或模型。到目前为止,与我们四组领导实践的主张有关的证据非常多。自 1990 年以来,有 40 余篇已发表的研究和超过 180 篇未发表的在学校和地方当局/区所开展的研究。按照大多数社会科学标准,可以理解为其证据规模是相对较大的,其方法论的成熟度也正在迅速提升。然而,除了证据的质量,人们理解这一证据的方式也是一个重要问题。我们认为,我们的方法体现在四个核心领导力类别中,这四个类别在理论和实证层面均有所保证。

正如我们在最初的综述中指出的那样,除非有一些基本想法将它们结合在一起,否则简单地罗列特定的领导力实践可能毫无意义。例如,领导理论的最大优势在于,理论具有概念上的粘合性,有助于解释事物如何以及为什么起作用,从而帮助建立理解。如果领导者将要对学校产生实质性的积极影响,我们可以在一种解释中找到将每个类别的核心领导力实践结合在一起的粘合剂,即对于为什么每一个类别的运用都很重要的解释。

教育政策和其他改革举措在多大程度上改善了学生的最终所学,取决于谁是教师和教师做了什么所呈现的结果。根据一种用于解释工作场所绩效的特别有用的模型[奥-戴(O'Day,1996);罗温(Rowan,1996)],教师做了什么是他们的动机、能力和他们工作情景的函数。这些变量之间的关系可以用这个看似简单的公式表示:

$$Pj = f(Mj, Aj, Sj)$$

在这个公式当中,
- P代表一个老师的绩效;
- M代表教师动机(在尤克尔1994年的管理有效性的多重关联模型中,M包含取得高绩效所付出的努力,高程度个人责任感的呈现和对组织目标的承诺);
- A代表教师的能力、专业知识和技能(在尤克尔的模型中,这种表现还包括他们对工作职责的理解);
- S代表他们的工作环境——学校和教室的特征。

我们认为该模型中变量之间的关系是相互依赖的。这意味着两点。第一,每个变量都会对其余两个变量产生影响(比如,教师工作环境的各个方面都会对其动机产生重要的影响)。第二,三个变量的变化需要一致发生,否则绩效变化不大。例如,高能力和低动机,或者高动机和低能力都不能促成高水平的教师绩效;在功能失调的工作环境中,高能力和高动机也是如此。此外,功能失调的工作环境可能会削弱原本高水平的能力和动机。

这种工作场所绩效对领导力实践的意义是双重的。首先,领导者将需要从事有可能改善公式中所有要素的实践,即改善教师和其他教职工的能力、动机以及他们的工作环境。其次,尽管这与本章的目的没有直接联系,但领导者需要或多或少地同时参与这些实践。根据这个构想,成功领导者的整体功能是改善所有三个变量的状况,因为他们是相互依存的。本章的后续部分将解释这四个类别中的每一个与这种改善之间的关系。

这四个类别的第二种理论依据是,它们与其他人如何试图证明成功学校领导实践的证据紧密相关。例如,哈林格(2003)的教学领导模型包括三类实践(包含十种更具体的行为):

- 定义学校任务,包括制定框架并传达学校的目标(属于我们"设定方向"中的一部分);
- 管理教学计划,包括监督和评估教学,协调课程设置以及监督学生学习进度(属于我们的"改善教学计划"类别);
- 促成积极的学校学习氛围,其中包括保护教学实践、促进专业发展、保持较高的知名度、为教师提供激励措施以及为学习提供激励措施(属于分布在"培养员工"和"精简和匹配组织机构"类别中的特定实践)。

一个最新的有关意义构建的例子是由鲁宾逊、霍赫帕和劳埃德(2009)所开展的学校领导效果研究的"最佳证据合成"。这些研究人员提出成功的学校领导实践可以分为五类,具体如下:

- 建立目标和期望,属于我们的"设定方向"类别;
- 有策略地进行资源配置,这是"精简和匹配组织机构"的重要部分;
- 规划、协调和评估教学和课程,其中许多内容已包含在我们的"改善教学计划"中;
- 促进和参与教师的学习和发展,即我们的"培养员工"类别;
- 确保有序和支持性的环境,这也是"精简和匹配组织机构"的一部分。

那么这四个类别的实证验证呢?这种验证取决于呈现整个实践价值的证据。最新的此类证据由两篇未发表的实证学术论文综述提供,其中第二篇是量性元分析(莱斯伍德和孙,2009,2010)。这些是对50余篇研究的回顾,这些研究涉及四种类别的领导力实践(以及每个类别中的个人实践)对三种结果的影响,包括学校条件,教师态度、性格和实践,以及学生成就。使用"效应量"[①]统计量('d')报道结果,这四种类型的实践作为一个整体,对与学校改进相关的一系列教师"结果"具有相对较大的影响:例如,工作满意度、社区意识、领导者的信任、组织机构的公民行为、教师效能和教师动机。总体上,这四类领导行为也对影响变革实施的一系列学校环境产生了中等强度的影响(0.44),例如:教师凝聚力、优化教学、学校文化和共同决策。对这些证据的综述发现了对学生学习所产生的平均而言很小却具有意义的影响,但影响程度从微不足道到中等大小,具体取决于调节这种影响的教师、学校和课堂条件。

最近的三项个人研究为成功的领导力实践的四项分类价值提供了更多的实证支持。莱斯伍德、哈里斯和斯特劳斯(2010)报告了这四套实践对学校转变成功的重大贡献,并解释了转变过程的不同阶段如何要求对每套实践的制定方式

---

① 效应量(ES)是关联或关联强度的几种度量当中的任意一种,通常被认为是一种具有实际意义的重要度量。该统计方法使我们能够判断结果的重要性。它还使我们能够以不同方式直接比较报告证据的几项研究的结果。通常将0.20范围的效应量解释为较小,0.50范围内的效应量解释为中等,0.70或更高的效应量解释为强。

进行修改。芬尼根和斯图尔特(2009)也报告了证据,指出领导者为扭转表现不佳学校而采取的四类实践的价值。最后,苏普维茨(Supovitz)等着重于影响课堂教学改善的领导力实践,发现"校长是学生学习中最重要的角色,部分原因是由于他们通过同事之间的教学合作和交流从而非间接影响教师教学"(2010:46)。此外,校长着眼于指导、培养社区的形成和信任感,并清楚地传达学校任务和目标(p.43);这些实践涵盖了我们所说的所有四个类别。本章的后四个部分将分别对这四个类别进行简要说明和验证。①

设定方向

这个实践分类包含着激励领导者的同事们所需的大部分努力(哈林格和赫克,1998)。它关乎"道德目的"[富兰(Fullan, 2003);哈格里夫斯和芬克(Hargreaves 和 Fink, 2006)]的确立,是促进个人工作的基本因素。大多数动机理论认为,人们具有为自己实现个人重要目标的动力,例如,这些目标是班杜拉人类动机理论(1986)的四个动机之一。

哈林格(2003)对有关教学领导的证据回顾发现,校长的使命建设活动是最具有影响力的领导力实践活动,鲁宾逊、霍赫帕和劳埃德(2009)的证据合成报告显示,与建立目标和期望有关的实践的中等效应量为0.42。例如,在对影响课堂实践的领导力的综述中,普林提(2010)得出以下结论:

> 那些制定令人信服的使命和目标、建立协作和信任文化并鼓励教学改善的校长,他们将教师召集在一起,共同开展工作,从而改善教学。
>
> 普林提(2010:115)

此类别包含三套更具体的实践,所有这些实践的目的都是将重点放在学校或学区教职工的个人和集体工作上。这些实践是熟练运用的,是教职工工作的动机和灵感来源之一。

---

① 这些部分改编自莱斯伍德等(2006),第2章。

建立共同的愿景

建立和传达有关组织机构未来令人信服的愿景是变革型领导和魅力型领导模型中的一项基本任务。

促进人们对群体目标的接受程度

虽然愿景可能很令人鼓舞,但具体行动通常需要就更直接的目标达成一致,以便朝着愿景前进。在这种理论的基础之上,这套做法不仅旨在识别组织机构的重要目标,并且还使个人成员将组织机构的目标视为自己的目标。除非发生这种情况,否则组织机构的目标就没有动机的价值。因此,领导者可以在这套实践上有效地花费大量时间。对目标漠不关心或不在每日实践中重新审视和强化目标,将会完全失去重点。这套实践包括领导者"旨在促进教师之间合作,并使他们为实现共同的目标共同努力"(波萨科夫等,1990:112)的行为。

在地方政府/地区和学校环境中,策略和改善计划的过程是这些行为所体现出来的更为明确的情境。尤克尔的多重链接模型中的 11 种有效管理行为之一是"计划和组织",包括了一部分这样的实践。计划和组织包括"确定长期目标和策略"和"确定执行项目或活动的必要步骤"(1994:130)。

高绩效期望

由于这套领导实践与目标紧密结合,因此也被包含在"设定方向"中。高绩效期望并不能定义组织机构目标的实质,但正如波萨科夫所解释的那样,它们呈现出在实现这些目标过程中"领导人对卓越、质量和/或高绩效的期望"(波萨科夫等,1990:112)。这些期望的呈现实质上是所有变革型领导和魅力型领导概念里的核心行为。孙金平(2010)对基于学校的证据进行元分析发现,在此方向设定类别的其他实践中,持有高绩效期望为改善许多学校的条件作出了巨大贡献。

培养员工

此类别中的三组实践为教职工的激励做出了重大贡献。然而,他们的主要目标是能力建设——不仅形成教职工实现组织机构目标所需要的知识和技能，还要建立坚持应用这些知识和技能的性格（哈里斯和查普曼，2002）。在这些性格中，个人的教师效能可以说是最关键的，也是班杜拉模型（1986）中动机的第三来源。人们被他们所擅长的事情激励。根据班杜拉所说，掌握经验是最有效的效能来源。因此，培养能力以增强主人翁意识也非常具有激励作用。在我们的研究中，我们发现，不仅是个人的才能，集体的才能也使得学校不断在改善。

提供个性化的支持/考虑

作为该维度的一部分，贝斯（Bass）和阿沃利奥提到，"了解关注者的需求，有时候可以通过授权代表为每个追随者提供自我实现和达到更高道德发展标准的机会，从而将他们的需求提高到更成熟的水平"（1994：64）。波萨科夫等宣称，这组行为应该传达领导者对其同事的尊重以及对他们个人感受和需求的关心。这是所有二维领导力模型（俄亥俄州、权变理论和情境领导理论）共有的一套领导实践，它包括了任务导向和对人的考虑。

这套实践所包含的是与尤克尔（1994）的多重链接模型，以及哈林格（2003）的教学领导力模型和沃特斯（2003）的元分析相关的支持、认可和奖励的管理行为。自1960年代以来，这组领导行为吸引了更多的校外领导力研究。例如，芬尼根和斯图尔特（2009）提供了新的证据，并表明成功快速实现薄弱学校改进的学校的领导者：

> 将目标资源（包括教学资源）用于他们的愿景，并为教师的努力改善提供支持。在这些学校中，校长被视为会聆听家长和老师的抱怨但同时也能找到问题解决方法的人。这些学校的老师报告说，在评估过程中，他们得到了积极的沟通和支持，因为他们得到了有关如何改善课程和教学的反馈。
>
> （芬尼根和斯图尔特，2009：508—9）

智力刺激

包含在这个维度中的行为包括鼓励同事承担智力风险、重新检查假设、从不同角度看待他们的工作、重新考虑如何执行等（波萨科夫等，1990；阿沃利奥，

1994),要么则是"引导教职工去欣赏、解剖、思考和发现他们原本不会看到的东西"(洛、克罗克、西华苏巴马廉,1996:415—16)。沃特斯(2003)、马尔扎诺(2005)和麦克纳尔蒂将"挑战现状"纳入了有助于领导对学生的影响的实践中。

在这里,领导者在专业发展中的关键作用得以凸显,尤其是处境艰难的学校的领导者(格雷,2000)。我们要认识到这种发展的许多非正式和正式的方式。"挑战现状"也反映了我们当前对构造性、社会性和情境性学习的理解。变革型领导和魅力型领导的所有模式都包括这一套实践模式。大量的教育文献都假定学校领导者采取了这套实践模式,最值得注意的是有关"教学型"领导的文献,这些文献将学校领导者置于学校教学和学习改善工作的中心位置[例如哈林格,2003;斯坦和斯皮兰(Stein 和 Spillane,2005)]。

鲁宾逊、霍赫帕和劳埃德(2009)的合作研究得到最令人瞩目的结果之一是领导者努力促进教师的学习对学生学习成就所产生的非常显著的影响(ES=0.84),尤其在领导者参与其中与教师一起学习的情况下。这种行为同时超越了其他全部行为。

提供合适的榜样

这一类行为需要"以身作则"。这是与"真实型领导"模型相关的一套实践模式(阿沃利奥和加德纳,2005),展示了透明的决策、信任、乐观、希望、弹性以及言行之间的一致性。洛克(2002)声称,核心价值观是通过在实践中对核心价值进行塑造而建立的。哈林格(2003)和沃特斯等(2003)注意到了保持学校高知名度对领导者所产生影响的贡献,高知名度与教职工和学生之间的高质量互动有关。哈里斯和查普曼发现,成功的校长"塑造了他们认为对实现学校目标有利的行为"(2002:6)。

这个维度还包括巴斯的"理想化影响",部分替代了他最初的"魅力"维度:阿沃利奥(1994)声称,当领导者具备赢得跟随者的信任和尊重所需的适当行为和态度并发挥榜样作用时,就会产生理想化影响。领导者的这种塑造行为"为教职工树立了榜样,并与领导者所拥护的价值观相一致"(波萨科夫等,1990:112)。在本书的第7章和第8章中,我们通过对学校的案例分析呈现了这种定性的影响。

孙金平(Sun，2010)的元分析研究显示,就其本身而言,塑造有价值的实践对重要的学校条件具有中等强度的影响(ES=0.54),除了提供智力刺激和个人支持以外,还显著影响了大多数与教学改善相关的教师态度和性格(两者ES都是0.50)。

精简和匹配组织机构

这就是"S",即情境或者工作条件,是我们前面所描述的用于预测绩效水平的方程式中的变量。如果工作条件不允许动机和能力的有效应用,强化人们的动机和能力将无济于事。在班杜拉(1986)的模型中,对情境的信念是动机的第四大来源;当人们相信自己所处的环境有利于实现自己认为重要的目标时,他们就会受到激励。此类别中所包含的三种实践是关于建立工作条件的,这将使教职工能够充分利用自己的动机和能力。

孙金平(Sun，2010)对于"精简和匹配组织结构"类别中的实践进行了元分析,报道了其对大多数教师态度和性格产生的中等但有意义的影响。特别是建立协作文化和加强学校文化对于大多数间接的学校条件作出了中等强度的贡献(0.4—0.47)。与鲁宾逊、霍赫帕和劳埃德(2009)分类相关的是领导力实践五个维度中的两个维度,即从策略上进行资源配置并确保环境有序,这对学生学习具有小至中等程度的影响(分别是0.31、0.27)。

建立合作文化

从利特尔(Little,1982)的早期研究至今,研究者已经积累了大量的证据,这些证据明确支持了学校中的协作文化对于学校改进、专业学习社区的发展和学生学习的改善至关重要这一观点[例如路易斯和克鲁泽(Louis和Kruse，1998);罗森霍尔茨(Rosenholtz，1989)]。其他的证据清楚地表明,领导者能够建立更多的协作文化,并提出了实现该目标的实践[沃特斯等,2003;霍恩和利特尔(Horn和Little，2010)]。对于处于挑战环境中的学校领导者来说,创建更积极的协作和注重成就的文化是一项关键任务[萨蒙斯、托马斯和莫蒂莫尔(Thomas和Mortimore，1997);韦斯特、安斯科和斯坦福(West，Ainscow和Stanford，

2005)]。

普林提对证据的综述支持了这一说法,其结果表明"以改善为导向的牢固协作关系似乎是进行高质量教学的必要条件"(2010:113)。我们将在本书第9章中展示组织机构民主、信任和有意识地逐步进行领导力分配之间的联系。

康诺利和詹姆斯(Connolly 和 James,2006)宣称,协作活动的成功取决于协作者的能力和动机以及他们进行协作的机会。成功还取决于理解并在适当的情况下改变先前条件的遗留局面。例如,一起工作的历史有时会利于建立信任,从而使进一步的协作更加容易。人们越来越意识到,信任是促成合作的关键因素,一个人更可能信任与其建立了良好关系的人[路易斯和克鲁泽(Louis 和 Kruse,1995);布赖克和施耐德(Bryk 和 Schneider,2002)]。参与式领导理论和领导者-成员交换理论关系到组织机构合作的性质和质量以及如何进行有成效的管理。

领导者通过成为工作的熟练召集者,为学校的生产性合作活动作出贡献。他们在参与合作的各方之间培养互相尊重和信任的关系,确保共同确定团队工作过程和结果,帮助阐明合作目标和角色,促进合作者之间适当妥协意愿的产生,促进合作者之间开放和流畅的交流,并提供足够和持续的资源来支持协作工作[马特西奇和蒙西(Mattessich 和 Monsey,1992);康诺利和詹姆斯,2006]。

重组和重新定义角色和职责

这是几乎所有管理和领导实践概念所共有的领导功能或行为。组织文化和结构是事物的两面。发展和维持协作文化取决于建立互补的结构,这通常需要领导的倡议。与此类倡议相关的实践包括为教师创建共同计划的时间,以及为解决问题建立团队和小组结构[例如哈德菲尔德(Hadfield,2003)]。哈林格和赫克(1998)将该变量确定为领导者对学生影响的关键调节者。重组还包括为选定的任务分布领导力,以及增加教师参与决策的能力[里夫斯(Reeves,2000)],尽管,正如我们将在后面的章节中所展示的那样,这需要时间和对情境敏感判断的明智应用。

在芬尼根和斯图尔特的研究中,成功转变学校的校长"不仅在建立一个积极和协作的学校氛围和文化方面快速取得了成功,而且还为教师提供了他们所需的资源"(2009:600)。他们还为教师协作提供了便于学生协作并持续协作的扎实时间基础,这避免了长期的教师彼此隔绝、孤立的现象的出现。然而,对此研究和其他相关研究批评的声音是,无法看到它随着时间推移是否能持续下去。本书的第8章提供了学校如何长期保持这种合作的实证研究证据。

与家庭和社区建立有成效的关系

将教职工的注意力从校内开始向外转移,使其注意到他们是对学生父母有意义、与更广泛社区紧密相关的角色,这被视为1990年代对标准学校领导力职能期望的最大转变(例如戈德林和拉利斯,1993)。最近,穆伊斯、哈里斯、查普曼、斯托尔(Stoll)和拉斯(Russ)(2004)认为这种核心实践对于在困难情形下改善学校状况非常重要,我们的研究也对此进行了进一步的肯定。家庭教育文化对学校学生成就的贡献的证据[例如科尔曼,1966;芬(Finn, 1989)],广泛贯彻执行基于学校的管理要求所引发的学校对社区的公共责任感的增强[墨菲和贝克(Murphy和Beck, 1995)],以及学校积极管理公众对其合法性看法的需求的日益增长[例如明特罗普(Mintrop, 2004)]更激发了人们对此的关注。

将学校连接到更广阔的环境

学校领导者要花费大量的时间与学校之外的人们取得联系,以寻找信息和建议,与政策变化保持一致趋势,并预见可能对他们学校产生影响的新的压力和趋势。比如,会议、非正式谈话、电话、电子邮件交换和网络搜索是实现这些目的的机会。在英格兰国家学校领导学院的推动下,大量的网络学习项目为将学校与广泛的教育环境联系起来提供了良机[杰克逊(Jackson, 2002)]。然而资金补贴和相关的外部人力资源支持曾面临终止的风险,在2006年,人们对于这些网络有多少能够维持以及能到何种程度存在很大的疑问。

此外,尽管学校领导者在此功能上花费了大量的时间,但迄今为止,我们还没有发现任何有关它对改善学生学习和学校组织机构质量产生贡献的研究。例如,英格兰的网络学习社区评估表明这对学生学业的积极影响效果甚微[萨蒙斯、穆贾塔巴(Mujtaba)和厄尔(EaH)(2007)]。但是,目前有关于这种实践在非学校组织机构中的影响的研究已经开始了。尤克尔将其称为"网络",并将其作为11种关键管理实践之一纳入了他的多重链接领导力模型。他将这种实践描述为"非正式进行的社交,与提供信息和支持的人建立联系,并通过包含拜访、电话、来信、参加会议和社交活动在内的方式定期交流以保持联系"(1994:69)。

改善教学计划

这类领导实践跨越了其他几种实践,尤其是"培养员工"和"精简和匹配组织机构"的类别。

它是为了回应相关证据,即专门针对教学核心技术的领导实践可能比那些间接的领导实践对学校改善的影响更大(例如马克思和普林提,2003;鲁宾逊、霍赫帕和劳埃德,2009;普林提,2010)。

然而,有关这套实践效果的证据仍是混杂的。令人惊讶的是,哈林格的综述表明,那些与课堂密切联系并监督课堂上所发生事情的领导实践对学生的影响最小。另一方面,当管理行为被包括在最近有关学校领导作用的其他研究中的时候,他们对管理行为的解释几乎和对领导行为的解释一样(例如莱斯伍德和扬茨基,1999)。此外,鲁宾逊及其同事(2009)的研究合成报告了相关实践对学生成就所产生的中等程度的影响(ES=0.42)。因此,作为一个分类,它极为重要,尤其是那些能够创造稳定性、完善基础设施并向教师提供有关其工作的及时有效反馈的实践。

人员匹配程序

尽管哈林格或沃特斯等(2003)并未提及,这已被证明是参与学校改进的领导者的一项关键职能。该活动的目的是寻找有兴趣并有能力进一步加强学校努力的老师。对于那些在充满挑战的环境里领导学校的人来说,招募和留住教职工是一项首要任务,这在我们的IMPACT研究的案例分析学校中得到了证明。

提供教学支持

这套实践包括在哈林格(2003)和沃特斯等(2003)的著作中,包括"监督和评估教学"、协调课程,并为支持课程、教学和评估活动提供资源。韦斯特等(West

等,2005)指出,对于在充满挑战情境中的学校领导者,专注于教学是必不可少的。这包括控制行为、提高自尊心以及与学生之间的交谈和聆听。它还可能包括督促学生和老师高度重视学生成就。这样的"学术氛围"对学生成就做出了重大贡献(德迈耶等,2006;萨蒙斯、托马斯和莫蒂莫尔,1997)。在本书第二部分阐述的我们自己的定量研究结果证实了这一观点,并表明控制行为和让学生参与的行为是影响学生成就质量的前提,尤其是在充满挑战的学校情境中。

监测学校活动

沃特斯等(2003)分析了领导者,尤其是那些关注学生进步的领导者所表现的监控和评估功能对学生产生的领导力影响。据韦斯特等(2005)的报告,有目的地使用数据是对失败学校进行有效领导的主要解释[另见雷诺兹(Reynolds)、斯特林菲尔德(Stringfield)和穆伊斯,未注明出版日期]。哈林格(2003)的模型包括一系列标为"监控学生进度"的实践。监控运营和环境包含在尤克尔(1994)11种有效管理实践之内;格雷等(Gray等,1999)报告说,在困难情形下,追踪学生进步是学校领导者的关键任务。

减轻工作人员的分心

长期的研究报告指出,领导者的组织机构效力具有价值,可以防止教职工被拉向与商定目标不符的方向。这种缓冲功能承认了学校的开放性和家长、媒体、特殊利益集团以及政府的期望对学校工作人员的持续轰炸。内部缓冲也是有帮助的,尤其是减轻老师受过多的学生纪律活动的影响。芬尼根和斯图尔特研究中促进学校成功转变的校长"为老师减轻了来自地区行政人员指令与问责政策的压力"(2009:603)。他们还"对制定和实施绩效结果进行持续的监控,从而使学校工作人员的注意力集中在学生的成就和其他类型的数据上"(p.604)。

结论

至此,我们已经以脱离实际的方式讨论了领导力实践。但是,你可能会问,是谁递送了他们?谁(或什么)是这些实践的理想来源?尽管校长或负责人始终是关键来源,但越来越多的证据表明,在许多情况下,应该鼓励其他多种领导来源。例如,在迄今为止的研究中,这些来源不是校长,而是行政人员(芬尼根和斯图尔特,2009)、教师(苏普维茨等,2010)、父母(哈林格和赫克,2009)和教师团队[莱斯伍德和马斯科尔(Mascall)(2008)]。或者将这种领导力分布简单描述为"共享"(瓦尔斯特龙和路易斯,2010)或"协作"(哈林格和赫克,2010)。总而言之,大量证据表明,在大多数情况下,分布式领导力实践相对有效,尽管正如我们在 IMPACT 结果中指出的那样,扭转一所表现不佳学校当前态势的早期阶段并不能被作为一项证据。在本书的后续章节中,我们将采取更细微的方式处理分布式领导。

最后,我们领导实践的四个广义类别和 14 种更具体的实践收集了在大多数情境下什么是有效领导力的证据。这些核心实践为实践领导者提供了有力的指导来源,并在第 6 章得到了进一步的证明。但是,领导者并非一直都在做这些事情,也不必每天都创造共同的愿景。同时,每种实践的方式也会因情境而异。如果你的学校被标记为"失败",那么与合作发展相比,你最初可能会向教职工宣讲更多愿景,而且在早期,你也可能更专制而非民主,从而可以在"扭转学校态势"任务上取得成功。因此,领导力取决于其实施方式,而非基本或者核心实践。需要情境敏感的是实施方式,并非核心实践本身。本书的第二和第三部分提供了有力的证据,表明英格兰校长如何在这方面有效改善学校的方式,以及在此过程中他们的价值观、素质和技能。

第二部分
领导行为和学生成就

第 3 章　领导力模型和学生成就

引言

在本章中,我们将描述 IMPACT 项目所采用的混合研究方法。我们认为,需要将质性和量性的研究方法相结合,来获得对领导力以及其与学生成就随时间变化的关系之间的协同理解。

本章讨论了我们如何为我们的研究确定了一个学术层面上有效且经过改善的学校样本。它描述了如何根据(在第 1 章和第 2 章所探讨过的)现有研究和文献,设计校长和核心员工的两份问卷调查的方式。它还提供了分析的详细信息,我们使用这些分析来研究有关学生成就的各种数据集、教职工和校长对我们调查的反应,以及我们如何试图采用统计方法对领导力对学生成就的直接和间接影响进行建模。在本书的后续章节中,我们将继续呈现案例分析结果,这些内容将通过各个学校的深入研究来扩展、丰富和情境化研究结果(请参阅第 7—9 章)。

通过调查分析,我们确定了一系列构造,这些构造为学校领导力策略和行动模型提供了基础。这些构造中包括"设置方向"、"精简和匹配组织机构"、"培养员工"等策略,以及"领导力信任"的创建。我们将展示如何识别这些框架,并将其与学校和课堂教学过程的其他重要特征相关联,例如高层领导团队对教学的影响以及创造我们称之为"教师协作文化"的专业工作方式。我们继续调查重要的中学生成就,包括学生动机和积极的学习文化、改善学校条件、较高的学术水平,并证明这些要素又反过来与学生行为和出勤率的变化,以及以学生学术成果来衡量学校表现的变化相关联。

本章还呈现并讨论了一种新的统计模型,该模型有助于阐明复杂的关联和潜在的因果关系,这些关系是大量英国中小学学术成就持续有效性显著改善的基础(萨蒙斯等,2011)。

研究目的和目标

该研究的总体目标是：

确定并绘制出有关有效领导力和学生成就之间基于实证基础的直接或间接的因果和关联关系。

尤其是我们要通过定量分析：

(1) 确定学生学业成果(通过国家评估和公共考试成绩测量)的变化中有多少是由变量所造成的,这些变量包括类型、素质、策略、技能和学校领导力情境,尤其是那些作为"领导的领导"的校长；

(2) 确定学校领导力,尤其是校长影响力,对教师和学生成就的直接和间接影响的相对优势。在后面的章节中,我们将继续通过 20 所中小学深入的案例分析研究来进一步探讨这些问题,这些案例研究就学校领导力和改善历程方面为利益相关者提供了丰富又细致入微的陈述。

混合方法设计

复杂的社会和教育现象的大规模研究在研究设计方面越来越多地采用混合研究方法(塔沙科里和特德利,2003；戴杰思等,2008；特德利和萨蒙斯,2010)。这项研究汇集了一支经验丰富的团队,他们研究方向互补且多样,来自不同视角并基于英国和国际不同情境的专业领域(定性的和定量的)。

混合方法研究设计的选择受到研究开始时文献综述的影响。对于文献初步的综述分别以详细的形式(哈里斯和霍普金斯,2006)和概述的形式显现(莱斯伍德、哈里斯和霍普金斯,2008)。我们围绕七个主张组织了概述版本,这些主张可由我们在第 1 章中所详细讨论过的大量可靠的实证证据来证明。文献综述为我们的研究设计提供了信息,尤其是问卷调查的发展以及案例研究访谈的首轮访谈,这些访谈的重点是衡量学校及其领导力的特征,并加深我们对于校长在学校改善过程中作用的理解。

该研究分为三个相关但又重叠的阶段。这三个阶段阐明了混合研究方法的研究设计,在这种设计中定性和定量两方面均被给予同等的权重。此外,来自不同阶段的调查结果还通过反复的分析、假设生成、测试、整合和最终的合成,为研究工具的发展作出了贡献。

图3.1展现了研究不同阶段和不同研究链以及如何将它们按顺序串联起来,这张图展示了我们寻求整合各种证据来源以实现我们目标的过程。

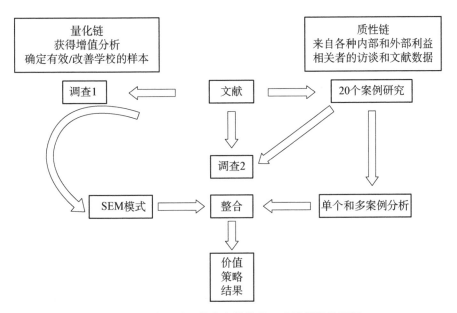

图3.1 研究设计:整合高效能且已改进学校的证据

混合法的运用增加了识别各种关联模式的可能性,以及识别在不同学校绩效(由学生成就和其他调查结果的国家数据测算)指标中的变量和学校以及部门程序的测量之间可能的因果联系,以及这些与领导实践的不同特点相关联的方式。通过结合广泛的定量证据和丰富的定性证据,可以同时进行分析,并允许来自一个来源渠道的证据扩展或者挑战来自另一个来源渠道的证据。这些数据来自参与者的看法、领导实践和学校的经验和解读,以及独立收集的有关学校绩效的数据,这些数据基于三年来对学生成就的变化和学校组织结构和过程的测量。

在研究过程中的某些时候,我们从为一小部分学校搜集全面深入的案例研究数据分析中选取定量数据(成果数据及问卷调查),对其进行分别、独立地分析。我们故意选择一些其他阶段,允许一种来源渠道与另一种来源渠道相联系,各种不同的会议(整个团队以及混合方法组和单一方法组)都增强了对话的进程。

这项研究的顺序是一个重要的特点,它为证据的整合以及对于合成和元推断的尝试提供了便利。

该项目的量化链涉及四个组成部分。

1. 对基于全国超过 15 000 所小学和 3 500 所中学的学校绩效数据进行了分析,以确定在连续三年中有效促进学生进步并改善学生整体学业成果的学校。这些分析基于相关的已发布的国家学业成就和考试数据以及关键指标,包括调查各个学校的学生进度和原始指标的增值(value added, VA)措施。其中包括达到绩效基准的学生百分比,例如在 11 岁时,即在小学关键阶段 2 的结束期达到第 4 级(请参见本书 P57);或者是在 16 岁时,即在中学关键阶段 4 的结束期 GCSE 达到 5 个 A^*-C 等级的百分比。

2. 在此类有效且不断完善的学校样本中,我们用对校长和核心员工进行的第一阶段初始调查来探索学校组织机构和流程的各种特征,这些特征与我们的文献综述,包括领导力可能相关。问卷调查的问题要求校长和主要工作人员报告他们学校领导力过去三年在学校活动和实践的不同特征的变化程度。该时间段的选择与进行学生成就改善分析的年份相吻合(调查问题的一些示例在附录3.1中)。

3. 一年后,我们对校长和核心员工进行了第二次后续的第二阶段问卷调查,以更详细地探讨被认为与学校改进相关的特定策略和行动(从首次调查分析和案例研究结果的中期结果获悉)。

4. 连续两年对20所案例研究学校的学生进行的问卷调查提供了有关学生对教学、领导力、学校文化和环境的观点和看法的其他数据。

该研究的定性链涉及深度的案例分析研究,两年内每年对20所高效能、经改进的学校进行三次访问,其中小学和中学各10所。其中涉及校长、一系列核心员工和利益相关者的详细访谈,以真实地描述他们在特定组织机构的领导力情境中所感受和经历的学校改进过程。此外,案例研究包括观察这些学校工作人员的实践特征,这些特征是促成学校改进的重要原因。我们选择案例研究的地点来代表不同部门和情境的学校,包括不同程度的优势和劣势以及学生收纳人数在种族方面的差异。我们在案例研究组成中包含了更高比例的处于不利情境下更有效和改善的学校,以反映1990年中期到2007年间英国政策的关注点:即提高那些面临挑战性环境的学校的标准。

与校长和主要成员的访谈主要涵盖了与研究目的相关的对他们来说最重要的问题,并且还涵盖了在文献综述中被认为是潜在的重要方面的内容。与学校其他同事的访谈则提供了除正式学校领导力以外的进一步见解,了解他们对于参与学校领导角色的实践和有效性的性质和影响的看法,包括高层管理团队(SLT)、中层管理人员(例如关键阶段的领导和部门负责人)以及领导力分布。因此,案例研究虽然在本质上主要是定性研究,但也具有混合研究法的成分。

抽样策略:使用学生成就和效果测评来分析学校的表现

英国在收集分析国家评估数据方面的做法是独一无二的,这些数据由英国儿童、学校和家庭部,现更名为教育部(DCSF)以及包括费希尔家庭基金会(FFT)、LAs等在内的其他机构每年收集并集中分析。在研究开始时,DCSF仍在完善开发学校的情境增值(CVA)绩效指标的方法。在形成研究重点的前三年(2003—2005)中,这些还尚未起作用。但是,FFT可以对学校层面的国家学生数据集进行分析,其中包括原始的(未针对学生背景进行调整的)学生水平数据、简单的(仅针对学前学生成就进行控制)和情境化的(基于个人层面学生先前成绩及其背景特征控制的)学校绩效测评。在学校效能研究中,增值测量,尤其是情境增值测量被广泛认可为提供了更加公平的学校绩效测量(萨蒙斯、托马斯和莫蒂莫尔,1997;特德利和雷诺兹,2000;卢伊藤和萨蒙斯,2010),因为它们考虑到了不同学校在他们所服务的学生人数特点方面的重要差异,这些差异已经显示出可预测之后学生成绩的迹象。在英国,学生背景的角色越来越成为英格兰和其他地区的政策关注点之一(例如,英格兰的"缩小差距议程")。从业者也非常了解学生情境和学生收纳人数的重要性,以及它们对于学校工作和教师在课堂中所面临日常挑战的影响。

过去几十年来,(基于层次回归和学生水平数据的)多层次模型已被用于发展增值测量(戈德林,1995)。在英国,DCSF已经认识到情境增值在公布学校成就和成绩表方面的好处。调查抽样基于FFT提供的增值和学生成就数据的分析。FFT使用情境增值多层分析为英国所有的中小学提供2003至2005年三年间个别学校效果的统计估计值(残差)。这些分析确定了在学术上更有效果的以及在三年中显示出持续改善的学校,以供进一步研究(顾、萨蒙斯和梅塔,2008)。

在三年中所获得的全国小学(34%)和中学(37%)的数据大约有三分之一符合我们的抽样标准,并且在根据国家评估或者考试结果测量的学生成就的变化和学生进步的增值指标方面,它们被认为是更有效或者更完善的。应当指出的是,英国学校在1996至2008年期间的国家评估和考试结果大幅度提高,并且在国际数学和科学研究趋势(TIMMS)等国际评估中的表现也有所进步。这很可能反映了大力提高标准和支持弱势学校改进的政策的影响(萨蒙斯,2008)。我们的抽样框架使该项目能够根据我们的研究目的和问题,将重点放在此类成功学校的领导力特点和过程上。因此,可以将学术上更高效或不断改进中的学校置于所处的具体情境之中来描述它们的过程和方法,并以此来解释研究结果。

在全国范围内,英国的学校中免费校餐(FSM)1级(0—8%的学生符合FSM条件)和2级(9—20%符合条件)的比例高于3级(21—35%符合条件)和FSM 4级(36%及以上符合条件)。小学和中学都是这种情况。免费校餐测量是低家庭收入和处于社会不利地位的学生入学情况的一项指标。我们试图从处于较高社会不利地位(3级和4级)的范围中对学校进行过度采样,以实现与社会不利地位学生入学水平相关的更均衡的(不更倾向于社会较低不利地位的)学校样本。尤其是在小学方面,大量的小学允许我们以3∶2的比例对处社会不利地位的学校进行过度抽样。处于更劣势地区学校的学生趋向于从较低成绩水平开始学习,因此,这样的样本使我们能够纳入相当数量的学校,这些学校的学生成就是从非常低的水平开始提高的,并使我们能够深入探讨在充满挑战的环境中,领导力对学生成就改善的影响,这是许多国家决策者尤其感兴趣的一个话题。

三个学校改进小组

根据三年来的成就和增值趋势分析,我们确定了三个子类别的学校:

- 那些从低程度改善到中等程度或者从低程度改善到高程度的,并且被认为是在国家增值分析中非常有效的学校;
- 那些在成绩方面从中等程度改善到较高或者高程度的,并且被认为在增值中非常有效的学校;以及那些成绩高且稳定的,并且增值效果高的学校。

对调查进行回复的学校中比例较高的属于低到中/高等程度组:即那些在最近三年中从低基数获得快速改善的学校。

我们假设(1)在短期内取得快速改善的学校和(2)最初属于低成绩组的学校可能与稳定高效组相比具有不同的领导形象。我们将从低程度到中等程度或者低程度到高程度的组标记为低起点组,将中等程度至较高或高程度的组标记为中起点组,将稳定的高程度和高程度至高程度的组标记为高起点组。我们探讨了改进小组和一系列关于校长的总任职年限和在此学校的任职年限、过去十年校长的数量、学校教育部门和社会经济情境以及调查结果的影响之间的关联(详细信息请参见顾、萨蒙斯和梅塔,2000)。在第 5 章中,我们将进一步介绍改善轨迹不同的三组学校的调查结果的细节。

问卷调查

我们开展了针对校长和担任领导职务的主要教师(小学:每所学校 2 名,中学:每所学校 5 名)的附带表格的问卷调查,以探讨这些利益相关者对领导力特点和学校过程的看法。该调查采用了许多量表,包括在初始文献综述中被确定为潜在重要的成组项目(利斯伍德等,2004,2006a)。另外,它还包括一些特定项目,这些项目侧重于过去三年校长和核心员工在学校工作的不同领域以及其他

类型学生成就(非学术领域,例如参与度、动机、行为和出勤)方面有关改变的看法。校长调查涵盖六个领域:

- 领导力实践
- 领导者的内部状态
- 领导力分布
- 领导力影响
- 学校条件
- 课堂条件

核心员工调查旨在严密反映校长的情况,以便可以将两个组就相同的六个领域的看法方面进行对比。表格3.1显示了样本回收率。中学校长的回复比例更高。我们对此进行了更详细的跟进,以确保各个部分学校的回收数量大致相等。尽管回收率不高,但却是近年来对英国学校进行调查所获得的回收率的典型代表。

表3.1 第一阶段调查回收率

	调查样本量(N)	回收校长问卷(N)	回收率(%)
校长			
小学	1 550	378	24
中学	1 140	362	32
学校层面的核心员工			
小学	1 550	409(学校)	26
中学	1 140	393(学校)	34
问卷层面的核心员工			
小学	3 100	608	20
中学	5 700	1 167	20

总体而言,与不到十分之一(8%)的高起点组相比,低起点组中近三分之二(65.6%)的小学有更高的贫困学生入学人数,它们被定义为免费校餐组的组3

和组 4。中学调查回复的模式大致相似。在这里,低起点组大约一半(50.3%)的学校背景为高贫困的情境(免费校餐组的组 3 和组 4),而高起点组中只有大约二十分之一(5.2%)来自组 3 和组 4。这强调了成绩低和学生收纳特征之间的紧密联系,这在许多教育有效性研究中都很明显(特德利和雷诺兹,2000)。但是,在我们的样本中,包括低起点在内的所有学校在原始结果方面都显示出了显著的改善,并且在控制学生学前成绩和背景特征的增值多层分析中,这被认为是非常有效的(表 3.2 阐明了中学样本情况)。

表 3.2 根据学校情境(免费校餐组)和学校改进组,中学样本数量情况

改进小组	学校情境(免费校餐组)					
	免费校餐组 1&2(%)		免费校餐组 3&4(%)		总计(%)	
低起点	83	(49.7)	84	(50.3)	167	(100)
中起点	63	(82.9)	13	(17.1)	76	(100)
高起点	109	(94.8)	6	(5.2)	115	(100)
总计	255	(71)	103	(29)	358	(100)

分析策略

我们使用了一系列方法来分析质性和定量链中的各种数据集,并促进了证据的整合和结论的形成。数据类型的范围、为期两年的积累和项目中包括的样本数量提供了各种强大的数据分析,这些数据分析已在项目的各个阶段逐步被应用。图 3.2 总结了项目中采用的抽样策略和活动顺序。

调查回复

如上所述,文献综述为我们在有效改善的学校的样本中对校长和教职工第一阶段调查的开展,以及为深度案例研究而选择的其中 20 所调查学校采用目的性抽样的初始访谈提供了资料。

我们使用了一系列统计技术分析问卷的调查数据。在我们的中期报告中,

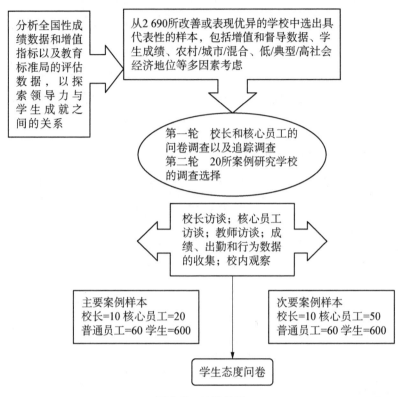

图 3.2 抽样总结

我们呈现了第一阶段调查数据的初始描述性分析。我们对校长和核心员工的回复进行了比较,以探讨观点和看法的异同程度。此外,我们根据决策者和从业者特别感兴趣的一系列变量检验了数据。用于比较的变量包括学校学段(小学和中学)和学校情境(基于学校免费校餐组),并将招收处于更劣势地位学生的学校(免费校餐组 3 和组 4)和招收非劣势地位学生的学校(免费校餐组 1 和组 2)相比较。我们还研究了其他可能的影响力来源,包括校长的工作总年限和在特定学校的工作年限。我们的分析报告了在社会经济劣势地位的学校中,校长和核心员工的反馈在统计学上所呈现的显著差异。

根据研究设计,一个特别的兴趣聚焦点是研究样本中三个学校改进小组在调查反馈上的异同,进一步地分析研究了具有不同有效性和改善特征的学校的领导力特征和实践(顾、萨蒙斯和梅塔,2008)。这些分析使项目团队能够探索学校情境之间的关联方式,而这些学校情境是根据成就概况、社会劣势状况和调查结果进行衡量的。调查中对开放问题的分析也确定了领导者所认为的在过去三年中对促进学校改善最具有影响力的三个最重要的行动或策略。这些策略由学校改进小组和学校免费校餐组对情境进行分类和检查。据推测,学校的校史和情境将影响学校领导者促进和维持改进的方法。这是这项研究的重要特征,最初是通过对调查结果的分析来呈现的,后来通过个别学校的概况和"成功路线"的发展进行了更深入的阐述,"成功路线"的发展说明了案例研究中校长在学校改善历程中的不同阶段所扮演的角色(戴杰思等,2009,2010)。

确定基本维度

通过对第一阶段调查数据的进一步分析,使用我们在英国有效改善的学校的样本中得到的数据进行检验,可以证实在文献综述中被认为重要的领导力实践特征的程度。研究的主要成分和验证性因子分析(CFA)[①]均采用以探索校长和核心员工第一阶段问卷调查的基本结构。

建立假设的因果模型

此外,这些从数量上得出的维度与领导力实践的不同特征和学生成就测量之间所显示的关联的假设模型有关。我们采用结构方程模型来开发假设因果模型,该模型旨在表示一系列因果变量之间潜在相互关系的模式,这些变量测量领导力、学校和课堂过程的不同特征以及其与感兴趣的因变量的关系。在这种情况下,我们测量了三年来学生成就的变化。

通过模型搭建,可以"在特定的研究情境中对基础概念进行系统研究,并考虑他们之间的关系"(斯林斯和马尔福德,2002:581)。在这项研究中,我们的重点是英格兰成功的学校,以及领导力实践与学校改进过程之间的关系,这些成功

---

① 验证因子分析是一种统计方法,可探索基本维度并帮助我们总结调查数据。在这项研究中,这有助于确定在我们更有效的英国学校样本中,包括在调查中的项目以用来测量从文献中得出的理论量表是否已通过实证证实。

学校通过过去三年基于学生成就的改进结果评估和检查方法来定义,而这些关系被认为可能会促成学生的可测量成绩的改善。

在开发结构方程模型时,我们受到了先前领导力的研究,尤其是斯林斯和马尔福德(2004)的研究的影响,该研究被称为 LOSLO 项目(即:组织学习领导力与学生成就提升),它是基于学生认知和自我报告,研究学校的组织学习与学生成就指标之间的关系。在后来的发展中,他们的研究对特定时间点与学生成就的关系进行建模,其测量时间截止到完成高中的学习(马尔福德,2007)。他们的方法与我们定义的领导力概念吻合。我们认为,领导力是对个人、组织变革和学习的一种影响力,通过直接影响组织文化、员工动机、承诺、以及课堂教与学,从而对学生成就产生作用。

我们对学校领导力对学生成就的影响 IMPACT 研究,是第一次通过英国学校的学生成绩数据使用结构方程模型来评估校长对学校成绩改变的影响。通过专注于预测成绩随时间的变化,我们的模型可以看作是动态的而不是横断面的(与 LOSLO 研究相反),因为他们试图确定在更有效和改进的学校中可以直接或间接地预测学术成绩提升的因素。

我们为中小学分别开发了模型以确定学校领导力对学生成就的相对影响是否在两个部门之间显示出相似的模式,并确定某个部门的特征(另请参阅第 4 章)。

此外,在团队会议中对新兴的定量结构方程模型的讨论,以及这些跨案例研究的访谈数据,促进了进一步的定量和质性分析。因此我们的研究可以被视为一种纵向的、并行的混合研究方法,该方法在研究期间具有多个对话点和来自两条线的证据整合(塔沙克科里和特德利,2003)。

定量结果综述

领导认为促进学校改进的最重要的行动

根据关键变量如利益关系,特别是来自学校改进小组的、学校弱势情境(免费校园餐等级)和学段(小学和中学),在第一阶段调查的初步分析中,我们对校长和核心员工的回应进行了比较。在本章中,我们仅简要总结了一些经由挑选的发现,这些发现是通过探索潜在的时间维度和使用结构方程模型生成因果模型而产生的。但是首先,我们讨论了校长所报告的在学校改进过程中很重要的行动和策略,因为对这些行为和策略的研究有助于为建模提供信息,并为三角测量提供进一步的证据。

从调查研究中收集到的其他数据包括要求获得校长所认为的在过去三年中对改善学生成就影响最大的三种行动、策略的详细信息。由于他们的学校处于改进的不同阶段(请参阅第 7 章),因此这些数据在普遍性方面价值有限。我们对这些书面数据进行了分析,以确定哪些策略和行动组合被认为是学校最重要的和最经常采用的。这些行动、策略的编码和分析为学校 20 个案例研究中采用的方法和在其他地方报道的方法进行更深入的调查和讨论提供了背景(戴杰思等,2009)。

这些结果根据对所引用的一系列行动和领域的归纳分析进行了分类(请参阅附录 3.2 和 3.3)。在某些情况下,我们可以说行动属于多个类别:例如,"使用绩效数据设定高期望值"被认为属于"鼓励使用数据和研究"类别和"对教职工给予厚望"类别。然后,我们使用这些数据生成调查反馈信息的次数(提及该行动/区域的总次数)和案例数(不论校长提及该区域的频率如何,提及该区域的所有校长的总数)的图表。

小学校长最常提及的行动/策略是:

- 改进的评估程序(28.1%)
- 鼓励数据和研究的使用(27.9%)
- 教学政策和方案(26%)
- 策略型资源分配(20.4%)
- 改变学生的目标设定(20.2%)
- 提供和分配资源(19.4%)
- 促进领导力发展和在职培训(CPD)(15.9%)

同样,中学校长最常提及的行动/策略是:

- 鼓励数据和研究的使用(34.0%)
- 教学政策和方案(27.7%)
- 学校文化(21.1%)
- 提供和分配资源(19.5%)
- 改进的评估程序(18.6%)
- 监测学院和教师(15.9%)
- 促进领导力发展和在职培训(15.1%)

我们根据文献调查中确定为重要的领导力实践的主要分类对反馈信息进行进一步分组,即"设定方向""培养员工""精简和匹配组织机构""改善教学实践"和"学术强调"。总体而言,对于小学校长来说,与"改善教学实践"分类相关的行动和策略的引用是最常见的(总计359项,占所列1 263项行动、策略的28.4%),其次是促进学校的"学术强调"的引用(被引用251次,占总数的19.9%)。与"精简和匹配组织机构"分类相关的引用达到了209次(16.6%),最后是"设定方向"(122次,9.7%)和"培养员工"(119次,9.4%)。

与使用数据和课程改革来提高成绩的策略相关的书面评论示例包括:

- 向个人和团队提供特定数据,以帮助制定计划和目标
- 学生追踪、目标设定和指导方案
- 在第4个关键阶段改善/更改所提供的课程

与教职工发展相关的行动/策略的书面调查评论示例包括:

- 管理一些教师的学习
- 建立学习网络
- 专注于中层领导者的角色
- 发展研究和创新文化
- 为教职工开发学习工具包

当我们把个人行动、策略进一步归到更大的类别中,在中学校长中识别出与小学校长相似的模式时,总体而言,与"改善教学实践"相关的行动被提及最多(在总共1168次反馈信息中占258项,22.1%),其次是与改善学校"学术强调"相关的行动参考,共188项(16.1%)。与"精简和匹配组织机构"相关的行动被记录了179次(占所引用的总行动、策略的15.3%),最后是"设定方向"(115次,11.5%)和"培养员工"(98次,8.4%)。

这些结果使得哈林格(2005)概念中校长是教学(教授与学习)领导者角色这一观点得到关注,哈林格认为,领导必须被视为一种相互影响的过程,教学领导者通过承担学校使命、实现学校结构和文化的统一来影响学校教学质量,反过来,这促进了对持续改善和提高教学质量的高度期望的关注。

在本章的下一个部分,我们将继续讨论通过调查测量的领导力行为的不同维度与学生成就变化之间的统计关联出发进行建模的过程。我们的模型调查了领导力、学校进程和教师工作相关构念,以及各种学校条件和学生成就变化之间的关系。这些模型特别解释了这些预测在多大程度上可以预测三年来学生的成绩改善情况。

研究领导力、学校进程和学生成就变化之间的关系:开发结构方程模型

我们用探索性因子分析(EFA)和验证性因子分析来测试假设的基本维度的存在,这些维度在文献综述中被认为是重要的,并通过调查项目组进行测量。进一步的结构方程模型测试了这些建议和在学校层面的学生成就关键指标(即通过路径分析)之间的拟结构关系。系数测量了两个因素之间净预测链接的强度,同时考虑了模型中其他因素之间的所有关系。

文献综述中确定了测量领导力实践的(理论维度的)四个特征:

- 设定方向;
- 培养员工;
- 精简和匹配组织机构;

- 管理教学计划。

因为假设的模型与问卷数据一致,我们为小学校长样本确定了一个很好的"适合"验证性因子分析的模型。我们确定了主要样本的领导力实践测量的四个维度(潜在变量):

- "设定方向";
- "培养员工";
- "精简和匹配组织机构"(外部策略);
- "数据使用"。

这些可以看作是帮助定义原始领导力实践(在这种情况下,使用数据度量被认为是管理教学计划的更广泛构造中的一部分)的活动/行动的子集。表3.3列出了针对小学校长样本确定的这四个维度的问卷调查项目。

表3.3 小学校长领导力实践四因素验证性因子分析模型基础的问卷项目

维度	问 卷 题 目			
设定方向	1d. 对教职工与学生有关的工作表现出很高的期望	1e. 对学生行为表现出很高的期望	1f. 对学生的成绩表现出很高的期望	1g. 与政府机构协作
培养员工	2b. 鼓励教职工考虑新的教学理念	2e. 促进教师的领导力发展	2f. 向所有教职工推广一系列在职专业发展项目	2g. 鼓励教职工思考学术课程以外的学习
精简和匹配组织机构(外部策略)	3c. 鼓励父母参与学校的改善工作	3d. 增建关于学生和成人之间有关学校改善的对话	3f. 为学校改善努力建立社区支持	3l. 与其他学校协作
数据的使用	4g. 鼓励教职工在工作中使用数据	4h. 鼓励所有教职工使用为个别学生需求所规划的数据		

我们假设"设定方向"将优先于并影响"精简和匹配组织机构""培养员工"以

及着眼于"数据使用"(正如稍后在结构方程模型分析中所述)相关的行动。因此,可以将其视为领导力的"主要"特征。结果证实,在这样的样本中,不论学校情境如何,改善和有效的小学都采用了独特的、共享的、核心的领导力实践。领导力实践的三个维度,即"设定方向""培养员工"和"精简和匹配组织机构"(外部策略)在本样本中可以被视为核心实践,并且可以推广到此类小学的更广泛人群中。但是,在"数据使用"方面是存在着差异的。这是贫困地区学校和低起点改进小组所具有的更显著的特点(我们将在第5章中进一步讨论这个问题)。

我们为中学校长样本确定了大致相似,但是具体包含五个要素的领导力实践模型:

1. 设定方向
2. 培养员工
3. 精简和匹配组织机构(内部策略)
4. 数据使用
5. 课堂观察的使用

表3.4列出了确定此中学领导力实践五要素模型的调查项目。结果表明,问卷调查中的项目描述了我们称为"课堂观察的使用"的领导力维度,和小学相比,它对样本中的中学改进和有效性的影响表现出一个更重要的特点。

表3.4　支持领导实践的CFA模型的调查问卷项目(二级项目)

维度	问 卷 题 目			
设定方向	1d. 对教职工与学生有关的工作表现出很高的期望	1e. 对学生行为表现出很高的期望	1f. 对学生的成绩有很高的期望	1g. 与政府机构合作
培养员工	2b. 鼓励教职工思考新的教学理念	2e. 促进教师的领导力发展	2f. 向所有教职工推广一系列在职专业发展项目	2g. 鼓励教职工思考学术课程以外的学习
精简和匹配组织机构(内部策略)	3a. 鼓励员工之间的合作	3e. 改善内部审查程序	3h. 根据学生的需要有策略地分配资源	3j. 调整组织架构以便捷工作

续 表

维度	问卷题目		
数据使用	4g. 鼓励教职工在工作中使用数据	4h. 鼓励所有教职工使用为个别学生需求所规划的数据	
观察的使用	4b. 定期观察课堂活动	4c. 在观察课堂活动后,与教师合作改进教学	4d. 利用辅导和指导提高教学质量

这可能反映了中学部门和部门领导的重要角色(哈里斯等,1995;萨蒙斯等,1997),中学在三年期间更加强调这一点,或者这是一个在小学存在已久的实践,因此根植于组织机构文化中。

图 3.3 说明,中学领导实践的五个维度在统计上也显著相关,并与小学样本的结果发现一致。与其他要素相比,"精简和匹配组织机构"(内部策略)维度与"培养员工"之间的联系更为紧密,这表明更有效的、得到改善的中学校长如果在这些领域中的其中一领域进行了变革,往往也会带来其他领域的变革。其他章中的案例研究数据继续探索了定性证据,这些证据阐述并扩展了这些从我们的问卷调查结果中确定的关联统计模式的理解。

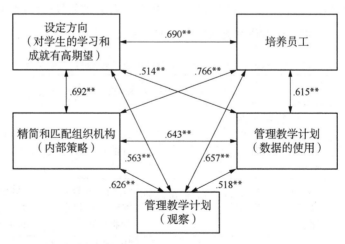

图 3.3 中学校长领导力实践五个维度之间的相关性
＊＊具有统计学意义的 $p<0.001$

我们检查了中学样本中与领导者实践相关的五个维度的平均因子得分,与小学样本相比,小学样本的"培养员工"维度的平均得分最高,而中学样本"设定方向"的得分则最高。结果表明,"设定方向"是领导活动的一个特点,对此中学校长比小学校长给予了更多的重视,这可能反映出中学具有的组织机构的复杂性和规模化。

与小学样本的结果相反,中学校长对不同免费校餐组、不同学校改进小组和不同规模的学校领导力实践所有五个维度中的某些维度的感知在统计学上存在着显著差异。这扩展了项目层面所要进行的探索(斯林斯和马尔福德,2004;顾、萨蒙斯和梅塔,2008)。

我们发现了与以下四个维度有关的统计学显著差异:

- "设定方向";
- "精简和匹配组织机构"(内部策略);
- "观察";
- "数据使用"。

低起点学校改进小组的平均因子得分高于其他两个学校改进组,显示了过去三年(2003—2005年)在领导者实践的所有这四个维度所报告的最大程度的变化。这表明领导活动和强调的程度可能需要更大,这样它才能在那些学生成就处于较低起点的中学的改进过程中起到催化作用。在第5章中,我们将更深入地讨论与我们三个学校改进小组有关的发现。

改善学校条件

在本书中,我们并未提供与学校过程和教师工作有关的不同维度的调查分析结果的所有细节(感兴趣的作者可以在完整的报告中找到这些内容,戴杰思等,2009)。表3.5和表3.6阐述了关于学校条件变化的调查结果的一个例子,在讨论整体模型之前,该模型通过测量三个学年的学生成就的变化来预测学校整体成绩的改善。首先,结果呈现了发生变化的程度。这两组之间非常相似,尽管中学校长可能更重视提高学校在当地的声誉。对核心员工调查的结果与对校长的调查结果一致。我们在表3.5和表3.6中阐述了对校长的调查结果。

表3.5 小学校长对过去三年学校环境下项目相关变化程度的看法

问卷项目	变化程度				
	不变(%)	一点(%)	一些(%)	很多(%)	总计*(%)
增强教职工的投入和热情	54 (14.4)	50 (13.3)	121 (32.2)	151 (40.2)	376 (100.1)
促成有序和安全的工作环境	79 (21)	47 (12.5)	85 (22.5)	166 (44)	377 (100)
提升当地声誉	64 (17.1)	65 (17.3)	125 (33.3)	121 (32.3)	375 (100)
在全校着手处理改善学生的行为和纪律	78 (20.7)	55 (14.6)	107 (28.5)	136 (36.2)	376 (100)

*由于四舍五入,百分比的总和可能不等于100%。

表3.6 中学校长对过去三年学校环境下项目相关变化程度的看法

问卷项目	变化程度				
	不变(%)	一点(%)	一些(%)	很多(%)	总计*(%)
增强教职工的投入和热情	32 (8.9)	49 (13.6)	150 (41.6)	130 (36)	361 (100.1)
促成有序和安全的工作环境	41 (11.4)	58 (16.1)	137 (38)	125 (34.6)	361 (100.1)
提升当地声誉	44 (12.2)	53 (14.7)	107 (29.7)	156 (43.3)	360 (99.9)
在全校着手处理改善学生的行为和纪律	44 (12.2)	70 (19.4)	127 (35.3)	119 (33.1)	360 (100)

*由于四舍五入,百分比的总和可能不等于100%。

我们使用验证性因子分析以更详细地检查与学校条件变化相关的项目之间的关联,确定了针对中学的三要素模型。这显示了在过去三年中,某种程度的学校条件如行为氛围变化(变好)以及特定类型的不良学生行为的积极变化(减少)的程度。结果显示在表3.7中。

表3.7 支持有关学校环境下学校改进的三因素验证性因素分析模型的问卷项目(中学校长)

维度	问 卷 项 目		
学校条件改善（ImpSchoCo）	12f. 增强教职工的承诺和热情	12g. 促成有序和安全的工作环境	12h. 在全校着手改善学生行为和纪律
学生行为改善（PupMisBe）	13f. 学生肢体冲突的变化	13i. 教师肢体虐待的减少	13j. 教师口头虐待的减少
学生出勤改善（PupAtten）	13a. 学生上课迟到情况的变化	13b. 学生上学迟到情况的变化	13d. 学生缺课情况的变化

我们就学校条件改变的项目为小学校长调查(表3.8)开展了相似的验证性因子分析,这一项目区分了四个而不是三个因素。学生行为改善(PupMisBe)的小学量表与中学量表相同。但是,关于学校条件改善(ImpSchoCo)和学生出勤率(PupAtten)的两个小学量表有所不同。例如,改善家庭作业政策已成为小学样本的一项内容,但对于中学而言,"增强教职工的承诺和热情"这一项目在改善学校状况方面的作用更为明显。此外,小学的验证性因子分析模型在减少教职工的流动和缺勤(StaffAbs)方面有一套额外的量表。

表3.8 支持有关学校环境下学校改进的三因素验证性因素分析模型的问卷项目(小学校长)

维度	问 卷 项 目		
减少教职工流动和出勤（StaffAbs）	12a. 教职工流动的减少	12b. 教职工缺勤的减少	
学校条件改善（ImpSchoCo）	12d. 学校经历的改善家庭作业的政策和实践	12f. 促成有序和安全的工作环境	12g. 在全校着手改善学生行为和纪律
学生行为改善（PupMisBe）	13f. 学生肢体冲突的变化	13i. 教师肢体虐待的减少	13j. 教师口头虐待的减少
学生出勤改善（PupAtten）	13a. 学生上课迟到情况的变化	13b. 学生的流动性/周转率	13d. 学生缺课情况的变化

由于这些差异,我们因此决定分别分析小学和中学校长的调查数据,并构建单独的模型来预测学生成就的变化,以便在两组间进行比较。

有效或经改善中学的领导实践的结构模型

研究人员首先根据相关领域的知识和实证研究(包括正在出现的案例分析和文献综述),对领导实践各个维度和学校过程之间的理论关系作出假设,然后,他们再用中学校长样本的调查数据对假设结构进行统计学检验。

我们创建了一个完整的结构方程模型(如附录3.4所示),该模型呈现了三年来(2003—2005年)校长对领导实践的看法以及与学生成就改变(改善)之间的关系。这是基于中学校长的研究数据,该调查数据与国家GCSE考试中学生成绩数据构建的学校绩效测量相联系。载荷强度展现了从数据集分析中得出的19个维度之间关系的性质和强度。我们确定了四个层次的关系,来预测学生成绩的变化。

第1级

第1级包括了领导力的三个主要维度:"设定方向""精简和匹配组织机构"和"校长信任",以及与前两个方面相关的其他三个方面,"培养员工""数据使用"和"课堂观察的使用"。

前两个结构(r=0.70),即"设定方向""精简和匹配组织机构"之间有很强的正相关性,两者都与2003—2005年三年间领导力实践的变化有关。但是,在这两种结构和"校长信任"的单独结构之间均未发现明显的联系,这表明,领导力实践的两个关键方面在改善学校绩效和学生成绩方面可能具有不同的作用。正如稍后将要讨论的那样,校长对学生学术成绩变化的影响似乎是通过他们对学校不同人群的影响以及与我们所说的教师协同文化、学生动机、行为和出勤率改善有关的一系列中间结果的影响而起作用的。

鲁宾逊在研究中详细地讨论了学校领导者对学校组织机构和学生的高度信任所带来的积极结果[鲁宾逊,2007;鲁宾逊、劳埃德和罗(Rowe)(2008)]。她认为,学校里信任关系是学校改进的核心资源。除了领导力的三个关键维度之外,此层级还有其他三个维度,即"培养员工""数据使用"和"课堂观察的使用"。这三个维度以及"设定方向"和"精简和匹配组织机构"共同构成了三年来领导力实践和活动变化的结构模型。这种结构模型与独立结构"校长信任"之间似乎没有直接或间接的关系(有关定性数据的进一步讨论,请参见第 9 章)。我们还确定了这些领导力实践的测量和分布式领导力的维度之间的关系(如下所述)。这种领导实践模型可以看作是校长战略思考和计划以达到改善目的的核心,而"校长信任"因素则反映了组织结构之间的关系和情感功能。这些问题将在本书第 3 部分的案例研究,尤其是第 7、8、9 章中进一步讨论。

第 2 级

第 2 级包括了学校领导力分布的四个维度:"分布式领导力""教职工领导力""高层管理团队合作""高层管理团队对教与学的影响"。

我们的研究结果表明,"校长信任"对"高层管理团队合作"维度具有直接的中度影响,而对"教职工领导力""高层管理团队合作""高层管理团队对教与学的影响"和"分布式领导力"等维度则具有直接但相对较弱的影响。我们也发现,"设定方向""精简和匹配组织机构"这两个维度通过"培养员工"对"分布式领导"产生了间接而积极的影响。相比之下,三年来"培养员工"的程度变化对"分布式领导"的影响是微弱和消极的。这可能是因为"培养员工"仍然需要更多的关注。这些条件可能还不被视为"分布式领导"的合适条件。在第 7 章中,案例研究学校改进的时间线阐述了学校改进的不同阶段。

正如中学的结构方程模型结果表明,校长和高层领导团队的领导力实践(1 级和 2 级)似乎直接或者间接影响了学校文化和条件在不同方面的改善(3 级变量),然后间接通过几个重要的中间结果(4 级变量)影响着学生的成绩。我们在下面概述了这些关系。

第 3 级

第 3 级包括与改善学校和课堂进程有关的四个维度,这些维度似乎在次结构模型中充当中介因素:"教师协作文化""学习评估""学校条件改善"和"外部合作和学习机会"。

第 4 级

第 4 级包括与提高学生成就有关的四个维度:"高学术标准""学生动机和学

习文化""学生行为的变化"和"学生出勤的变化"。这些概念被证明是重要的中间结果,对三年来学生成就变化的程度有直接或者间接的影响。同样明显的是,我们模型中的一些维度在多个层面上对这些概念具有直接影响。例如,除了对2级变量的影响之外,"校长信任"这一维度对"教师协作文化"(3级)有直接的中度影响、"精简和匹配组织机构"对"学校条件改善"(3级)同样如此。该维度还通过改变学生的行为(4级)间接促进学生学习成绩发生积极变化。

同样有趣的是,"教师协作文化"这一维度对三年来"学生动机和学习文化"的改善也有直接的影响。反过来,通过对与中学生成绩相关的两个其他维度——即"学生出勤率提高"和"学生行为改善"的影响,"教师协作文化"对"学生学习成绩"衡量的变化产生了间接影响。

此外,我们发现三种结构对"学生成就"变化具有微小的直接积极影响。这些维度包括"高层管理团队对教与学的影响""教职工领导力"和"学生行为的改善"。

我们构建了一个相似的结构方程模型,通过对三年来在关键阶段2结束时评估达到4级的学生百分比变化的衡量,来预测小学英语和数学学业成绩的变化。我们发现该模型与中学报告的模型基本一致(更多详细信息,请参见戴杰思等,2009)。他们再次指出,结构方程模型可以帮助解释领导活动和实践的不同特征,以及学校组织机构和文化的其他指标之间的关系;并显示领导活动如何塑造学校和课堂进程,以及如何间接影响学生成绩。我们在第4章中讨论中小学差异时会简要阐述这些模型。

结论

本章简要总结了我们关于学校领导力对学生成就的影响的 IMPACT 研究。它解释了混合研究法设计的重要性,以及我们用来研究改善和有效学校的抽样策略的重要性,并重点介绍了英国学术有效和经改进学校中的一些问卷调查的结果,这些调查结果提供了校长和核心员工观点的数据。项目调查结果的全部信息请参见详细报告(戴杰思等,2007;2009)。在本书的后续章节中,我们将把定性案例研究和定量结果汇总在一起,以加深我们对领导者在学校改进进程中促成学生成就改善的关联和因果的直接和间接影响的理解。

我们认为,当前的研究是在同类研究中首个明确聚焦于那一系列被认为在学术上更有效、催生更成功的学校的领导力和学生成就的研究。我们的研究建立在诸如斯林斯和马尔福德(2004)和马尔福德(2008)的早期创新定量研究基础之上,探讨了领导力对一系列非认知性学生成就和使用结构方程模型法的成就指标的影响。但是,我们的研究又有所不同,因为我们没有采用跨学段来探讨某个时间点的学生成绩,而是基于学生成就的提升,重点明确地关注学校在一段时间内的成绩改善。因此,我们的结构方程模型可以看作是一种动态的而非静态的教育有效性理论[克里默斯和科诺凯德斯(Creemers 和 Kyriakides,2008)]。这是有优势的,因为我们能够根据学生成绩的初始起点(低、中、高)在三个不同的改进小组中检查学校,并使用结构方程模型来预测样本中所有学校的成绩变化。

我们的发现提供了新的证据,呈现了领导力实践的各个维度与校长实践、学校过程的变化以及最终学生成绩之间联系的特性。本章试图阐述领导力在一系列重要的学校和课堂过程中存在的适度的直接影响,并指出学校条件变化之间适度但具有统计学意义的间接联系,这些变化可引发大量改善的、有效的学校样本在学校水平上提高学生的学业成绩。

鲁宾逊等(2009)在对 27 项有关学校领导效果研究的"最佳证据"的元分析结果报告中指出,这些效果取决于所检验的领导管理实践类型。鲁宾逊的评论结果表明,与早期研究中通常报告的效果水平大致相同——即从小(0.11)到中(0.42)效果的区间,尽管在某些情况下,也有更大效果值被报道出来。鲁宾逊发现的各个研究之间的变化被标记了出来,表明潜在的问题是基于仅在美国进行的以及在较早时期进行的少量离群研究的影响。我们自己的研究更详尽调查了与策略和行动相关的领导力的不同维度。这条线的结果表明,领导力对各种学校和课堂过程的影响是中等强度的。然而,学校领导,尤其是校长的角色对于学生成绩改善的影响是间接的。相较于学校的影响,一系列关于学校效能的传统研究已经引起了人们对于教师相对实力的重视[舍伦斯和博斯克(Scheerens 和 Bosker,1997);特德利和雷诺兹,2000;克里默斯和科诺凯德斯,2008]。因此,我们预期学校和领导力作用将通过改善教师、教学质量,以及强调高期望和学术成就的良好学校氛围和文化对学术成果产生最密切的影响。我们的研究特别强调了促成有序和良好行为氛围以及学生行为、出勤的积极变化的重要性,这是本身可以促进学业成就水平提高的中间结果。我们的研究还强调了校长采取行动以精简和匹配组织机构与学校条件改善的直接联系。

虽然学校领导力的直接影响通常被认为是微弱的(正如我们在第2章文献综述中所发现的那样),这些影响应结合相对于其他学校变量的影响大小进行解释。与教师的影响相比,人们通常发现前者的影响相对较小(克里默斯和科诺凯德斯,2008)。但是,基于方法的一致性和重点的明确性,我们建议可以通过在同一方向上组合和积累各种相对较小的影响来促成"协同效应",从而促成更高品质的教学与更良好的学校文化,尤其是改善学生行为、出勤率,以及包括我们的模型所阐述的动机和参与度在内的其他学生成就。(特别参阅第7章和第8章)。

我们的结果与克鲁格、威兹耶和斯利格斯(Kruger, Witziers和Sleegers, 2007)的报告结果有所不同,后者研究了学校领导力对学校层面因素的影响。他们的研究还使用了结构方程模型来测试和验证因果模型。他们在对荷兰的中学和领导力数据的二次分析中发现,教育领导力对他们的成就(被识别为学生承诺)没有直接或间接的影响,主要区别在于他们没有研究学生成绩以及成绩的提升,因此无法与我们的发现进行直接比较。但同时他们的模型确实也表明了领导力和学校组织机构质量之间的重要关系,这与我们的发现不谋而合。为了在其他情境下测试本研究结果的普遍性,我们需要在一系列不同的国家进行更多领导力效果的比较研究,并研究更多种类的学生学习成就[帕夏迪斯(Pashiardis, 2003);布劳克曼(Braukmann和Pashiardis, 2009)]。科诺凯德斯、帕夏迪斯和科诺凯德斯(2010)最近在塞浦路斯进行了多层次的纵向研究,研究检验了一个年龄段的小学生学业成就的变化,同时研究了学校领导力、学校文化和学生成就三个维度之间的关系,还提出了一些证据以说明学校领导力可能产生的一些小的直接影响。但是,这项工作并没有检验我们所报告的三年来学校绩效(例如学校改善)的变化。

我们也承认我们研究的局限性。因为我们专注于预测学生成就的变化并探究与之相关的因素,所以我们的结果与增进对学校改善过程以及领导在改善学校中的作用的理解尤为相关。我们没有涵盖所有的学校,因此我们的发现无法告诉我们某些学校的领导力实践情况,在这些实践中,学生的成绩结果只能根据学生的入学率来预测,或者与此相反。此外,在定量模型中,我们依靠校长和核心员工调查数据来提供基于领导力、过程变化(包括学校条件的)和中学生成就感知的测量,这些测量与三年来在学校层面学生成就变化的独立测量有关。然而,混合研究法设计的优势在于,其结合了来自 20 个案例研究学校的丰富数据,进一步扩展了研究的范围,增强了严谨性,并提供了一些其他数据,这些数据与我们对领导者在更具学术效率的经改进学校中如何更好地提升学生成就的方式的理解有关(戴杰思等,2009)。在随后的章节中,我们将重点介绍这些内容。

第4章 小学和中学领导者之间的异同：领导力研究中一项被严重忽视的区别

介绍

在本章中，我们将研究的实证证据集中在一起，并特别聚焦两份全国校长和核心员工调查的定量数据，以便调查样本内中小学领导层的一些异同。讨论将聚焦领导者的职业价值观、个人特质与实践、"领导力的分布"、领导者在现任学校任职第一年中所感受到的主要挑战，以及领导者模式对学生成就改善的影响。我们的证据表明，学校规模、课程设置、组织机构结构、学校条件和文化以及校长的价值观、素质和教育理想的差异导致了中小学的一些独特或相似的实践（戴杰思等，2009）。这些都对培训和发展计划的形式、内容和配置产生了影响，并引发了不同学段之间领导人调动的问题。

我们将重点放在中小学的差异上，因为他们在现有文献中受到的关注相对较少（如第2章的评论所示）。尽管多年来有关中小学领导能力的文章很多，但这些文章主要聚焦于问题、紧张关系和挑战。这些问题、紧张关系和挑战往往被认为是中学或小学独有或中小学共有的[例如：戴维斯（Davies，1987）；华莱士和哈克曼（Wallace和Huckman，1999）；索斯沃斯（Southworth，2008）；伍兹等（Woods等，2009）；卡梅伦（Cameron，2010）；海菲尔德（Highfield，2010）]。这可能与教育研究者自身的方法论、道德和意识形态利益有关；也可能与研究经费的获得情况有关，因为它可能或多或少地影响着数据收集的稳健性，从而影响研究证据对于学校部门差异理论和知识的有效性。然而，我们在研究中收集到的定量和定性证据的广度和深度使我们能够比较不同的领导力实践，并使我们识别英格兰高效能、经改进学校中领导力的相似之处和学段之间的差异。通过这种方式,我们可能对当前学校领导力的知识和理解以及其对中小学阶段学生学习结果的影响做出额外的贡献。

专业价值观

我们的研究表明,效率更高学校的校长通过他们的身份和所从事的工作成功地改善了学生的成绩。他们的职业价值观、道德感和教育理念对于他们展开工作、为什么那样做,以及他们如何将自己的实践与他们工作的政策、组织机构和人文情境特征相适应来说是不可或缺的。我们的研究证据还表明,成功的校长从策略上将他们的价值观、信念和道德感转化为他们的愿景、目标、策略和实践,并且这些得到了教职工、学生和外部社区的广泛传播、明确理解和支持。换句话说,更高效能的经改进学校的组织机构价值和实践,实质上反映了那些领导的专业价值观。

我们研究中的中小学校长展示了相似的专业价值观。在第二阶段的调查中(有关详细信息,请参见戴杰思等,2009),我们确定了领导者所认为的会在一系列领域促进学校改善产生重大影响的五种领导价值观:

- 道德/伦理责任:人人享有成功(包括"每个孩子都重要"和"促进民主机会"议程的提及)
- 促进尊重和信任(诚实、正直和鼓励)并对此起模范作用,鼓励自主性的发展
- 热情和承诺:信仰、宗教价值观和促进教与学的乐趣
- 专业性:对高标准的个人和专业实践进行建模
- 提高标准:促进持续的学校改善并为所有学生提供高质量的教育

中小学的校长均表示,他们的专业价值观对学校发展方向、人们在学校的发展方式、教与学的领导力、学校的组织机构以及教职工和学生之间的关系产生了重要的影响;小学校长还强调了他们的专业价值对教师对学校承诺的强烈影响,

核心员工的回应也支持了这一观点。

案例研究证据也从目的的角度揭示了价值的重要性：

"现在，这是一种'我们可以做'和'孩子可以做'的文化，没有'不能做'这样的词。每个人都在参与评估和期望。"

（小学副校长）

与学段部门相关的职务特征和实践

在第2章中，我们展示了教育领导力研究已将基本领导力实践分为四大类："设定方向""培养员工""精简和匹配组织机构"以及"教学管理计划"（哈林格和赫克，1999；哈林格，2001；莱斯伍德等，2006；莱斯伍德和戴杰思，2007；戴杰思等，2009）。第6章提供的证据在很大程度上证实了以前的研究发现，尽管学校情境不同，但几乎所有成功的中小学校长都借鉴了相同的基本领导力实践模式（莱斯伍德等，2006；另见沃特斯等，2003；马尔扎诺等，2005）。但是，我们的研究还指出了在特定实践中某些重要学校部门的差异，从而丰富了现有的知识。

设定方向

建立愿景和设定方向的主要功能之一是让学校组织机构中的各个成员参与进来，从而使组织机构目标在微观（个人）和中观（学校）两个层面都具有激励性价值（莱斯伍德等，2006a）。莱斯伍德和戴杰思（2007）认为，这种类别的领导实践占据了领导力效果的最大比例。在我们的研究中，大多数中小学校长也高度评价了这种领导力实践对提高学生成就的重要性，特别是在表现出较高成绩期望方面。

领导行为的相似之处和其对学生成就的可感知的影响

在"最重要"的领导行动方面，中小学校长之间达成了共识，这提高了学生的成就。我们所提到的领导行动的重点与以下几方面相关：

- 标准和质量提高以及学校改进和发展计划
- 提高教师质量/持续专业发展和研究发展
- (在学校愿景和方向方面)再培养

以下案例研究引用阐述了如何在日常互动、组织机构框架以及教职工和学生的角色和职责中战略性发挥领导者的核心价值观和愿景的作用。

"我们与全体教职工,包括教学和非教学的,讨论了一整天愿景和价值观。这确实有帮助。现在我们有了愿景和价值观,学校也采取了特殊措施,要么解决问题,要么让学校倒闭。"

(小学校长)

"我有抱负,就是希望我们为每个年轻人做到最好,但是我想我现在所看到的是,我的抱负比我们期望的要高太多,年轻人的成就远远超过我们14年前对年轻人所期望的那样。我认为从哲学层面讲,抱负保持不变,但是实际上我们对学生的期望会更多。"

(中学校长)

在两个学段中,对教职工和学生的期望都很高,这也是制定教学计划的中心策略。因此,中小学校长及其工作人员都认为这种领导力实践类别对学校氛围、文化、教学事业和领导力产生了积极的影响也就不足为奇了。

"我认为她在事物的掌控上极具远见。她有创见且对变化充满了驱动力和热情。因此,她极其乐观且鼓舞人心。"

(校长)

"他是一个有远见的人。他的部分职能是发起变革,然后让人们将这种变革变为现实。"

(中学助理校长)

对于影响的感知差异

然而,我们的调查结果还显示,不同学段的校长,在对积极变革的优先权的看法上存在着差异。小学校长更有可能报告他们的策略和行动对学生学习和教师教学方式有重要影响,而中学校长则侧重其与学生成就进步的测量结果的联系。此外,与中学校长相比,小学校长倾向于他们的领导力行动对父母在学生学习参与度方面的积极影响。当然,这也可能反映出小学校长与家长的互动机会更多,小学的规模也更小。

培养员工

领导行动的相似之处

对人的理解和开发被视为是"成功的领导者将职能和个人整合在一起的主要方式"(莱斯伍德等,2006b:6)。调查的结果以及案例分析的结果,为支持莱斯伍德和他同事们的观察研究提供了额外的证据。对于大多数中小学校长而言,高度重视人员开发培养员工和与之建立积极关系对于在学校内部形成知识和技能体系、集体效能感、集体方向感做出了重大贡献,所有这些都是改善学生成就的基础。因此,可以预见的是,提供专业的教师学习机会,创造有利于教职工职业发展、强化智力支持、推动能力构建的学校文化,这些都是这项研究中成功校长的重要议事日程。

在第一阶段的调查中,我们调查了此类别中的三种特定实践:"在职培训""发展关怀与信任"和"塑造专业实践"。我们发现,大多数小学(N=226,60%)和中学(N=217,60%)的校长报告其过去三年在教职工在职培训方面的投入有适度或大幅度增长;少数小学校长(N=58,16%)和比例相当的中学校校长(N=54,15%),则指出其在促进教职工职业发展方面的投入有"非常重大"的增长。案例研究的证据还表明,鼓励工作人员参加两个层级学校的一系列专业培训和发展计划,被认为是提高教学质量的基础。

"这是一个共同的愿景。高层管理团队中的我们知道未来将走向何方,我们在在职培训中不懈努力,积极了解教职工的培训需求并充分共享信息。

所有滚动方案中的高级管理人员都监控着他们的主题区域。我们不仅自行反思领导行为,也让教职工参与评估。我们将对到手的所有新资源、采取的任何干预策略都展开评估,若策略无效,则立即终止;若有效,则加大使用。"

(小学副校长)

"在职培训(INSET)在这所学校就是这样一种哲学,即你不需要专门去校外任何地方接受培训,那或许只能换取很多毫无价值的信息。我们的想法是,你需要了解的所有信息都可以在这里得到,这里有人会告诉你该如何做。因此,专业知识可以经过滤后在此得到培育、巩固和发展。"

(中学部门主任)

大约四分之三的中小学校长报告说,他们的领导力实践有不同程度的增长,这些实践集中于提高对学校的关怀和信任。其中,有15%的小学校长(N=58)和14%的中学校长(N=51)表明该领域的变化"非常显著"。同样,在这两种学校中,将近四分之三的校长报告说他们的学校在模拟高水平的专业实践中有适度甚至显著的增加。最重要的是,对于小学和中学样本,经验不足的校长在过去三年里更有可能报告其学校在这些领域的变化,这表明首次担任校长职务时,培养员工是其关注重点。我们将在第9章进一步详细讨论信任的重要性。

这一部分的案例研究证据说明了一种对创造关怀和高度信任环境的关注。

"我认为这是一所小型学校,教职工们关系亲密,彼此合作,互相交流想法,共同探讨问题。事实上,我们是一所小学校,有机会彼此紧密合作。"

(小学教师)

"教师真正关心和理解学生。"

(小学教师)

领导行动的差异

在我们的研究中,几乎没有证据表明不同学段的校长在理解和发展学校教职工上的努力存在显著的差异。这再次证实了这种核心领导力实践的重要性,它是在不同学段的学校及学校的各个改进阶段改善学生成就的重要手段(有关的详细信息,请参见第 7 章)。这也表明,对于中小学而言,有一套关键的领导力行动和措施可以激发学校组织的成员并发展他们个人和集体的有效意识,尽管不同学段的学校情况有所不同。

精简和匹配组织机构

成功的校长会改善其原有的或建立新的工作环境、文化规范和组织机构基础设施体系,使教职工能够充分利用自己的动机和能力来实现他们认为对个人和组织机构重要的目标(福斯特和圣希拉利,2004;莱斯伍德和戴杰思,2007)。根据文献综述的结果(莱斯伍德等,2006a),该研究还发现建立协作文化、与父母和社区建立有成效的关系、对组织进行重组,以及将学校与更广泛的环境联系起来是两种层级的学校在学校不同发展阶段之内和之间的关键实践。

领导行动的相似之处

小学和中学校长报告说,为促进转变而进行变革,以及提高参与和加强沟通,是学校改进中的关键领导策略。大多数中小学校长都报告说,在与父母互动和在学校改进中争取社区支持方面的努力有了不同程度的增加。例如,在过去三年中,共有 44%(N=166)的小学校长和 42%(N=149)的中学校长坦承他们采取了越来越多的行动鼓励父母参与学校改进,其中部分校长(小学 35%,中学 28%)还表示该领域的变化"很大"或者"非常显著"。总体而言,在接受调查的所有中小学校长中,约有四分之一的对象表示过去三年为学校改进而构建社区支持的努力激增。

案例研究访谈强调了这种对父母和社区的重视:

"我们也为家庭提供支持。如果他们需要与我们交流,我们始终在这里。我们会灵活安排时间以接听家长突然的电话,已有许多家长带着各种迫切需要沟通的焦虑前来,我们将自己视为他们以及他们孩子的依靠。与家长的大量交流使领导获得赞誉:我们在晚上有父母聚会,开放门禁,父母可以自愿到聚会上帮忙,如果他们想,完全可以欢聚整晚直至天明再离开。

我认为这就是为什么我们不仅能够看到孩子的学习,还能够看到他们的全面发展。"

(小学教师)

"每周的每一天,都有一个时间段是父母时间。明天是早上7点15到8点,如果父母有任何疑问均可来访,无需预约。"

(中学助理校长)

领导行动的差异和对学生成就的影响

与小学校长相比,中学校长更重视组织机构重组和加强在鼓励、赋权和信任的个人和职业关系方面的行动。例如,尽管超过一半的小学校长(N=204,54%)表示在过去三年中与改善内部审查程序有关的实践发生了"很多"或"非常重大"的变化,但中学校长所报告的这一领域的变化更大,超过70%的中学校长(N=251,71%)表示在改善内部审查程序方面变化惊人,近三分之一(N=105,30%,小学校长的类比数据仅为N=43,11%)则认为变化量是"非常可观的"。这至少部分反映出了中学拥有更大的规模和更复杂的结构。

在影响方面,尽管中小学校长都认为改进对学校氛围和文化的影响最大(小学N=87,54%;中学N=75,56%),但中学校长再次将重点放在对学生进步的影响上,小学校长则将重点放在学校的学习方法和学生对于学习的参与度上。

管理教学计划

在教育研究中有令人信服的证据表明,这类领导实践对于促进组织机构稳定、加强学校基础设施建设,及其在完善教师的高效性工作条件上具有重要作用,这样的工作条件对学生的学习动机和参与度产生了积极的影响(雷诺兹等,1998;哈林格,2003;莱思伍德和扬茨基,2000;莱斯伍德等,2006a)。我们的研究提供了其他的证据,表明中小学校长将各种策略作为其改进策略的一部分来提高教学质量和开发课程。

领导行动的相似之处

有些校长强调了他们是一个重组的、对教职工进行重新培养的组织,在该组织中,关怀和信任以及注重成就的学校文化是主要特征。同时,校长也补充了他们发展和激励教职工并增强学校能力建设的行动。下面的话阐述了案例分析中的这些发现:

"我一直认为学校非常贴心,他们能确保学校表现良好。"

(小学学生)

"(关于组织与学校能力建设),老师不能自行完成,学生做不到,而没有师生的帮助学校领导亦做不到。这需要相互尊重,也需要时间。现在你进入任何一间教室,都会看到教学工作有针对性进行、师生相互尊重的场面。"

(中学助理校长)

这类领导实践的另一个主要特征是高度重视并始终如一地强调改善整个学校的课堂教学。超过一半接受调查的校长(小学占57%,中学占55%)报告了在让教师考虑教学新理念方面发生的重大变化。几乎所有关键受访教职工都承认,他们的校长曾鼓励他们考虑教学的新理念(98%的小学核心员工和93%的中学核心员工)。

大多数小学和中学校长还认为,将研究文献的证据纳入决策制定中以指导实践是重要的。他们也采用了不同的领导力实践来促进这一点(小学:N=253,65%;中学:N=229,65%)。

同样,案例研究证据揭示了对于提升学习领导力的关注:

"试图改变每位老师的心态,让每位老师,以及身处他们所在教室的每一个人都成为管理者和领导者。"

(小学校长)

"我认为(校长)给了你开展试验的自由,显然你不能做得太过火并且搞得一团糟,但是他非常乐观、很支持你并且会倾听你的心声。显然(校长)对此有他的看法,但是他会允许你继续扮演你的角色。"

(中学部门主任)

在我们所研究的校长眼中,帮助教职工改善他们教学实践的领导力是当务之急。领导力实践的领域发生了重大变化,其中包括更加注重提供相关的专业发展机会以及使用课堂观察来确定教职工发展的个人目标。例如,39%的小学校长和42%的中学校长报告称,他们大幅度增加了为改善教职工的教学实践所提供的支持。有60%的受访小学和中学校长表示,他们对教职工的持续专业发展的促进程度是适度或大幅度增加的。许多核心员工证实了这一点,其中52%的人承认他们的校长促进了教职工的持续专业发展。

"我认为至关重要的是那些面对孩子的人是被激励的,学校是致力于持续专业发展的,关怀的氛围是存在的,人的价值是被认可的,我认为从所有的层面来说,这是非常重要的。"

(小学副校长)

"所以我会在白板上展示技巧,我还会进行课堂观察并提出改善意见,并与部门负责人在他们指定的和他们可能需要一些具体帮助的领域进行合作。"

(中学部门主任)

恰当地分配人员和资源以促进学生成就也是许多校长和学校其他领导的关注重点。在第一阶段的调查中,87%的小学校长和90%的中学校长在过去三年中大量增加对教职工技能提升的支持,以使学生的学习受益。此外,超过70%的小学和中学校长表示,他们基于学生需求分配资源的方式发生了中度或显著的变化。

正如我们在第3章中所确定的那样,中小学校长和教职工正在越来越详细地分析学生进步和成就数据,从而为教学提供信息。例如,20个案例研究学校中的参与者都评论说,他们凭借对学生成就数据的仔细分析来报告学校教学和领导力实践的变化。

"我认为我们在追踪孩子情况方面是领先的,我认为这是关键。可以这么说,我们在关于如何在整个学校中追踪孩子情况这方面非常有条理。我们始终跟着他们的步伐,免于半途而废,每个学期,一旦发现学生没有取得进步,我们就会想出不同的解决方式。因此,这些问题不会从这一年留到下一年、再一年,而我认为在过去这种情况时常会发生。"

(小学关键阶段协调员)

"第三个因素是,当我来到这里时,数据已得到了广泛的使用,但它并不是被用来增强绩效的,而是被用来识别各种事物的,他们没有采取任何措施来追踪它。因此,我努力确保采取干预措施,有后续行动、有指导,并且我们能够展现出这一面……现在,我们终于可以被认为是一所可以有效处理数据的学校了。"

(中学副校长)

在第一阶段的调查中,四分之一的校长(25%的小学校长和24%的中学校长)报告说他们使用学生成绩数据作为变革的一部分的实践显著增加。在同一次调查中,几乎所有的核心员工都支持如此广泛地使用学生成就数据来指导实践。

领导行动的差异及其对学生成绩的影响

调查结果还指出了一些有关学校层级的差异。最近一段时间,中学在整个学校范围内更加重视使用评估数据来识别学生需求,大约三分之一的中学校长表示在这一领域的实践发生了"非常重大"的变化,而只有五分之一的小学校长表示如此。这表明,更多地强调使用绩效数据被视为改善中学的特殊杠杆。此外,对于处于劣势地位的中学(免费校餐组3和组4)而言,对绩效数据使用的强调尤其明显,这表明数据的使用在其改善工作中扮演着特别紧迫的角色。

促进课程改革是成功领导者行为的另一个例子。例如,校长和其他领导者通过促进课程设置、教学方法和教学实践的改革,来改善教学质量。但是,小学的变化程度往往比中学更大。56%的小学校长和38%的中学校长报告说,在他们的实践中有一个显著的增长点是扩展学生学习范围,使其超越传统的学术课程。但是,这并未导致对提高学术成绩重视程度的降低。

中学校长(N＝90,70％)比小学校长(N＝66,43％)更赞同强调增加与提高教师质量/持续专业发展有关的领导行动,这直接对应学生成绩和学校教学整体质量的改善。相比之下,小学校长认为他们与改善教学相关的行动对教师的教学方式、学生的学习方法以及教育的质量产生了更大的影响。除此之外,中学校长特别强调了他们的行为对学生进步的预期影响,而小学校长则更侧重于对学生学习参与度的影响。

校长第一年所面临的主要挑战

大约一半的中小学校长表达了他们在现任学校就职的第一年所遭遇的主要挑战。这些挑战最常与学生成绩差或教学质量差有关,尤其是两个层级学校中的低起点组和中起点学校改进小组的学生(更详细的讨论请参见第5章中有关学校改进小组的讨论)。

伴随学生成绩差而来的便是不良的学生行为,因此学生的进步水平(增值)低成为了小学校长最常关注的挑战。而中学校长则认为,不良的学生行为被认为是首要挑战,其次是不良的学生动机或学习参与度,然后是不良的学生成绩。教学质量不佳(小学)和工作人员为人自满(中学)也是排在前五的最常见挑战。此外,在就职于当前学校的前几年中,劣质的教学楼和设施一直也是许多中学校长所面临的主要挑战,由于政府对学校建筑的投资政策,改善学校建筑被认为对于我们研究中的许多学校产生了重要的积极影响。

领导力分布：共同承担决策责任

鲁宾逊(2008)认为,分布式领导力的本质包含两个主要的概念：

- 作为任务分配的分布式领导力；
- 作为分布式影响过程的分布式领导力。

前者的根源在于将领导力理论化为特定任务的表现［例如：斯皮兰（Spillane，2006）］，而后者则源于视领导力为"一种影响力过程，它改变了他人对影响力内容的看法或行动"（鲁宾逊，2008：246）。我们研究中调查的原始设计受到第一个概念的影响，因此我们主要关注在一系列学校实体中群体的领导力分布的模式（另请参见斯皮兰等，2008）以及它对教学的影响。然而，中学和小学的结构方程模型也支持鲁宾逊（2008）将分布式领导视为影响过程的这一认识。第3章讨论的领导实践的结构模型揭示了领导任务的分配模式之间的相互作用和依存关系，尤其是那些与教学和学生成绩相关的模式。在这种情况下，领导力分布被视为是教学和学校变革过程中的重要影响因素，这些变革又直接或者间接地影响了学校文化和条件的各个方面，最终间接影响了学生学术成绩的提高。

领导力分布的相似之处

我们的研究证据表明，有效的领导力依赖于发展教师与高层管理团队之间日益密切的协作关系。大多数中小学校长认为集体计划是他们学校组织机构的重要特征。然而，他们及其高层领导团队的领导力任务的分配并不是自发性的，而是有战略性和计划性的。

"从广泛角度来讲，我们是一个团队。孩子和我们在一起七年。在课堂上和课后，我们每个人都扮演着重要的角色。如果我们都同意一种通用的方法和形式，我们全校作为一个整体将从一开始就使最顶端的人受益，我们所做的也将对我们所有人有益。"

（小学副校长）

"我想做的事情的重点始终是团队合作。每个人都认为他是机构幕后运作的一部分。通常，当人们感到孤立而不是系统的一部分的时候，你会因为一些不良因素受到很多的抵制。一旦你受到了抵制，就常会阻碍工作。努力使每个人朝着同一个目标努力并且如团队一般运作，这是我优先考虑的事情之一。"

（中学副校长）

中小学校长均表示,他们与他们的高层领导团队共享决策,并且学校中的高级专业团队成员会共享一系列在教与学方面相似的价值、信念、态度和实践。他们报告说,他们学校中的高级专业团队成员在部署和实施一系列关键活动中,尤其是在制定与学生行为、教学、学习和成就有关的政策方面,起着关键的作用。

"我认为一般来说,在书写学校发展计划时,每个人都有发言权。我们在学校里举行了很多会议,每件事情都向下传递和大家讨论。我们有高层领导团队,然后事情在该层级进行讨论,然后向下渗透到团队会议,如果人们无法参与团队会议,他们会被告知团队会议的内容。每次的教职工会议都有一个联络人,如果你不能去参加,你可以花几分钟去找那个联络人问问发生了什么。我认为总体上的策略是每个人都会被告知到,这便是它真正的优势。"

(小学副校长)

"(副校长)很好地专注于学校所发生的事情,她一定会亲自把握基层正在发生的事情。但是与此同时,她的触角也会伸到父母和社区,在这方面她做得很好,这样可以解决他们之间的紧张关系。他们作为一个团队运作良好。"

(中学学科组长)

领导力分布的差异

我们发现,在学校领导力任务分配的方式方面存在着很大的学校学段差异,特别是在学校领导力责任分布的广度和深度方面。

人们认为,共同的决策对大多数学生成就,尤其是学生行为(小学校长89%、中学校长74%)、学生学习参与度(小学89%、中学72%)和小学生情感学习(小学87%、中学66%)有重大影响。核心员工报告了相当多的共同决策,这也是在小学中最为明显的情况,反映出了规模和组织机构复杂性以及文化规范的差异。

在与中层管理者分担的决策责任数量方面,小学和中学也存在着明显的差异。与中学校长相比,小学校长在共享决策方面与中层管理者有更紧密的合作,小学校长比中学校长更有可能与教师小组共同决策。160名小学校长回应了关于领导分配的特定问题,40%(N=64)认为他们与教师群体共同承担着重大的决策责任。相比之下,不到20%(N=25,18.8%)的中学校长表示他们是这样做的。小学校长也更可能报告说他们与学生小组共同承担某些决策的责任。这些结果表明,成功的小学校长倾向于采用扁平化的管理方式。

建立领导力实践和学生成就之间的联系模型

在第3章中,我们分别建立了中学和小学领导力实践观念的初步结构模型(小学模型参见附录4.1,中学模型参见附录4.2)。这有助于绘制领导活动和实践不同特征之间的相互关系,以及学校组织机构和文化的其他指标,也呈现出领导活动是如何塑造学校环境和课堂过程并间接改变学生的学习成绩的。

结构方程模型中相互关系的相似性

在第3章中,我们讨论了采用定量结构方程模型来调查领导力与提高学生成就之间关系的方法,该方法是用了定量的第一阶段调查数据。在这个小学模型中,不同结构之间的相互关系与中学结构方程模型中确定的领导力实践和学生成绩变化之间的相互关系基本一致,这表明两个教育层级学校之间存在着很大的相似性。小学模型总共确立了20个变量,与中学结构方程模型中确立的19个变量相似(中学结构方程模型请参见附录4.2,小学模型请参见4.1)。载荷的强度还表明,小学结构方程模型中潜在变量之间关系的性质和强度与中学模型中确定的性质和强度相似。

此外,在小学和中学结构方程模型中,校长的领导力实践(例如:"设定方向"和"精简和匹配组织机构")和"校长对教师的信任"是两个独立的(即在统计上不关联的)因素。校长通过将领导力分配给高层领导团队和教职工,以及改善一系列的中间成果,影响学生随时间变化的学术成绩。两种模型所确立的相互关系都支持鲁宾逊提出的第二种分布式领导力概念,即"承认领导力的基本社会维度"(2008:251)。我们研究中的案例研究提供了更多的证据,表明领导者对他们所领导的人的素质和能力的信任对于学校变革和改善过程中领导力分布的广度和深度会产生深远的影响,这些反过来又会影响学校文化的各个方面以及有效教学的条件(第6章和第9章细致描述了信任如何促进学校变革和改善)。与中学模型相一致的是,小学也确定了4个层次的关系。

小学校长领导力的关键维度

层级1包含3个关键维度:"设定方向""精简和匹配组织机构"和"校长对教师的信任"。此外,此层级还有其他的维度:即"数据使用"和"培养员工"。

领导力分布的关键维度

层级2包括领导力分布的5个维度:"分布式领导""教职工""高层管理团队(SMT)""高层领导团队合作"和"高层领导团队对学与教的影响"。

学校和课堂过程的关键维度

层级3包含4个维度,这些维度在此结构模型中起到中介作用:"教师协作文化""学习评估""学校条件的改善"和"外部协作和学习机会"。

学生中间成果的关键维度

层级4还包括4个维度:"高学术标准""学生的学习动机和责任的改变""教职工流动和缺勤的减少""学生行为的改变"和"学生出勤率的改变"。这些似乎反映出重要的中间成果的改善,这些成果对过去三年来学生成就的变化具有直接或间接的影响。

结构方程模型中相互关系的差异

然而,一些学校学段之间还存在差异。案例研究的证据表明,这些差异可能与中小学之间的规模、组织结构、条件、文化和过程的差异有关。在小学的结构方程模型中,有一种额外的维度,我们称之为"教职工流动和缺勤的减少",这表明人员配备的改善可能会对学生成绩产生特别强烈的影响。

小学模式还具有一个新的维度:"分布式领导:高层领导团队",这意味着在我们高效能、经改进的小学样本中,高层领导团队在小学日常生活中的影响尤其巨大,并且随着时间的推移,它可能对学生成绩的变化产生潜在影响。

此外,与中学结构方程模型不同,在小学模型中并未发现变量"观察的作用"

的重要性。这可能意味着在要求负责人评论的那三年中,这种实践并未发生重大的变化。最后但也同样重要的是,中学模型中,3个维度(例如:"学和教的影响""教职工或领导力"和"学生行为的变化")直接影响着学生学术成绩的变化。与中学模型相反,小学模型中,"学生动机和学生责任的改变"是唯一直接影响学生学术成绩改善的维度。小学更小的组织结构规模可能意味着直接影响学生成绩结果的维度更少。

总结和结论

本章概述了英格兰高效能、经改进的小学和中学之间在领导力方面的异同。我们的讨论集中在校长行为和职业价值的分析上:"领导力分布"及其影响,以及这些行动、素质和价值观在多大程度上对学生成就的不同方面产生了积极的影响。中小学的校长优先考虑采取了相似的行动和策略,以了解学校的教职工并促进其发展。这表明存在一套关键的领导力实践,这套实践可以激发教职工并发展他们在不同学段的学校中的个人和集体效能感,这也因此被所有校长视为改善学生成就的重要手段。

本章讨论的结构方程模型提供了有关学校领导力影响学校改进过程的新证据。调查结果表明,在领导力实践和教职工文化、改善学校条件之间的联系中,中小学之间存在很大的相似性。例如,教职工进行高层领导团队协作维度和教职工的领导力供给维度预测了"教师协作文化"维度的增加,而这反过来又预示了小学和中学模式中"高学术标准"维度的改善。此外,在不同学段中,精简、匹配组织和改善学校条件之间都有明确的联系。此外,校长对教职工素质和能力的信任对整个学校领导职责的分布也产生了重大的影响。

然而,有迹象表明,这些维度塑造学生成就的方式可能会有所不同。在中学结构方程模型中,改善学生的行为和出勤率以促进学业成绩提升的重要性是显而易见的。然而,对于小学而言,学生动机和学习责任感的改善似乎与可测量的学业水平的提高之间有更直接的联系。这很可能反映出行为和出勤问题的性质和程度方面的差异,是两个不同层级学校取得成就的障碍。另一个令人感兴趣的方面是数据报告的小学模型中增加的"学生动机"和"学习责任"的变化预示了

"学习评估"使用的增加。相比之下,在中学模型中,更多地使用"学习评估"可以预测一个相似的维度,即"有所改善的积极的学习者动机和学习文化"。基于领导者观念的问卷调查以及中小学样本结果数据,链接两者形成大型数据集,此项研究促进了在英格兰对领导力和学生成就之间联系的新理解。

总之,中小学校长都高度重视领导实践与"设定方向""精简和匹配组织""培养员工"和"教学管理计划"相关的直接和重要影响,以实现学生成就的改善。尽管在不同的学校阶段,校长实践的某些特征在统计和教育上存在着重要的差异。

领导行动中的学校层级差异被认为是对行动的策略性回应,并基于规模、组织复杂性和文化规范上的差异。因此,尽管总体上是相似的,但一些不同学段的学样的差异可以在对校长行动的感知及其对学生成就的影响中被发现:

- 校长对领导优先级的看法及其对改善学生成就的影响存在差异。小学校长更有可能优先考虑提高学生学习参与度、改善教师教学的方式、扩大家长参与的策略,而他们的中学同事则更可能报告其行为对学生进步方面的影响。
- 与小学校长相比,中学校长在鼓励、赋权和信任方面更注重培养员工和加强人际与职业关系。
- 中学更加重视与改善教学相关的针对性活动,在情境处于弱势地位的学校尤其是如此。例如,绩效数据的使用在中学校长的改善工作中扮演着更为紧急的角色,尤其是那些领导处于社会经济劣势社区的学校校长。
- 整个学校领导职责分布的广度和深度存在着重要的学校层级差异。不论是从领导力任务分配模式还是领导力分布对高效能、经改进学校改革过程的重要影响中,都能够找到这些差异。这直接和间接影响了学校文化和学校条件的各个方面,最终影响了学生成就的改善。

第 5 章　改进起点不同的学校的领导者特点和实践

引言

本章聚焦于识别和探索学校改进的各种发展轨迹。它识别了在学生学业及进步方面发展模式不同的三组学校。这是该研究的独特之处，它基于2003—2005年间所有的英国中小学的分析数据。本章还讨论了对校长和核心员工(已在第 3 章中引言)的问卷调查数据所进行的进一步分析的结果，探讨了与学校改进小组相关的领导力实践模式。

我们将学校分为三个独特的高效改进小组，以确定具有不同发展轨迹的学校在领导能力和为促进改进所采取的策略和行动上是否也具有差异。我们的发现表明，这三个学校群体在某些特征和实践上存在着统计上和教育上的重要差异。本章探讨了(关于社会经济劣势学生的收纳水平的)学校情境和学校改进小组之间的重要关系，以及学校情境和校长上岗时间之间的重要关系。结果证明，在过去的十年中，处于劣势情境的学校更有可能经历领导层的诸多变化，而这类学校的校长往往缺乏领导经验。此外，从低起点开始改进的学校采取了更密集的行动，也更重视领导力。我们探索了这一点对于在困难环境下的学校改进的意义。

确定学术上有效和改善的学校

如第 3 章所述，IMPACT 项目研究对学生入学特征、成就和增值结果测量标准的国家数据集进行了各种分析,以确定潜在的学校样本来调查英格兰高效改进学校的领导力实践。其中包括来自 FFT、DCSF 和 Ofsted 的国家数据集(尤其是 FFT 和 DCSF 增值和成就指标,PLASC 即关于学生收纳的学生水平年度学校审查数据和关于校长和其他教职工领导力的 Ofsted 调查数据)。分析识别出了一些中小学,这些学校在三年期间(2003—2005)的一系列学业成就指标中的成绩明显好于其他学校。我们还想确定在此研究的改善期内(2003—2005)没有记录领导力变动的学校。

此外,我们还对学校招收的学生家庭的社会经济地位水平进行了分析,该水平是通过符合免费校餐(FSM)资格的学生百分比来衡量的,因为众所周知,学校情境是一个可以预测学生个人学业成绩和学校成绩水平的影响因素(莫蒂莫尔等,1988;萨蒙斯等,1997)。我们所获得的所有学校的国家数据可以分为四个等级,其中免费校餐组 1(0%—8%的学生符合资格)是相对优势的小组,免费校餐组 4(36%+的学生符合资格)是最为劣势的小组。然后,我们根据国家评估和考试数据的分析确定了三个子集的学校,确定了三年来增值指标①的趋势。这些组是:

1 低起点组:成就从低到中或者从低到高的提高,在增值方面非常有效;
2 中起点组:成就从中到高的提高,在增值方面非常有效;
3 高起点组:稳定的高成就和非常有效的增值效果。

中学样本

我们分析检查了三年内 GCSE 成绩达到五个或以上 A^*-C 以及同等水平的学生百分比变化以及在 KS4 阶段(KS2-4、2-3 和 2-4 样本以及情境化的 VA)

---

① 增值(VA)指标包括"简单"VA 度量和"情境"VA 度量。简单 VA 度量在预测未来成绩时会考虑到学生的先前成绩,从而根据学生过去几年的相对学习进步提供指标。他们来自全国中位线。每个学生增值的分是他们自己的"输出"得分和由相同或者相似起点的其他人所获得的中位数或者(据 DCSF 定义的)"输入"得分之间的差(正或负)。考虑到从学生等级年度学校审查(PLASC)(例如:性别、特殊教育需求、学生流动性、英语作为第二语言)和其他数据集所得出的一系列重要的个体预测因素,情境 VA 度量更为复杂。情境 VA 模型的原理与"简单"VA 度量中线法相同。用于得到情境 VA 分数的特定技术是多层级建模。

的增值措施的完善,以基于FFT改善指标确定一组高效改进学校(参见附录5.1)。有1141所学校取得了显著和可持续的进步,占英格兰中学总数的37%。

我们总共对839所中学进行了调查,我们校长和核心员工的调查问卷结果表明,这些学校在过去三年中均取得了显著且持续的进步,并且这段时间内(基于Eduebase 2005数据)没有换校长的记录。

小学样本

小学也采取了相似的抽样策略。分析检查了在英语以及数学成绩达到4级或以上水平学生的百分比变化以及VA的改善(同样,基于FFT指标的简单VA和情境VA)。总体而言,全国样本中的5 003所小学(34%)显示,两者都有显著和持续的改善。由于数量众多,在删除了有校长更换记录的学校之后,我们在2003—2005年,从5 003所学校中选择了753所(大约15%)曾经历显著改进的学校作为分层的子样本,这些学校在简单增值和情境增值中拥有2面或以上的小旗。

在两个学段的学校中,我们发现,与全国分布相比(见附录5.2),在高劣势情境中(免费校餐组4)被定义为高效改进学校的比例较高,而在低劣势情境中(免费校餐组1)被定义为高效改进的比例较低。由于全国范围内的高劣势学校数量较少,因此在选择小学进行调查的时候,我们将样本分层为高劣势免费校餐组3和组4(60%),以及低劣势学校免费校餐组1和组2(40%)。表5.1将通过免费校餐组分类的最终中小学样本与全国的学校分布进行了比较,这与潜在样本的分布非常相似。

表5.1 中学学校和改进小组过去十年校长在岗数量

免费校餐组	小学样本*		小学在国家层面		中学样本*		中学在国家层面	
	N	%	N	%	N	%	N	%
低劣势情境								
免费校餐组1(0—8%)	225	30	6 150	42	316	38	1 159	37

续 表

免费校餐组	小学样本*		小学在国家层面		中学样本*		中学在国家层面	
	N	%	N	%	N	%	N	%
免费校餐组 2(9—20%)	180	24	3 896	27	280	33	1 097	35
免费校餐组 3(21—35%)	163	22	2 359	16	124	15	520	17
高劣势情境								
免费校餐组 4(36%+)	184	24	2 267	15	119	14	339	11
总数	752	100	14 672	100	839	100	3 115	100

* 不包括在 2005 年 Edubase 中记录到 HT 发生变化的学校。免费校餐组 3 和组 4 的小学样本被过度采样。

鉴于该类别的中学在全国所占的比例,处于高劣势情境(免费校餐组 4)的有效和改善学校所占比例比预期更多,这表明 2003—2005 年,这类学校的成绩相比其他学校有更大提高。这一发现与自 1993 年来英国学业发展趋势的分析和检查判定相吻合[马修斯(Matthews)和萨蒙斯,2005;萨蒙斯,2008)]。

与学校改进小组相关的领导力特征和实践

如前所述,我们根据 2003 年的最初成就水平确定了三个子组学校,2003—2005 年的三年间,这些子组发生了变化。表 5.2 显示了三个学校改进小组的校长对我们的问卷调查的反馈数量。最终样本中更高比例的学校属于低起点小组。这可能反映出他们对以学校改进为重点的研究有更大兴趣,以及近年来(2003 至 2005)学校从低起点起步改进显著的特殊意识。

表 5.2　学校改进小组对校长调查的回复

学校改进组 (2003—2005)	小学*		中学**	
	N	%	N	%
低起点	160	42	167	47

续　表

学校改进组 （2003—2005）	小学*		中学**	
	N	%	N	%
中等起点	94	25	76	21
高起点	123	33	115	32
总数	377	100	358	100

* 一所小学没有提供 DCSF 编号，因此无法被分配到改进小组中。

** 四所中学没有提供 DCSF 编号或更改了编号，因此无法被分配到改进小组中。

我们发现，三个改进小组在校长总工作年限、过去十年学校校长在岗人数、学校教育部门和学校社会经济情境方面存在着显著的统计学差异。此外，我们的分析还解释了与工作方式、领导力和改进策略有关的其他差异。

学校社会经济情境

正如我们所期望的那般，在小学和中学样本中，（通过免费校餐组测量）收纳的学生社会经济劣势水平与三个学校改进小组之间存在着显著关联。在这两个教育部门中，相对来说，高起点小组学校更可能为低劣势社区（免费校餐组 1 和组 2）服务，而低起点小组更可能为高劣势社区（免费校餐组 3 和组 4）服务。

低起点小组中近三分之二（N＝105,65.6%）的小学处于高劣势情境中（免费校餐组 3 和 4），而高起点组只有十分之一（N＝10,8%）。同样，低起点组中超过一半的中学（N＝84,50.3%）处于高劣势情境中，而高起点组不到二十分之一（N＝6,5.2%）。尽管有 71% 回应调查的学校相对处于低弱势情境中（免费校餐组 1 和组 2），只有大约一半（49.7%）处于低起点组。这些结果表明，学校社会经济情境对于解释学校原始表现结果差异的重要性，这些差异是通过国家考试和检查以及过去几年改善轨迹所测量的。

校长经验

在中学样本中，具有较少领导经验的校长往往更有可能领导高劣势学校，但是这个模式并不适用于小学样本。如表5.3所示,任职三年或更短时间、领导低劣势学校(免费校餐组1和组2)的中学校长仅为20%,而任职年限相对较短、领导高弱势学校(免费校餐组3和组4)的校长比例几乎是前者的两倍(37%)。相比之下,几乎一半(48.2%)的情境更有利于学校——即免费校餐组1和组2学校的校长拥有八年以上的任职经历,而免费校餐组3和组4中拥有相似在岗年限的现任校长比例更低,为38%。

表5.3 学校社会经济地位情境(免费校餐组)和中学校长的变动

学校情境	包括您在内,您当前学校在过去十年有多少位校长?			
	0—1位校长(%)	2位校长(%)	3—10位校长(%)	总数*(%)
免费校餐组1和组2	70(27.7)	133(52.5)	50(19.8)	253(100)
免费校餐组3和组4	24(23.3)	39(37.9)	40(38.8)	103(100)
总数	94(26)	172(48)	90(25)	356(99)

*由于四舍五入,某些百分比的总和可能不等于100。

在校长的任职总年限方面,三个改进小组之间也存在着显著差异。在小学和中学样本中,年限较短的在岗校长在低起点小组中的比例更高,而高起点小组的学校更有可能拥有经验丰富的校长在岗。总体而言,在低起点小组小学样本中,47%的校长具有七年及以下的校长任职经历,而高起点小组的这一比例仅为25%。在中学阶段的低起点小组中,有近三分之二(62%)的校长拥有相同年限(七年或以下)的在职经历,而高起点小组(49%)在这方面的比例为一半以下。在两种不同学段的学校中,三个学校改进小组在过去十年的校长人数方面存在着统计学上的显著差异。高起点小组的学校可能更少经历校长变更,而中学样本的关联性则更强(图5.1)。

在过去十年中,学校校长在岗数量也与学校情境有很大的关系,但这仅仅是就中学样本而言。与低劣势学校相比,高劣势中学相对而言更有可能经历几次校长变更。英格兰国家证据表明,高劣势情境中学在招募和留任校长方面存在更大的困难。尽管如此,我们的研究表明,对于那些以前表现不佳并企图努力改进的学校而言,校长变更通常更可能成为学校改进的机会或催化剂。在许多改进学校的研究中已经注意到了这一点,这在英格兰检查证据的分析中也很明显

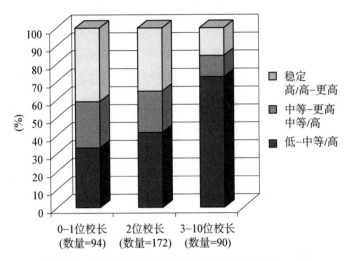

图5.1 中学学校和改进小组过去十年校长在岗数量

(哈里斯等,2006;马修斯和萨蒙斯,2004;穆伊斯等,2004)。

我们的调查结果提供了大量证据,表明校长变更可能有助于快速改善起初低成就的学校(低起点小组中的学校)。但是,校长的多次变更可能是学校正在经历很多困难的征兆,并且这可能阻碍过去专注于改进的学校文化的构建。再次,这种不稳定的领导力模式也可以看作是具有悠久历史学校的领导者面临挑战的征兆,也可能因为其早期表现不佳。这一发现强调了需要进一步吸引高素质申请人的方式,这些申请人具有能够使这类学校发生显著改善的必要品质。

不同发展轨迹的学校校长所面临的挑战

对于接受我们调查的中小学受访者来说,低起点小组的校长比其他两个改进小组的校长,从比例上更有可能报告他们在当前学校任职第一年期间所经历的三个主要相关挑战,即不良学生成绩、不良学生行为和不良学生动机。

五分之三(60%)低起点小组的小学和中学校长表示,他们已经面临这三个挑战。相比之下,中起点小组的将近一半的人、高起点小组三分之一或者更少的人表示,他们面临着与学生成绩有关的挑战。

小学样本中,低起点小组中超过一半(53%)的校长,中起点小组中接近一半

(47%)的校长,以及高起点小组中不到三分之一(30%)的校长,报告了有关父母在学生学习中参与度低的挑战。此外,低起点小组中接近一半(45%)的小学校长表示,学生收纳劣势是他们在当前学校任职第一年所面临的主要挑战;相比之下,中、高起点小组中分别只有8%、5%的人表示这两个问题是他们学校共有的。在这两个挑战的普遍性方面,我们也在中学样本中发现了相似的特征。

但是,仅就小学样本来说(N=160),我们发现校长对招聘教师的困难这一项的反馈存在着统计上的显著差异。和其他两个改进小组的校长(中起点小组:8%,高起点小组:5%)相比,低起点小组的少数小学校长(N=14,21%)表示他们已面临这一困难。

仅就中学样本来说(N=129),低起点小组的校长比其他改进小组的校长更有可能表示他们经历了不良学生成绩(低、中、高起点小组分别为54%、46%、28%)、当地社区的不良声誉(低、中、高起点小组分别为42%、29%、13%)、学生人数的减少(低、中、高起点小组分别为34%、21%、9%)、高学术流动性(低、中、高起点小组分别为17%、0、70%)的挑战,以及检查员识别出的学校需要采取的特殊措施存在的严重缺陷(低、中、高起点小组分别为14%、0、2%)。此外,同样就中学样本来说,相比其他两个学校改进小组(中起点小组N=13,54%;低起点小组N=18,31%),高起点小组的校长(N=27,59%)更有可能报告他们在任职初期阶段遇到过教职工上班摸鱼或为人自满的问题。正如我们在后面的章节中继续讨论的那样,基于我们的案例研究证据,新任校长需要具备成熟的问题诊断技能,以便根据学校当前的绩效水平和过去的发展轨迹确定适当的策略和行动,以支持学校改进(请参见第7章和第8章)。

领导力分布

总体而言,在对以下几点的认识层面,三个学校改进小组之间的相似之处多于差异,即在学校内领导力任务的分布或者共享方式、高层领导团队在其学校中提供的领导力实践的种类,以及由其他人或者团体所提供的学校领导力实践的程度。这表明了三个改进小组在关于这些成功和改善高效能、经改进学校的领导力任务组织的方式以及学校高层管理团队/高层领导团队的领导力实践供给上,存在着相似的领导力分布的模式(请参见彭林顿等,2008,基于案例研究证据的讨论)。

在小学样本和中学样本中,大多数校长都表示领导力任务是由校长或者高层领导团队委派或者分配的,集体计划是他们学校组织机构的重要特征。相比之下,只有极少数人认为领导力分布是自发的,或者很少有教职工会承担他们学校的领导力任务(第9章详细讨论了领导力的逐级分布)。

不论哪一个学校改进小组,更多的集体方法似乎是小学工作的特征;此外,中小学的不同组织结构规模可能会产生影响;校长在中学中扮演着更重要的角色;这些结果与同样强调中层领导者在中学作用显著的研究(萨蒙斯、托马斯和莫蒂莫尔,1997)观点一致。

高层管理团队/高层领导团队的作用

在小学和中学样本中,绝大多数校长都强烈肯定与高层领导团队的作用有关的调查项目,这表明他们学校的高层管理团队/高层领导团队"具有相似的教学价值观、信念和态度""参与不间断的协作工作""在与教学相关的一系列活动和政策制定中发挥作用"且"对教学水平和提高学生成绩产生积极影响"。

我们在改进小组中发现了核心员工反馈的一些差异,但这些差异仅存在于中学样本中。来自低起点小组中学校的核心员工最可能赞同学校高层领导团队的成员参与"不间断的协作工作",并且他们"在指定课程计划政策的发展中发挥作用"。这又一次与校长的反馈相冲突,校长表示改进小组之间没有发现显著的差异。从低起点小组开始在学术成果方面取得了飞速、持续改善的学校核心员工也报告说,高级领导小组在这两方面的工作中都有着更高的参与度,这表明这些学校的校长和高领导小组采取了更主动的策略。高、中起点小组的核心员工也更有可能指出部门主任和学科组长提供了更高程度的领导,这表明中间领导和管理层的作用因学校发展轨迹改进小组而异。在低起点小组的中学中,高层领导团队的积极参与对于重大改进是很必要的;而对高起点小组的其他学校来说,部门和院领导的领导作用可能会更强。

其他团队对学校领导力的贡献

在校长报告的学校为学生提供的领导力实践方面,和低起点改进小组小学校长所报告的(中等规模的实践:N=59,37%;大量实践:37,23%)相比,高起点小组中的小学校长更有可能报告中等(N=51,42%)或者大量(N=41,33%)的领导力实践。根据调查评论,学生对领导力的参与似乎是大多数学校渴望进一步发展的领域。

在中学样本中,低起点学校的学校校长更有可能报告说,他们学校的"大量"或"全部的"领导力实践由以下利益相关者提供:

- "教师群体";
- "具有正式分配任务的个体老师"(例如 KS3 协调者);
- "地方当局"(LA)。

只有三分之一(N=55,33%)的低起点小组的校长表示,他们的地方当局几乎不或者很少为他们学校的领导力供应作出贡献,而高起点小组这一数据为三分之二(N=64,67%)。

核心员工调查显示,他们在校长和其他核心员工之间领导力的总体看法上具有相当高程度的共识。这再次表明,不论过去的学生成绩如何,对学校、其组织机构与文化的共同理解,可能对促进人和学校的改善都至关重要。

"学校改善搭档"(SIPs)和地方政府的领导力实践存在着显著差异。高起点小组的中学核心员工的领导力实践最可能被他们的学校改善搭档报告为"不频繁",也即并非"大量的"。

当被问及地方当局的领导力实践时,高起点小组的小学和中学教职工最可能报告"不频繁"。然而,对于校长样本,仅在中学中发现了相似情况。

综上所述,这些结果表明:

在具有较长成功史的中学中(拥有高效历史且稳定的高起点小组),外部机构的作用要小得多。这可能反映了特定的地方当局的目标和优先事项是帮助改善英格兰的低成就学校。例如,高起点小组中的那些人可能不需要或者不希望地方当局参与进来,其自身还可能经常作为学校改进搭档的身份为其他学校提供支持。

结构和组织机构的变化

在小学阶段,特别值得注意的是在建立外部协作(结构)方面,三个学校改进小组之间所报告的变化程度存在统计上的显著差异,低起点小组的校长更可能报告与地方当局合作(低起点小组42％,高起点小组24％)以及建立社区支持(低起点小组39％,高起点小组25％)。此外,我们还发现了与组织机构变更或重组的重要关联。

低起点小组中将近三分之二(N=98,62％)的小学校长报告说,在过去三年中,他们学校与改善内部审查程序有关的领导力实践发生了很大的变化,而中、高起点小组则有大约一半或更少(分别为 N=49,52％;N=57,46％)的校长表示发生过该情况。这些结果表明,自我评估和审查过程对于过去学生成绩不理想但最终成功提高的学校的改进工作至关重要。

与其他两个小组相比,低起点小组的中学校长相对来说更有可能报告在过去三年中,学校领导力实践在这些领域所发生的中等或大量变化。例如,在组织机构结构方面,低起点小组中79％的校长表示在改善内部审查程序方面发生了很大的变化,而高起点小组的校长中表示认可的比例为61％。同样,低起点小组中一半以上(57％)的校长报告了在提升学校改进决策参与度方面发生的巨大变化,而高起点小组中只有三分之一(34％)的校长表达了这一观点。另一个例子是中学校长对学校开展改进计划动机的变化程度的反馈,在低起点小组中,有63％的校长报告了这方面所发生的极显著变化,而在高起点小组中,这一比例刚刚超过一半。

重视学术

校长对学校中与学业标准和期望有关的所有项目的反馈都是积极正向的,

考虑到研究聚焦于得到高度改进和/或高效的学校,这是可以预料到的。小学校长对他们学校与学业相关的大多数项目的积极变化程度的认可度高于中学校长。然而,更多的中学校长(N=225,62%)比小学校长(N=176,47%)"强烈肯定"在他们学校"定期监控部门/学科领域的表现"和"定期设定改善目标"的效果。同样,这表明这些领域对于改善中学情境尤为重要。

绝大多数核心员工对学校设定的学业标准和期望有关的项目表示中等或者强烈的肯定。例如,当他们被问及他们的学校是否"为学术成绩设定了高标准"的时候,超过90%的核心员工表示中等及以上的肯定,这与校长的样本结果基本一致。

与其他两个改进小组(低起点小组 N=126,79%;高起点小组 N,71%)相比,中起点小组的小学校长(N=79,84%)更可能对学校"定期讨论和监督课程计划"表示肯定。同样在小学阶段,高起点小组的校长(87%)比其他两个小组更可能对"学生定期参与学习评估"持积极意见,尽管所有小组中的大多数人都肯定了这一项目(中起点小组 N=74,79%;低起点小组 N=120,75%)。

和高起点小组校长(N=88,77%)相比,中学的低起点小组校长(N=99,59%)中等或者高度认可"学生尊重表现/成绩良好的他人"的比例相对较低。

在小学,除了学术标准和期望这一项目以外,改进小组核心员工的反馈没有显著差异。与其他两个小组的学校领导相比,高起点小组的更多核心员工(60%)可能强烈赞同"大多数学生确实达到了为他们所设定的目标"观点,而中、低起点小组中的对应比例分别为47%、41%,这表明这些校长仍然意识到了在他们的学校开展进一步改进工作的必要性,持续关注提升学生成绩仍然是这类学校领导的当务之急。

然而,对于中学而言,三组改进学校在大多数项目上存在着显著差异。当被问到如下几点,高起点小组的核心员工比其他两组表示了更强烈的赞同:

- "这所学校的学生可以实现为他们所设定的目标";
- "教师为学业成绩设定了高标准";
- "学校为学术成绩设定了高标准";
- "学生尊重表现/成绩良好的他人"。

例如,与中起点小组(26%)和低起点小组(21%)相比,高起点小组的40%的核心员工强烈赞同"他们学校的学生可以实现为他们所设定的目标"。这表明,低起点小组的中学在提高标准方面仍面临着持续挑战是公认的事实。

协作文化和父母参与

小学和中学校长都对学校文化中的所有调查项目给予了非常积极的评价,小学校长尤甚,几乎三分之二(N=233,62%)的小学校长对学校中"正在进行教师之间课堂工作的协作计划"大为认可,中学校长比例不超三分之一(N=111,31%)。此外,略高于三分之一(N=134,37%)的中学校长积极肯定了"老师和其他成年人在课堂上协同工作",而小学校长持肯定态度的数量(N=291,77%)为其两倍。

大多数的核心员工报告说,他们学校中与文化相关的大多数项目得到更高的赞同,这与校长调查的结果基本一致。尤其是当被问及"他们学校的教师大多共同努力提高实践水平"时,几乎95%的核心员工表示中等或强烈赞同。

与中学校长的反馈相比,我们发现关于学校文化的不同项目和学校劣势相关。和低劣势学校的核心员工相比,高劣势学校的核心员工更倾向于表示"他们所期望与学生共同实现的目标对他们来说是明确的""他们被期望做的事情与他们的内心没有冲突"以及"学校正在积极参与与其他学校和组织的合作"。

综上所述,这些结果表明,共同愿景的实现或"思维方式"很可能在激励和集中教职工的共同努力以促进学生成绩改善方面发挥着特殊的作用,这是提高处于高劣势情境中的学校的当务之急。上述系列结果支持了在劣势情境下成功改进的学校的早期研究结论[詹姆斯等,2006;海顿(Haydn),2001;亨奇(Henchey),2001]。

就父母参与的认知问题而言,低起点小组的小学和中学校长表现出较低的认同度。该小组中只有69%的小学校长承认家长经常拜访他们的学校,而中、高起点小组中各有86%的人持中等或者强烈认同意见。而在中学学段,低、高起点小组中的认同度也有差异,分别为33%、49%,可见高起点小组的关键阶段管理人员对"父母经常拜访学校"的肯定更为明显,这与校长的反馈情况是一致的,这也反映出了学校层级之间的差异。但总体而言,和小学校长(N=298,

79%)相比,中学校长(N=145,40%)对该项要素的赞同又略低一筹。

在中学核心员工的样本中,高起点小组中更高比例的部门主任(53%)更可能强烈赞同"学生在学校中感到安全"。相比之下,低起点小组中仅略高于三分之一(35%)的部门主任持相同观点。可见,调查结果表明,低起点小组中的学校仍面临着感知行为的挑战。除此之外,调查可知小学、中学校长样本结果也有一定差异(小学 N=311,82%,中学 N=204,57%)。

改善学校氛围和学生成就的看法

该调查探讨了校长和核心员工对过去三年中学校实践某些变化程度的看法,这些变化涉及学校氛围和文化、学生行为和成绩相关的一系列方面。在报道变化的地方也呈现了在过去三年中,一些或者是很多情况下所取得的很大的改善。小学和中学样本中,有许多与三个学校改进小组相关的显著差异。

学科和学习氛围的变化

低起点小组的校长更可能在学生行为的所有方面报告更大程度的改善。相比之下,高起点小组学校的改善领域相对较少(当然,可能这类高水平学校的许多行为已经够理想,无需改善);此外,小学校长比中学校长报告的变化也更少。这种区别最明显的体现在"学生旷课"的改变上,小学高、低起点小组认为该领域有所改善的比例各为7%、28%(N=40);中学高、低起点小组的比例各为29%、79%(N=131),可见,高、低起点小组与小学、中学学段各自之间的差异(表5.4)。

表5.4 按照中学改进小组划分校长对过去三年"学生失踪班级"变化的回复

改进小组	学生旷课变化的程度			
	现在更糟了(%)	没变化(%)	现在好多了(%)	合计(%)
从低到中/高	3(2)	32(19)	131(79)	166(100)
中到高中/高	5(6)	34(45)	37(49)	76(100)
稳定的高/高至更高	6(5)	74(66)	33(29)	113(100)
总数	14(4)	140(39)	201(57)	355(100)

在非学术领域,特别是在学生行为和动机方面,核心员工的看法支持了那些接受调查的校长的观点。正如我们在结构方程模型的第3章和第4章中所显示的那样,这些学生成就受到领导力、学校组织结构和过程的更深影响,此三者有助于支持学校整体学业成绩的变化。当被问及过去三年学校学科氛围的变化时,三个改进小组之间存在着显著的差异。高起点小组的核心员工最有可能对与学科氛围有关的所有项目给出"没有变化"的意见,(这有可能反映出过去三年已经存在的良好学科氛围)。相比之下,低起点小组则最有可能报告说"已好转"或者"有显著改善",这与校长调查的结果相一致;例如,低起点小组近一半的核心员工表示,"学生上课迟到或者缺勤"的问题有减轻。而就"学生学习动机"的向好程度而言,中起点小组(N=75,56%)的认可率比低起点小组(N=119,48%)略高。

这些结果支持这样一种观点,即学校的行为氛围的变化与学生成就的提高之间存在着重要的联系,对于那些起点低、收获重大的学校尤其如此,该结果与第3章概述的所有学校的总体模型相一致。它们与学生成就先前不良而后改善的学校的其他研究相吻合,并表明,对于促进学生行为和动机的强烈关注是早期提高成绩所需工作的重要组成部分,同时也明确强调了改善教学的重要性[萨蒙斯,托马斯和莫蒂莫尔,1997;海顿(Haydn),2001;穆伊斯等,2004;哈里斯等,2006]。

学校整体条件的变化

在过去三年中,校长和其他核心员工在学校条件的积极变化程度的整体观点上存在着相当高的对应度。在两个学段的学校中,大多数校长指出了以下一系列领域的显著改善:"增强教职工的承诺和热情""提供有序和安全的工作环境""增强当地声誉""在全校范围内改善学生行为和纪律"(表5.5和5.6)。中学校长还报告说,在增加学生对教育的参与度方面发生了部分或者许多变化,"更多的学生进入了继续/高等教育"(N=230,64%)。这些结果证实,这些成功的学校不仅擅长提高学生考试和测验成绩,而且还改善了教职工和学生在一系列更广泛领域的学习与成绩。

表 5.5 按照小学改进小组划分校长对过去三年学校环境变化的看法

改进小组	改进的程度				
	没有变化(%)	一点(%)	一些(%)	许多(%)	总共*(%)
增强教职工的承诺和热情	54 (14.4)	50 (13.3)	121 (32.2)	151 (40.2)	376 (100.1)
促成一个有序和安全的工作环境	79 (21)	47 (12.5)	85 (22.5)	166 (44)	377 (100)
增强当地声誉	64 (17.1)	65 (17.3)	125 (33.3)	121 (32.3)	375 (100)
在全校范围内改善学生行为和纪律	78 (20.7)	55 (14.6)	107 (28.5)	136 (36.2)	376 (100)

* 由于四舍五入,百分比的总和可能不等于100%。

表 5.6 按照中学改进小组划分校长对过去三年学校环境变化的看法

改进小组	改进的程度				
	没有变化(%)	一点(%)	一些(%)	许多(%)	总共*(%)
增强教职工的承诺和热情	32 (8.9)	49 (13.6)	150 (41.6)	130 (36)	361 (100.1)
促成一个有序和安全的工作环境	41 (11.4)	58 (16.1)	137 (38)	125 (34.6)	361 (100.1)
增强当地声誉	44 (12.2)	53 (14.7)	107 (29.7)	156 (43.3)	360 (99.9)
在全校范围内改善学生行为和纪律	44 (12.2)	70 (19.4)	127 (35.3)	119 (33.1)	360 (100)

* 由于四舍五入,百分比的总和可能不等于100%。

中学校长(N=287,79%)比小学校长(N=262,70%)更有可能报告"家庭作业政策和实践的改善",尽管这在两个学校层级中显然都很重要。报告"教职工缺勤"(44%、29%)或者"教职工流动"(43%、32%)没有变化的小学校长比高中校长略多,但这可能表明这些学校在三年前比较疏于关注这些问题。

当被问及"学校在当地的声誉得到提高"时,60%的教职工承认了变化的发生。再次,与小学相比,中学教职工在学校声誉方面更有可能形成"变化显著"的报告。50%—70%的核心员工报告还指出了在"增强教职工的承诺和热情""家庭作业政策和实践的改善",以及"提供有序和安全的工作环境"方面的变化。这里发现了一个学校层级之间的差异,报告中提及变化显著的小学核心员工比例比中学的要高。

在小学和中学样本中,低起点小组的校长更可能表示过去三年中与学校条件相关的大多数领域出现了实质性改善。而高起点小组的校长则并非如此(见表5.5和5.6)。这种变化模式与学校有效性和改善研究相一致,后者指出了行为氛围作为有效性的关键特征(萨蒙斯等,1997;特德利和雷诺兹,2000)和先前改善和好转学校的案例研究结果(英国教育标准局,2000;海顿,2001;亨奇,2001)的重要性。

低起点小组中超过一半的校长(51%)报告了过去三年他们学校在"提高当地声誉"方面所取得的巨大程度的改善,而高起点小组不到三分之一(30%)的校长报告了这一点。小学样本中发现了相似但是不那么显著的模式。

据报告,低起点小组中一半以上的小学校长(54%)在"促成有秩序和安全的工作环境"方面有了很大的改善,而高起点小组中只有三分之一(34%)的校长报告了这一点。中学样本的差异更加明显:低起点小组中几乎一半(45%)的中学校长表示在这方面有很大的改善,而高起点小组中只有18%的校长报告了这一点。此外,低起点小组中29%(N=45)的小学校长和30%(N=40)的中学校长表示了他们学校"在减少教职工流动方面的很大改善",而高起点小组中只有12%(N=15)的小学校长和11%的中学校长持相同观点。

我们也在其他四个重要领域发现了校长报告的变化或者改善程度的相似模式:"减少教职工缺勤""改善家庭作业政策和实践""增强教职工的承诺和热情"和"在全校范围内改善学生行为和纪律"。

我们也发现了核心员工和三个改进小组的反馈之间存在一致性。此外,总体而言,来自低起点小组的教职工更可能报告过去三年,在改善一系列学校条件方面的"许多"变化;中学层级内部各组间的差异更甚于小学层级内。特别是,核心员工的反馈和改进小组之间在以下方面一致性较高:"增强当地声誉""增强教职工的承诺和热情"以及"提供有序和安全的工作环境",包括低起点小组的更大的感知变化。

总的来说,针对校长和核心员工的调查结果支持以下观点,即快速改进的学校,与实践、氛围和学习环境等的改善情况,它们之间具有相辅相成的影响,并有助于学校突破低成就状态,进入上升轨迹。可以看出,这种变化尤其与具有低成绩历史的中学相关联。因此,结果表明了根据学生成就水平和增值效果来确定特定的开始时间,并依据学校的发展轨迹来学习学校改善过程的重要性(有关示例,请参见第 7 章和第 8 章)。

课程、教学法和评估的变化

在中学阶段,学校改进小组与所报告的领导力实践的变化程度相关联,这些变化涉及学校结构、文化、课程、教学法和评估的几乎所有方面。相比之下,小学样本的关联则少得多,特别是关于学校文化的变化方面。

学校改进小组和领导力实践的变化在课程、教学法和评估方面存在着显著的关联,但是这些关联在中学校长对调查回应的分析中最明显。

小学样本中,低起点小组中的校长更有可能报告在"使用辅导和培训来改善教学质量""鼓励教职工在工作中使用数据"和"鼓励教职工使用数据来规划个别学生的需求"方面的中等或者大幅度的变化。对于中学校长来说,在"使用辅导和培训来改善教学质量"方面的变化更多来自于低起点小组。低起点小组中有一半的中学校长(N=85,52%)报告了这方面的许多改变,而高起点小组的比例为 40%。在中学阶段,学校改进小组也与课堂观察和评估中许多其他项目以及所报告的变化相关联。低起点小组的校长相对来说更可能报告与"定期观察课堂活动"和"与老师合作并在观察课堂活动后改善教学"有关的重大变化,如其中 65% 的中学校长指出了"定期观察课堂活动"方面有重大变化,这高于高起点小组 55% 的占比。前改进小组的校长还报告了领导力实践相对较大的变化,这些问题涉及"将研究证据纳入他们的决策来指导实践"和"使用学生成就数据来作出有关学校改善的大多数决策"。例如,低起点小组中高达 84% 的中学校长指出了在"鼓励教职工在工作中使用数据"方面所发生的巨大变化,在高起点小组中,这一比例为 70%。尽管如此,我们仍然可以看出,这是所有改进中的有效学校样本的一个关键的重点。

在我们的调查中,所有的中学校长都表示,鼓励教师使用数据的程度发生了很大的变化,但是低起点小组中学尤其重视这一点。可以看出,从低基础开始迅速改善的学校校长可能更重视使用一系列的特定策略来改变教师课堂实践,尤其是在中学阶段。尽管程度有所不同,但很明显的是,鼓励教职工使用研究和成就数据来指导他们的工作,是我们样本中绝大多数学校所采用的增强教师实践的关键策略,这符合促进以证据为基础的职业实践的理念。

策略和行动:发展轨迹的差异

从调查中收集的其他数据包括被确定为对改善学生学术成绩最有影响力的三种策略的详细信息(请参见总体研究结果第3章中的较早讨论)。我们对这些进行了进一步分析,以识别哪些行为组合被三个改进小组中的校长认为是对促进改进来说最重要的。表5.7和表5.8列出了根据三个改进小组校长所报道的过去三年被学校所采用的最重要的策略和行动。为了便于比较,我们将两个层级学校的结果分开呈现。

表5.7 按照小学改进小组划分校长对过去三年影响改进的最重要行动/策略的回复

策略	低起点小组(%)	中起点小组(%)	高起点小组(%)	总数*(%)
	N=160(42.4)	N=94(24.9)	N=123(32.6)	N=377(99.9)
A2 iv) 促进领导力发展和持续职业发展	22(13.8)	17(18.1)	21(17.1)	60(15.9)
A3 iv) 策略型资源分配	32(20.0)	22(23.4)	23(18.7)	77(20.4)
A4 i) 提供和分配资源	24(15.0)	24(25.5)	25(20.3)	73(19.4)
A4 v) 鼓励使用数据和研究	42(26.3)	26(27.7)	37(30.1)	105(27.9)
E3 iii) 改善评估程序(25.0)	40(25.0)	32(34.0)	34(27.6)	106(28.1)
E3 iv) 更改学生目标设置	33(20.6)	22(23.4)	21(17.1)	76(20.2)
E5) 教学政策实践	39(24.4)	32(34.0)	27(22.0)	98(26.0)

*由于四舍五入,百分比的总和可能不等于100%。

表 5.8　按照中学改进小组划分校长对过去三年影响改进的最重要行动/策略的回复

策略	低起点小组(%)	中起点小组(%)	高起点小组(%)	总数*(%)
	N=167(46.6)	N=76(21.2)	N=115(32.1)	N=358(99.9)
A2 iv) 促进领导力发展和持续职业发展	20(12.0)	10(13.2)	25(21.7)	55(15.4)
A4 i) 提供和分配资源	30(18.0)	12(15.8)	27(23.5)	69(19.3)
A4 v) 鼓励使用数据和研究	51(30.5)	30(39.5)	40(34.8)	121(33.8)
E3 ii) 部门和教师的监督	27(16.2)	10(13.2)	21(18.3)	58(16.2)
E3 iii) 改善评估程序	35(21.0)	8(10.5)	23(20.0)	66(18.4)
E4) 学校文化	34(20.4)	15(19.7)	26(22.6)	75(20.9)
E5) 教学政策实践	50(29.9)	24(31.6)	25(21.7)	99(27.7)

*由于四舍五入，百分比的总和可能不等于100。

结果显示,校长所报道的他们用来促进学生成就改善的三个最重要的策略之间具有很大的相似性。然而,对于小学而言,那些中起点小组中的校长似乎比其他小组中的校长更加重视启动评估程序以及教学政策和实践方面的改善。

同样,中学学段内,也是低、中起点小组的校长更加重视该方面的改善。相比之下,所有组中,中学学段中的校长比小学校长更可能侧重于改变他们学校文化的策略,但是这种强调似乎在学校改进小组中并不存在太大的变化。关于已经转好的学校和迎难而上学校的研究强调了改善低学生水平学校的教学质量这个重点[参见温德尔(Wendell),2000;亨奇,2001;詹姆斯等,2006;萨蒙斯等,2007]。

尽管如此,总体的结果模式依然表明,就三种最重要的策略而言,不管校长来自哪一个改进小组,高效能、经改进的学校校长通常会将重点放在类似的方法上。这表明,学校改进有一些共同点,一些基本特征可以被视为领导实践的共同核心。在本书的第三部分,我们将基于案例研究学校的证据,再次返回论述该主题。

结论

本章概述了识别高效能且已改进学校样本的方式,聚焦学校发展轨迹的主题,就学校 2003 年初始成绩水平,指出了三个不同改进小组,即低起点、中起点和高起点小组中成功学校之间的差异。它提供了一些示例,这些示例是通过对校长和核心员工的调查反馈进行分析所得出的;随后,我们探讨了实例与学校改进小组之间的关系。总而言之,我们发现:

1. 将学校分为三个独特的改进小组,可以发现某些特点和实践在统计和教育上存在的显著差异。此外,这些学校改进小组的不同之处集中于:校长任职总年限和在当前学校在岗年限、过去十年的校长在岗人数、学校层级和社会经济情境。

2. 不同改进小组的学校校长面临的挑战是非常不同的。低起点小组的小学和中学校长比其他两个小组更有可能说明,他们在当前学校任职的第一年面临了不良学生成绩、不良学生行为和不良学生动机的主要挑战。此外,当地社区的声誉低下和学生数量的减少更可能被低起点小组的中学校长引证为他们任职初期的主要挑战。高起点小组的校长更可能报告与教职工为人自满相关情况的挑战,而不是与学生学习行为或者成绩水平相关。

3. 学校情境和学校改进小组之间,以及学校情境和校长在岗时长之间都存在着重要的关系。学校,尤其是高劣势和处于挑战情境下的学校的领导力是不太稳定的,这一点很明显,且这一特点指出了学校及儿童服务领导力的国家学院以及其他机构在领导力、培训、发展和继任计划方面的支持举措的重要性。

4. 改善学校的低起点小组受访者更有可能报告其学生行为、出勤、态度和动机的显著改善。这些发现与学校有效性和改进研究的评论相一致(特德利和雷诺兹,2000;温德尔,2000;穆伊斯等,2004;哈里斯等,2006;萨蒙斯,2007)。这些方面可能是、尤其是在高劣势情境下改善学生学术成就的重要力量。必须记住的是,低起点改进小组中有更多的人服务于提升高劣势学生的入学率。

5. 与高起点小组相比,学校低起点小组中的校长更有可能将注意力集中在改善教学、学校审查和评估程序以及鼓励教师使用数据和研究来为教学提供信息上。尽管在本研究中,我们发现所有的成功学校都非常重视这些领域,但中学和低起点小组对此的重视更加明显。为了从低基础获得快速、显著和持续(超过三年或更久)的学习成果改善,我们似乎有必要特别关注学校结构、文化、课程、教学和评估方法,尤其是在规模更大、组织机构情境更复杂的中学。

接下来的章节将进一步详细地介绍证据、丰富地描述以及更细微和情境化地解释,以说明校长的价值观、策略和行动如何支持成功的学校改进和学生成绩的提高。这样的学校成就不是偶然发生的,而是通过高度反思、精心策划和制定很好的服务这些学校的策略实现的,由此学校可以应对成功道路上的很多挑战(英国教育标准局,2009)。

总体而言,调查结果表明,几乎所有的校长都将重点放在实现共同愿景或"思维定势"上(詹姆斯等,2006),并且这种重点很可能在激励和聚焦教职工的集体努力以改善学生成绩作为高度优先事项方面具有特殊作用。我们的证据表明,这对于从低起点改进的学校尤其重要,这些学校中许多处于高劣势情境下。但是,除了解决思维方式以外,我们还重点关注了一系列的策略和行动,这些策略和行动支持改善教学和学习、增强学生和教职工的驱动力和幸福感、改善学生的行为方式,并使人们更加注重更广泛学习领域的成就,包括学生学业成绩。

第三部分

校长们是什么样的人,为了获得并维持成功,他们做了什么

第6章 核心价值观和实践：领导力、学生学业及学校改进

到目前为止，本书已经讨论了现有文献里和全国调查结果中所表明的领导力和学生成就之间的关系，这其中涉及从高效能学校到待改进学校等一系列的学校。本章将描述和讨论在"学校领导力与学生成就研究项目"（IMPACT）中的20个学校的领导如何构建好的学校环境，从而有利于教师帮助学生取得最佳学业成就。

该项目中的数据进一步印证了本章之前的研究发现，即校长的领导力是学校发展和持续改进的关键驱动力。本章将主要关注四个核心组成部分，它们是对第2章中四类领导力实践的关键因素的进一步论证和阐释：

1. "设定方向"
   - 确立愿景、目标和方向
2. "培养员工"
   - 提高教师素质
3. "精简和匹配组织机构"
   - 重新设计组织结构，重新定义角色和职责
   - 提高学生参与度
   - 在学校社区内建立关系
   - 在学校社区外建立关系
   - 提高父母和支援家庭的参与度
   - 与其他学校展开合作
4. "管理教学计划"

- 改善教学的硬件条件
- 寄予厚望
- 全校一致的学生行为政策
- 加强教与学:完善和扩展教学方法
- 利用成绩数据和听课
- 重新设计和拓展课程
- 通过学生的平时表现数据和课堂观察来强调学生成就

设定方向

确立愿景、目标和方向

学校领导者的首要工作重点之一是确立并与教职工分享他们对学校的愿景。我们的数据表明,高效能学校领导力中最强有力的一个方面就是确立学校的方向和目标。为了设定清晰的目标和学校发展方向,学校所有人都参与其中,一起讨论、交流,并拟定出了一套大家都认同且愿意遵守的价值观。这是一贯的优先事项,而且还会定期接受审查。这些内容是通过新的组织结构、角色职责和关系的重新设计来阐明的。

所有的校长对他们的学校都有非常强烈而清晰的愿景,这在很大程度上影响着其自身及他人的行为。校长在推动学校整体前进上发挥了积极作用。将愿景与高层管理团队共享,让其成为所有领导力活动的中心驱动力,让其得到广泛而清晰的认识,并获得所有教职工的支持,这一愿景是检验一切新发展、新政策、新举措的试金石。

> 学校的整体愿景可能来自于校长和学校高层。但是我认为,如果有人在培训中受到启发,回来说怎么怎么做不错,他就会说:"我们也可以进行尝试;如果你想这样做,那就动手做吧。"
>
> (小学教师)

愿景一旦确立,校长和领导团队就要在学校的各个层级对愿景进行有效沟通并为实现该愿景创造最佳条件。他们制定了长期的计划,其中包括不完全相同却相关的策略;他们获取了所需资源并将其按时间分配好。教职工的甄选和招聘尤为重要,因为校长借此确保了新教职工与学校拥有同样的愿景,并会将其体现在他们的工作实践中。

学校的所有教职工都清楚地知道学校的愿景,能够将它清晰地表述出来,并支持它。

> 我一直对我们学校的发展方向抱有一个愿景。它一直都在那里,但是我没有坐下来思考说今年我们要走向……我们确实有一项长期策略计划,但还远远不够。我想我一直都知道我们需要更具创造性的课程,但我也清楚在把一些关键性问题解决之前,根本无法应对这个问题。您知道,我们开展了一些富有创意的主题,但是这需要一套特别的管理方式来配合,这套管理需要确保人们不会感到不知所措,在尝试新事物时感到安全和自信。
>
> (小学校长)

校长邀请教职工参与学校发展的决策和评估,以确定需要进一步工作的领域。

> 校长会以多种不同的方式来领导学校。他非常明确自己想走的方向,因此他的目标也算清晰,但与此同时他也愿意倾听同事的意见。他会说"您怎么看?""您所在的部门或者关键学段还有什么意见吗?""您想做什么?""您需要接受哪些培训?"或"您想如何发展?"之类的话。
>
> (小学关键学段协调员)

校长提出并强调的价值观和愿景会在很大程度上影响和塑造学校文化。的确,对于许多教职工而言,校长是学校愿景的缩影,每天都在演示如何实现和成就愿景。他有良好的发展方向,并且为之全力以赴,甚至有些狂热,比我所知道的其他校长要强烈得多。

> (中学副校长)

核心价值观,比如信任、高期望,以及"能行"文化,为创建既能鼓舞教师士气又能促进学生学习的环境提供了坚实的基础。校长的价值观影响了学生的行为、出勤和成绩,它体现在日常互动、组织结构以及教职工和学生的角色和职责中。

现在是一种"我们能行"和"孩子们能行"的文化,不会出现诸如"做不到"这样的词。每个人都在参与评价和观念塑造。

(小学副校长)

校长提出了一种"能行"的文化,我从他那里学到的其中一件事就是没有问题,只有解决方案。

(中学副主任)

然而,尽管校长的行为和关系与学校的核心愿景和价值观相一致,但是校长和学校高层却认为有必要定期进行结构性调整,以应对学校的新情况、新变化。然而,这些调整的过程是基于情境分析(situational analyses)、全面扫描式观察(horizon scanning)和及时判断(timely judgement)而来的。

培养员工

提高教师素质

研究中涉及的所有学校都致力于提高和增强教师素质,并将其作为他们提高标准的动力。

他非常会培养人,他能清楚地看出人的潜力,并带领他们前进到下一步。"这儿有一个《中层领导力》的课程,你也许想要参加这个课程",用这种不动声色却令人振奋的方式。我提到我想上一个副校长预备课程,他就说,"好啊,那个课程11月开始,我会帮你报名"。之后他便开始在我的信箱里放一些关于国家校长职业资格(NPQH)的资料,却一直被我忽略了。他确实能帮助他人成为更好的自己。如果有人来当食堂打饭阿姨,他就会鼓励他们成为助教,尤其是在他看到这个人潜力的时候。

(小学副校长)

在职持续专业发展(continuing professional development)被视为一种权利。这对教师具有激励作用,并对他们的教学实践产生了积极的影响。学校为教职工提供了丰富的专业培训机会,并高度重视其内部的专业学习及提升。

专业学习及提升并不仅限于教师;所有校长还都强调了对行政员工(support staff)进行培训的重要性。除了两所(中学)学校以外,其他所有学校都提供了针对教职工丰富多样的校外培训。此外,大家还强调了校内培训与专业发展项目的重要性,这类培训重点关注的是由组织或个人提出的优先事项、需求及顾虑。就培训学校而言,向所有人提供了在其课堂中接收实习教师的机会。通常普遍认为,尤其是在中学校长中,内部组织的培训既为所有员工提供了有效的培训,又有助于加强整个学校的政策和举措。

> 有些人仍然会去校外参加培训,但这些课程通常比较贵,不仅是课程本身的价格,还有离开课堂外出的费用。因此我们正在尝试组织越来越多的校内在职培训与专业发展(CPD)项目,我们因此也有了相当丰富的培训项目。这都是在放学以后开展的,虽然并不是最好的时间,因为大家在教完一天书以后会很累,但是我们仍然认为这样做是卓有成效的。

(中学校长)

虽然大多数学校优先选择了校内培训与专业发展项目,但仍然鼓励教职工参加一系列的在职培训(INSET),并且给予了他们有利于获得外部证书的培训机会。将校外和校内培训相结合是最常见的方式,这种方式能够最大程度地激发教职工的潜力,并让他们在多个领域得到发展。

同行互助听课(peer observation)作为一种改进教学过程的方法得到了广泛采用。教师尤其重视非正式听课;此外,很多学校还实行了"课程对外开放"的政策,这被视为改进教与学的有力工具。此外,为了改进教学实践,学校还使用了示范、跟课和非正式讨论等方法。导师制和教练方式作为挑战、支持教职工的手段,也在全校范围内得到了广泛的使用。

其实你需要的就是这样一个榜样:有人和你一起工作,让你自我感觉良好,给你支招,承认并认可你所做的工作,然后提出建议。我就是这样做的。

(中学校长)

另一件产生了巨大影响的事是学校对在全校范围内任命职业导师、建立广泛的导师制的专业态度。她培养了很多的导师,所以几乎每个人都在指导某人。我想做的是将这一步骤更进一步,让每个人都开展两人一组的同行听课。但我们目前还没能实现。

(中学校长)

我们发现,这些方法以及教师之间的合作机会是确保教学质量持续提高的有力手段。教师和支持人员拥有了更多的合作机会,这对教学产生了积极的影响,也有利于增进理解和同理心。

教职工之间的合作,还为共同制定规划及联手应对个别学生提供了可能。校长特意为此类规划会议预留了时间,并确保学校时间表允许教师互相听课、共同合作。老师们报告说,通过更频繁更紧密的合作,他们形成了更强的集体责任感,也更能通过合作来改进自己的实践。

另一项指标是团队之间的关系。我非常重视人际关系、工作关系,以及能良好运转的关系。如果一个团队能有时间在教工室互动,对我来说就是一项很好的指标。如果他们能够在团队中一起工作,我就会相当有信心,一切都正在顺利开展。但当我看到有处于这种状况之外的员工时,我就会很担心。

(小学副校长)

最后,但同样重要的一点是,所有学校都有这样一个共同点,即强调接班人计划(succession planning),以及在实习学校开展有针对性的招聘。

> 我是内部晋升的忠实支持者。面试并不能让你了解一个人的真实境况，以及他们将如何适应学校。我宁愿在确切地知道他们如何适应学校、他们能做些什么之后，再给他们机会去做。因此，我所有的高层管理团队都是内部任命的，他们都是我任命的。
>
> （小学校长）

许多学校还提供了"试行"或者"影子领导"等机会，并通过此途径实现接班人计划。教职工通过在固定的一段时间内担任新职位来积累经验。

> 代任校长一个星期就会迫使副校长转变思维，而副校长和校长之间的主要区别之一是，副校长往往更倾向于任务驱动，你有你需要负责的特定部分。而校长要做的事比较少，要考虑的却多得多。
>
> （中学校长）

此外，教师还参与到了行动研究中，以检验某些想法或是尝试新的教学方式。校长们鼓励教职工在学校分享他们的专业知识，并在任何可能的情况下互相学习。通过这些手段，校长们塑造了专业能力并提高了学校员工的稳定性。

完善和调整组织

重新设计组织结构，重新定义角色和职责

本研究中的校长们所采用的另一项改进他们所在学校的策略是有目的地、逐步地重新设计了组织结构，并重新定义和分配了更广泛的领导和管理职责，以增强教职工的参与度和责任感，并借此为学生学习提供更好的机会。尽管重组的确切性质、角色和职责的变化，以及时间的先后因学校而异，但是各学校之间存在着一致的模式来改变现有的等级制度，包括使用教学责任（TLR）、员工薪资、高技能教师（ASTs）以及大量使用行政员工。这使沟通和职责的界限更加清晰，新的领导和管理职责也被明确地概括出来。这些对所有教职工来说都是清晰的，并依据能力以及个人优势和组织需求进行了分配。

特别是在上任初期,新的高级领导层会被组建起来,并且/或团队成员的角色和职责也会被重新定义。然而,在大多数情况下,主要的关注点仍在高层管理团队(SLT)上。和以前相比,高层管理团队成员的部署更具策略意义,尤其注重在教职工中寻找能够共事并组建有效团队的人。管理层之间的沟通渠道得到了改善,员工与高层管理团队的会议时间也得到了更充分的利用。有证据表明,这些结构调整和重新定义角色与职责的举措受到了教职工的欢迎,新模式也被认为是行之有效的。教职工认为更加清晰的新角色十分有用,并且普遍赞赏新的领导和管理结构。

> 减轻教师的行政工作负担,意味着教师能够更加专注于提供高质量的教学。事实证明,这对提高学生的成绩有重大影响。我正尝试将越来越多地非教师岗位的人带入管理团队或给予他们更多的管理责任,例如担任年级主任。我这样做的原因是,我不认为现在有人可以在参与教学的同时,从事一些相当复杂的工作,比如担任年级主任或是监管学生宿舍。
>
> (中学学科组长)

所有学校都有教牧般的人文关怀(pastoral care)制度,虽然不同的学校是在不同的时期建立起这些制度的,它们却是校长在每个阶段的策略的特征。几个中学案例的共同点是垂直辅导(vertical tutoring)的引入。受访者讨论到了这一点,他们认为这种方式有利于为学生提供更多的同伴支持,当他们遇到困难的时候,也为他们提供了更多跟班主任(tutor)交谈的机会。

> 我认为,从水平结构转变为垂直结构,基于社区并用永久的教牧职位取代年级主任这一想法,随着时间的流逝会产生巨大的影响。目前这尚处于起步阶段。两三年以后,我认为人们会看到各种团体发展壮大,不同年龄段的孩子之间的关系也会非常牢固。我认为这将对学校的未来产生非常有益的影响。当然也会对我们在社区、课后学校和个性化课程方面的尝试产生积极影响。我认为这非常有前景。
>
> (中学助理校长)

第二个特点是引入不承担教学任务，关注学生全人发展的员工，为有情绪、行为问题的学生提供更多的支持和关怀。在小学阶段，这意味着非一线教职员工需要承担起更多的职责。在中学阶段，在每一个年级都有非一线教职员工专职给予学生人文关怀。这些措施为老师节省出了更多时间来集中精力处理学术问题。这些学校也为学生的社交和情感发展提供了连贯一致的支持系统。在小学，这意味着需要更多的助教和学习导师，以及照护小组或学习支持小组，这些人能为学生提供持续的帮助。

> 因此，我们做出的最大改变之一就是为每个班级都配备了助教……助教绝对是每个教室中至关重要的因素，不仅有利于提高标准，也有利于《个人、社会与健康教育课程》(PHSE)的开展。我想说，情感对抗不仅是学校的问题，也是家庭的问题。
>
> （小学校长）

人们意识到，包括行政员工在内的新团队对学校的教学能力产生了影响。此外，几所学校还成立了新的人文关怀团队来支持教学。在这些工作中，教学人员和行政人员的结合对提高成绩起到了重要作用。

小学和中学都为行政员工创建了职业发展道路，将来他们可以成为学校高层管理团队的一员，小学和中学还创设了许多诸如中学年级组长或学生全人关怀负责人这样的职位，并为小学班主任增加了许多管理职责。在中学，这些员工的头衔在每个学校都不同，从学习导师到学习经理或全纳官员，但原理是相同的。

> 我们注意到学习导师缺乏一定的职业结构，因此现在我们创设了职业发展道路。所以，你可以作为助教进来，之后可以成为高级助教。如果你愿意，那么你还可以成为学习导师或助理学习经理。如果你足够优秀且能力强，那么你也可以成为学习经理人，然后成为高级学习经理人，然后非一线教职工也有机会成为管理团队中的一员。
>
> （中学副校长）

整个学校的改组是管理层配置和实践的扩大。管理角色和职责的分配是所有学校正在形成的特征。这是由校长发起的,用以培养管理者的一种长期方式。

领导力现在分布得挺广。校长刚来的时候,情况并不如此。但是我们有明确的层次,所以人们可以很清楚地知道不同的人所处的位置。

(小学关键学段协调员)

简而言之,每个人在学校中都起着领导作用,绝对是每一个人。

(小学校长)

分布式领导力是所有学校的共同特征,尽管每个学校的领导力分布程度不同。但是那些担任领导职务的人要对自己承担的任务负责。他们还得到了有针对性的员工发展机会以及高层管理团队的内部支持。

所有学校都有强大的内部问责制,他们在其中设定自己的专业标准和判断。学校系统地评估了自己的实践,并广泛收集了数据,用于提高绩效。

我认为,如果这不矛盾的话,要让教学人员在承担责任的同时得到相应的支持。每个人都应该对他们的绩效负责,但我们会支持他们实现目标。我认为这是与竭力追求改变相符的。作为一所学校,我们如何提高效率?作为老师,你如何提高效率?我们能够改变什么?你需要从学科组长那里得到什么样的支持?

(中学校长)

在中学,不同的学科组会定期评估他们的实践,并作出改变,个人要对自己的表现负责,并负责提升自己的教学实践。在所有中小学的案例中,不断提高教学质量是决定成功与否的共同标准。

提高学生参与度

分布式领导力还涉及学生。通过学校理事会和其他参与形式,学校为学生提供了参与决策过程的机会。这些机会包括让学生参加学校教职工的面试等。此外,学生被给予领导项目的责任,在某些情况下,为了让他们能有效地承担起新的管理责任,我们还提供了相应的培训机会。这种参与学校的领导和管理的机会,极大地激发了年轻人的积极性,并对他们的内驱力和之后的学习都产生了积极的影响。

不仅教职工需要参与领导,孩子们也需要参与其中。为了让孩子们发展领导才能,我们试着鼓励同伴辅导、伙伴互助,我们还有一个非常活跃的学校理事会,这些都为培养领导力发挥了作用。

(中学部校长)

在校园内建立关系

在学校内建立积极的关系是校长领导力的重要特征。这会对学生成就产生影响,这种影响不仅被教职工注意到,也引起了英国教育标准局的关注。

学校中每个人之间的关系都很好。学生对学习有非常积极的态度,并且行为举止出色。他们显然很喜欢上学。这种模式的一大优势在于学生的努力和成就得到了认可。

(小学教育标准局报告)

所有学校的教职工都明确表示,校长不仅支持他们,并且让他们感到受重视。

如果我需要支持,那么我会去寻求。如果你有任何需要,他都会在那里。你可以随时敲开他的门和他展开讨论,我们会定期召开评估会议和管理会议,因此在这些场合下,我们能获得所需的支持。本学年我们已经开过几次这样的会了,假期回来另一个会也安排好了。

(中学学科组长)

校长尊重教职工并切实听取他们的意见,重视他们的意见。

>他确实会倾听你的意见,尽管他对学校已有一个既定的方向,他很开诚布公地说明了这个方向,我们知道学校的改进计划是什么,我们的工作重点是什么,但他不是那种他说要怎么样就得怎么样的校长,他会听取大家的意见。你一定会觉得自己是其中一员。
>
>(小学高层领导)
>
>我认为员工感到自己被重视,他们的需求和愿望是(校长)最关心的,领导团队也很善于了解发生了什么、人们近况如何,以及人们对事物的感受。
>
>(中学部主任)

负责人被认为是平易近人和善于沟通的,他们让员工参与讨论未来规划和进行战略思考。

>事实上,他与我们分享他所听到的所有新事物,所有他所知道的即将发生的事情,他都会和我们谈论,并将它们纳入教师培训日,这样我们总是能提前一步了解学校将要实施的计划。而这种面向未来、提前规划的策略是非常重要的。
>
>(中学教师)
>
>所以,正如我所说的,我们的氛围是开放的,我们的教职工是诚实的,如果有人看到他们不满意的东西,那么就可以直说。你确实是需要有良好的关系、开放的沟通系统来做事。
>
>(小学副校长)

鼓励教职工参与分布式领导,开展关爱行动,鼓励、帮助他人融入,以及投入到个人发展活动中去,在案例学校中,这一切都有助于激发他们的内驱力,提高他们的期望值,并在学校内部形成良好的关系。

>我认为他总是试图鼓励我们。如果是全体员工,那么他就会在简报中告诉我们。当我们单独去参加会议时,他会试图激励我们。如果你有长处,他总是试图找出这些长处。他不会在弱点上做文章,他试图挑出积极的方

面,这样人们就会在自己擅长的领域受到鼓舞,而且他们知道,如果他们遇到问题,也可以去和他谈谈。

(中学学科组长)

特别是校长和他们的高层管理团队之间的关系是相互尊重的。他们让家长、教职工和学生都产生了忠诚度。

他总是在学校里走来走去,他会去到课堂上,去代课、主持集会,既会去教工室,也会去了解孩子们,他还会去了解家长,对教职工和家长采取"开门"政策,也与督学们关系良好。

(小学副校长)

所有的员工都知道,他们得到了充分的沟通,他们知道发生了什么,他们知道人员的变化,或者事情的变化。日常的小事其实意义重大,因为这说明员工很重要。我们每周都会举行团队会议,所以这是一个机会,确保大家能够聚在一起。这是我觉得最核心的东西——沟通,因为它改变了整个学校的氛围。如果人们本来就开心,又觉得自己总是能知道该知道的信息,那么他们就会工作得更开心。

(小学学段协调员)

他们叫得出每个孩子的名字,了解他们的烦恼,让他们感到被关心和尊重。在学生调查中,当被问及他们学校最好的地方是什么时,学生们对此做出了积极的评价。

理解我们的老师,你可以随时和你的老师交流,如果作业上有什么不懂的,老师会给你讲解。

(小学生问卷调查)

2003年签署的《提高标准与解决工作量的问题——国家协议》推动了英国学校劳动力的重构,这也是在校园内建立关系的另一种手段。更多地使用非一线教职工,特别是助教,用不同方式布置工作,都有利于建立起更高效的团队,这反过来又减少了教师的工作量,提高了教职工的工作积极性。

最大的变化是学习经理人和非一线教职工承担了更多原来由教师负责的行政管理任务,因为教师就是为了教学,凡是其他人员能做的事情都应该由其他人员来做。

(中学商务经理)

所有校长都致力于与教职工和学生建立起信任。他们认为这对提升学校作为一个学习共同体的能力至关重要,这能够让学校对变化做出集体回应,并能从容面对意料之中和之外的挑战。

我们一直有良好的关系,但我认为这种关系是随着时间的推移而建立起来的。这不是一朝一夕的事,因为双方需要彼此信任,他们要信任我,我也要信任他们,但这是你可以培养的,这取决于时间、决心、一定程度的坦诚和开放心态,但也要有准备接受挑战的意识,这并不总是容易的,尤其是当你感觉有点不确定或脆弱的时候。

(小学校长)

信任的本质和建立信任的过程将在第9章做进一步的探讨。

在校园外建立关系

最后,但同样重要的一点是,在校园外建立关系也应认为是领导力开发的一个重要组成部分。

所有学校都在努力提高家长和社区的参与程度,包括聘用家校联络员、开设成人教育课程,或与其他学校建立更紧密的联系,中学是通过专业学校和学院信托基金(SSAT),小学则是与当地的生源学校合作。例如,利用其专业为小学生举办"趣味日"活动。

> 我们做了很多与家长建立关系的工作。我们动用了资金,找了一个家校联络员,他跟家长进行了大量互动。
>
> (小学校长)

在某些情况下,这与贫困地区拓展学校的新政策有关,该政策涉及多个机构的合作。

> 我们相处得很好,因为我们是一所较早采用拓展政策的学校,所以我们做到了……这不是一个容易联结的社区,因为包含贫困因素,或者不管怎么叫它都行,但我们确实有很深的联结。这只是,我想社区真的(参与了进来)……这所学校并不是真正的中产阶级地区,在那里,你知道,家长会积极参与学校生活,因为在一些地区……这是我们学校发展的重点之一——让社区多参与。
>
> (中学学科组长)

校长们非常重视学校在社区中的声誉,因此他们特别重视改善学校的形象。许多学校通过改善与社区的联系、提高媒体的正面关注度,为学校赢得了更好的声誉,有些学校还获得了"特色学校"的称号。特色称号不仅是学校的荣誉,也是学校获得更多资源以改善硬件设施的重要手段。

> 一旦我们成为特色学校,特别是在艺术方面——因为我们这里很多学生都喜欢艺术、视觉艺术和表演艺术——我们开始更多地出现在报纸上,然后我们就有了现在的新教学楼。所以,突然间就觉得,这所学校有一些特别的地方。
>
> (中学助理校长)

在本研究项目中,校长们指出了社区参与的重要性,认为这是他们愿景的重要组成部分,也是他们成功的关键。他们和他们的高层管理团队已经与社区领导建立了积极的关系,并在整个学校与其他组织和个人间建立了关系网,与当地社区的主要利益相关者建立了紧密的联系,这对学校很有利。

> 我们在社区中的声誉非常重要。我们不像该地区的大多数学校一样有幼儿园,我们没有幼儿园,所以我们必须为了招生十分努力。如果发生意外或纠纷……我最近就遇到了一起纠纷,我不知道纠纷带来的流言蜚语是不是会让人们以异样的眼光看待我们。我觉得现在我们都还行。
>
> （小学校长）

提高父母和支援家庭的参与度

校长们在与家长沟通方面也做出了很大努力。家长被告知有关其子女教育的所有方面,并不断尝试与"难联系上"的家长联系。他们积极参与为孩子设定目标,并确保这些目标得以实现。他们被鼓励参与学校活动和支持课堂教学。校长对家长实行校门开放政策,因此家长是学校的常客。学校还重点支持家长在家中对孩子的学习辅导。

与其他学校展开合作

与其他学校建立联系,使教职工和学生能够发展新的技能,并能集中利用资源。我们还与外部机构和当地服务机构建立了联系。

> 我们与该地区的另一所学校建立了特别紧密的联系。需要协同管理的是他们的一名教师和我们的一名教师共同开设的一门课程。我们一直在做很多优化学习项目,还和他们一起举办了很多在职培训;我们谈了很多不同的问题。这是一所我们关系特别紧密的学校。我们通过体育活动和其他学校联系,也会同其他学校一起举办节日之类的活动,这都是为升入中学做准备,让他们认识一个年级的其他人,在四、五、六年级,我们做了很多这样的工作。
>
> （小学副校长）

这些学校还与外部机构,如社会服务机构保持了联系。这种多机构的合作使学生得到了更全面的教育。与研究型大学或者发挥培训职能的大学建立联系,也为他们的工作提供了其他维度。

> 负责学生关怀的助理校长与支持机构、社会服务机构以及外面任何负责出勤和教育的单位合作,学校的特殊教育需求协调部门与教育心理学家及前来评估儿童需求的人合作。在这两条战线上,我们有这样的行动,学校与更多机构的合作也由此可见。
>
> (中学校长)

> 有些学生的行为是非常棘手的。受他们的外部环境影响,协助他们学习的过程可能是非常具有挑战性的,但从某种意义上说,这并不是一个太大的挑战,因为在外部机构中有一个很好的联结网络。例如,我们确实有我们自己的学校干预员、警察,在学校我们还有一位青少年司法工作员。我们与各种外部机构,如少年儿童精神健康服务中心(CAMHS),以及社会服务机构也有很好的联系。所以,从这个意义上讲,它不是一个挑战,因为我们确实有很好的支持网络。
>
> (中学学科组长)

> 我们与5所大学有对外联系,每年会有25—30名实习教师。我们尽量从中进行招聘,因为他们已经了解和理解学校的精神,可以提高他们的技能,增强他们的责任心。
>
> (中学校长)

校长们还善于利用外部机构作为资源,进一步改善教学。

> 我与英国教育标准督导(HMI)共同制定了一项策略。他们认为他们是来检查我的,但我会利用这个机会向他们提问,试图找出他们在全国各地观察到的所有良好实践,我把他们当作资源。我要为此花很多时间,我担心他们的工作结构……但我从未遇到过一个糟糕的督导。
>
> (中学校长)

所有的校长都"走在游戏的前面",能对变化作出及时的反应。他们善于发现外部环境的变化,并确保学校能最好地利用这种变化。

完善教学体系

改善教学的硬件条件

在本研究项目中,虽然所有的校长都认识到只有改善条件,才能最大限度地提高教学质量和学生成就,但是他们有不同的实现方式。例如,在许多情况下,在校长上任之初,学校的硬件条件不利于进行有效的教学。因此,校长有意识地采取持续策略,改善学校的建筑和设施。通过改变学校的硬件环境和教室条件,校长们释放出了一个非常明确的信号,即他们明确意识到了高质量的教学条件、教职工和学生的幸福感、学生成就三者之间的联系。

> 因为我们在学校建筑方面的工作,教学楼得到了非常切实的改变,第一关键学段和第二关键学段更新了教学楼,这六个月的工作也是相当棘手的。但六年级和五年级的房间现在都有了,学前班在主楼里,这确实改善了教育环境。
>
> (小学教师)

> 教室的布置得到了重视,学习环境也更加明亮。

> 孩子们更爱护教室,这里没有破坏行为。几年前,教室展板上有字,墙上有笔痕,但这几年来什么都没有。甚至在外面,在社区,因为我们曾经想象过幼儿园操场和新的低年级操场的器械会被破坏,但也没有。
>
> (小学教师)

硬件环境的积极变化促使了学生行为的积极变化。学生们对改善后的环境更加尊重,这为整个学校创造了更多的平静和更强的秩序感。

寄予厚望

所有校长上任之初的第二个关键特征是对学业行为,教与学,以及学生成就的高期,即"学生乐观感[霍伊(Hoy)和库尔茨(Kurtz,2008)],并将此作为学校发展各阶段的重点。

> 在这里,寄予厚望是必不可少的,不能让它消失,相信每个孩子都能取得成就,这真的很重要。而我认为只要做到有条不紊、高效、反应敏捷、迅速处理事情,就没有什么会变得不受控制。
>
> (小学副校长)

教职工认识到了这对他们和学生的影响。事实上,这对处境较为不利的学校尤其重要,因为它提高了教职工和学生的自尊心,并增强了提高学生成就可能性的信念。

> 我坚信,每个人都有过好人生的潜力;我的家庭中没有人上过大学,但我被鼓励要好好努力。我真的希望在我的教学中也能做到这一点。如果他们有热情和能力,并且想继续,他们就可以做到。这是我一直想让他们明白的事。
>
> (小学副校长)

> 最重要的愿望一直是提高学生的期望值。如果说我想向员工传达什么,那一定是提高期望值。把标准提高,使同事们产生信心,这对提高自尊心和自信心有很大的帮助。我们试图通过提高公众责任感和社会声誉来尽可能地使学校更成功,而这正是阻碍学校发展的原因。
>
> (中学校长)

这些高期望涉及学校生活的方方面面,被看作是有效传达学校整体愿景的关键。

> 我认为它渗透到了一切,包括课堂上的期望,学校对学生行为的期望,如何正确穿戴校服,在课堂上的表现和期望,以及对工作的期望,因为这里对学生的期望很高:学校非常注重目标的设定。
>
> (中学部主任)

全校一致的学生行为政策

对学生持高期望特别重要的一个方面是学生的行为。这被看作是提高全校成绩的关键。教职工认识到领导层对学生行为的重视,并期望在全校范围内保持一致的要求。

整个学校的行为标准、期望值都非常高。我认为这很重要,因为当你在教室里的时候,时间是用来工作的,我不觉得任何时间应该被浪费在管纪律这类事情上。

(小学高级领导)

制定全校范围的政策也确保了学习的改善,这些政策有意识地将重点放在改善学生的行为和出勤率上,这两者都被视为改善学习的必要条件。在明确的程序和高期望值的基础上,全校采取了一致的行为方式。学校将重点放在了出勤和守时上。两者都受到监督,任何缺勤都会立即得到处理。学校建立了明确、一致的行为规则和规范,并辅以强有力的学生关爱体系,这加强了教职工和学生之间的尊重,并对如何定义积极行为形成了集体看法。

学校有一个积极的氛围——表现良好、行为良好、没有帮派文化。我们使用强硬的纪律,这非常有帮助。它是坚定的,给学生设定界限。所有的教职工对特定行为都有一致的做法。

(中学学科组长)

教职工谈到,对于有利于学习的行为,要有积极的态度,并把不当行为作为学习的阻碍。教师说,他们对坏行为的反应是冷静并以身作则地抵制的。在某些情况下,这是通过全校范围的政策来表达的,这些政策明确地将行为与学习联系在了一起,并且教职工认识到这些政策对学生的成绩有很大的影响。

最重要的变化是引入了这种"行为促进学习"的策略。我想我们意识到了……学校的行为妨碍了他们的学习,所以,这个策略的引入应对了这一点。我想,在走廊上的教室因此变得更加安静了。但我认为,这也带来了一个副作用……成功文化被发展起来了。

(中学学科组长)

受访的校长和其他教职工提到,学生行为的改善直接促进了家庭作业的进步,学生之间的冲突减少了,在学校的安全感和出勤率也提高了。这些因素,加上对学习成绩的高期望和高标准,都对学生的学习产生了积极的影响。

我想让孩子们感到自信……我希望这里的孩子们能看到(这个社区)以外的东西,不贬抑他们的信心,我认为他们应该为自己的出身感到骄傲,但我也希望他能看到(这个社区)以外的生活,并且如果他们有经验和选择的话,希望他们可以做任何他们想做的事。

(小学学段协调员)

因此,通过创造一种对不良行为零容忍和高期望值的文化,校长们激发了教职工和学生的积极性,创造了一个可以接受学习和成功的环境。

加强教与学:完善和拓展教学方法

所有学校的一个重要策略是在教学组织上形成一致性,但不限定特定的课堂教学方法。

我现在比较理解,我们有一个标准的教案模板,一直以来都是采用三段式教学:开头、中间和巩固,所以大家都是按照这个流程来的。但是我们目前正在开发的是开头和中间的那一部分,在每节课的开始,分享成功的标准,每节课都有机会反思自己的工作。

(中学教师)

所有学校都坚持不懈地追求改进教学和提高学生成就。学校鼓励教师超越其惯有的教学模式,尝试新的或不一样的方法。校长鼓励教职工在自己的课堂上发挥领导作用,并在认真思考后做出丰富教学方法的决定,他们提供了一个能进行安全尝试的基础,教职工对这个机会反应积极。这影响了他们对自己作为一个专业人士的认知,并提高了他们的自我效能感;反过来,又对他们与学生和学校其他工作人员的互动方式产生了积极的影响。

> 他允许你承担风险,他允许你自由地犯错误,如果你需要支持,他就会支持你。
>
> （中学学科组长）
>
> 我们有大量年轻教师加入,他们会承担风险:例如,有一位教师开办了一个名为"女孩电脑俱乐部"的项目。她已经将它运转起来了,并获了一个超棒的奖项,而那是一个只教了一年书的人,她觉得自己有足够的力量去做这件事。
>
> （中学副校长）
>
> 我让大家去做一些事情;只要是合理的,我都会给大家自由发挥的空间。我鼓励大家承担风险,我在孩子们身上下功夫;我有一个校门对外开放政策。
>
> （中学校长）

学校的背景、学校处于改进阶段、校长的领导策略和其他因素共同促成了学校不同程度的教学创新。

> 我们对如何上课有一个非常明确的政策,所以我们第三关键阶段的教学由开头、中间过程和巩固构成,所以我们会不断地审视课程目标。学生们对这种形式非常熟悉,他们现在希望所有的课程都能这样教,并且有时间复习。
>
> （中学教师）
>
> 然而,我在它(学校的课程)过于规范化这一方面有所犹豫。我倾向于用一些不同寻常的方式进行教学,从我在学校开始工作以来,我的英国教育

标准局考核成绩一直都是优秀的,对我来说,我的感受是"让我用自己的方式来做,因为我知道我在做什么"。但是,这更多的是关于学习而不是教学,也涉及你如何做,也许我们需要经历这个阶段。

(中学教师)

在大多数学校,使用信息和通信技术(ICT)作为加强教学和学习的工具已使课堂教学过程发生了变化。学校在广泛使用交互式白板,并且有证据表明学校对诸如教育电脑游戏等技术进行了投资,以实现独立或更多互动的学习。事实证明,这对学生来说是一种激励。

利用成绩数据和听课

运用数据为教学改革提供信息。学生数据以形成性和总结性的两种方式被用于监控成绩和规划适当的教学策略。此外,利用数据来识别和支持那些未能发挥潜能和/或对学校不满的学生也是重要的目的。

每半学期,(副校长)和我都会坐下来讨论每个人的评估报告,然后我们会关注那些没有充分发挥潜力的孩子。可能是成绩优异的孩子,也可能是有特殊需求的孩子,但我们知道他们没有取得足够多的进步,所以我们会讨论并记录下来,比如说,是否有出勤问题,等等,我们需要对这些进行统计。

(小学校长)

课堂观察通过动态方式为学校的进一步改进提供支持、指导和建议。这受到了教师的欢迎,他们认为这是一种交流实践和改进教学方法的方法。同时认为这不是监督,而是一种专业支持,是围绕教学开展对话的机会。

她所做的其中一件事是她计划观察每位教师的课堂,不管你是不是新来的。我在期中以前就被听过课了。所以,她实际上知道课堂上发生了什么,她也知道每个老师的长处和短处,并会尽她所能去给予支持。我认为这是一个非常好的做法,这样做会是在英国教育标准局巡查的时候显示出其优势和好处的。

（中学学科组长）

学校还将"以评促学"的过程纳入了课堂。教师对学习评估（AFL）进行规划，并运用这些数据制定了个人目标。

在家长会上与家长分享目标是我们要做的事情，我们都把目标展示在教室里，因此孩子们知道目标是什么，而且我们需要盯着他们，要仔细地追踪他们收集到的评估材料，确保孩子们能达到预期的目标。这也存在于孩子们所使用的词汇中，他们用它来谈论自己的目标。

（小学关键阶段协调员）

在所有学校，学生都清楚地了解他们的目标和水平，这使他们能够在促进自己学习的过程中发挥积极作用。这种对独立和互助学习的强调对学生的主动性和参与度都有积极的影响。

重新设计和拓展课程

校长已在课程上做出了改变，特意尝试为每个孩子都提供更多的学习机会和学习途径，重新设计和拓展课程成为学校成功的另一个重要因素。有趣的是，这些变化虽然不是全部，但大部分都与政府的倡议一致。重点关注的是"某阶段而非某年龄"的学习，课程要能够适应所有学生的需要，而不是部分学生的需要。在小学阶段，特别强调第一关键学段和第二关键学段之间的灵活性和连续性。在中学阶段，重点则放在了提供不同的职业资格认证途径上，强调个性化学习。

每个学生都有个性化的学习大纲，我们为他们量身定做了一些课程，以帮助他们在面对各种不同的课程选择时，能在学校获得最佳的学习效果。

（中学学科组长）

关于个性化学习，我们与五所中学及这个学院合作，制定了一整套策略。其中一所学校获得了开设一个高考冲刺班（sixth form）的机会，已经得到了批准。

（中学校长）

教师被鼓励教学时要考虑学生们各种不同的学习策略,为了激发所有学生的潜能,还额外开设了专业班级(强化班、天才班)。他们鼓励学生努力实现个人目标,并关注自己的具体需求。此外,学生还能够选择适合自己技能的科目,并因此能够取得更好的成绩。

一些学校通过"个人、社会与健康教育课程"或"社会、情绪和情感学习计划"(SEAL),在课程中引入了更多的情感支持,创造力和自尊心在课程中占了很大的比重,同时,课程也很重视对关键技能的培养。课程主要强调了学习的乐趣,若学生喜欢学习,他们的学习效率就会更高。

> 我认为学校最大的特点是"个人、社会与健康教育课程"课程:它具有关怀性质。从幼儿园开始,我们就一直在教孩子们要互相关爱和尊重,要分享东西,要尊重彼此的差异,要互相照顾。当来访者来到学校时,他们会注意到孩子们是多么有礼貌,即使是非常非常小的孩子。
>
> （小学教师）

此外,还有证据表明,学校强调提供丰富的课外活动,并提供多样化的选择,包括午间课程、学校俱乐部以及假期活动。

结语

这些交叉案例研究的结果证实并扩展了定量调查阶段的研究结果。分析结果显示,各案例研究学校的领导价值观和实践范围高度一致。校长们采用了相同的策略领导方法,尽管正如我们在后面的章节中将会看到的那样,这些方法的组合、顺序、时机和强度都有所不同。这些策略与学校所处的特定改进阶段有很大关系。

这些策略也帮助学校领导者找到了其自身专业发展中应重点关注的领域:

- 成为学习的主导者,认识到要提高教师对自己的期望,并为他们的学习和发展需求提供有针对性的支持,因为这是提高他们的幸福感、士气、积极性、投入程度和留任可能性的关键。通过这些,学生的学习效果也会更好。
- 最大限度地发挥他们所掌握的一切影响力,确保他人的信任,并通过改善学校、教师和学生层面的条件来改变学习效果。为了实现这一目标,他们不仅需要采用适当的策略,还需要每天向同事和学生展示核心价值和个人素质。
- 把对学生的关爱、学生的学习和获得成就放在所有决策的核心位置,把为教学创造合适的条件作为核心重点;培养个人素质,如强烈的道德责任感和对公平和社会正义的信念;相信每个孩子都应该拥有同等获得成功的机会;尊重和重视人,对教育有真正的热情和投入;鼓励冒险和创新。

然而,要使这些策略取得成功,关键是要学会如何在不同的情况下应用,顺序、时机、次序和组合都有所不同。最重要的是,需要帮助校长们了解如何最敏锐地适应环境,认识、承认、理解和关注一系列人类发展的动机和需求,并使他们能够在特定时间为学校选择最合适、最有效的策略。下一章将重点讨论校长是如何在学校的不同发展阶段为改进学校做出贡献的。

第 7 章　学校改进的阶段

引言

本章将讨论第 6 章所确定的核心实践是如何在学校改进的不同阶段内和各阶段之间实施的。

在实地调研接近尾声时,我们采用焦点小组访谈的方式,讨论了学校的改进轨迹和校长上任后的学校领导力。校长和他们的核心员工指出了在他们任职期间有利于学校改进的策略和实践。通过把这些策略和实践放在时间轴上并找出重要的转折点,我们给每位校长都绘制出了一条详细的"改进路线",这贯穿于其任职期间的多个发展阶段中。

虽然这些发展阶段的数量和长短不一,但经过仔细分析,可以大致确定三个发展阶段:早期(基础阶段)、中期(发展阶段)和后期(充实阶段)。

校长们认为,他们对内部环境(如人员配备、教学的硬件条件、学校的成功历史、社会经济地位)和外部政策措施的个人判断,对他们决定其策略和行动的性质、时机和实施有重要影响。我们还应该注意到,虽然政府的策略和政策影响了这些校长的某些决定,但这些不会直接决定校长的行动。

> 如果你读过我的英国教育标准局的报告,你就会知道我早在政府出台这个政策之前,就对每个孩子的发展都充满热情,然后突然间我看到政府有一个叫"每个孩子都很重要"的计划。
>
> (中学校长)

学校的改进阶段

虽然这些领导力价值观、素质和策略是所有学校改进工作的普遍要素,且在各个阶段都存在,但根据不同校长对政策、组织、社区和个人需求背景的判断,以及对付诸实践时所需的时机、时间长短和强度的评估,一些学校会比另一些学校更重视这些因素。例如,小学校长倾向于集中精力为学校创造、建立条件,传达一套既定的价值观和方向,并在早期阶段就能建立起这些价值观。然而,中学校长的反应则表明,建立与集体愿景相一致的适当结构和关系需要花更长的时间。

要建立一种风气,正如你所知道的,在任何机构中,你都必须用简单的语言让教职工知道你的愿景到底是什么。我告诉他们,这很简单,我希望有一所快乐的学校,学校的风气最好是轻松而又有纪律的。

(中学校长)

他相当有远见。当他来的时候,他就有一个愿景,他希望学习环境是什么样子的,学生是什么样子的。我不认为我们真的曾经花了足够多的时间去研究那种……我们想达到什么样的目的?我认为这对他来说是最重要的事情;他带着这个愿景而来,我们分享了它的一部分,发展了它的一部分,我们越来越多地看到了我们要去的地方和正在做的事情。

(中学副校长)

我觉得这给学校提供了愿景,他挺想推动学校的发展的,我觉得他很想推动一切的发展。并且好像很与时俱进,让我们总是走在新思想的前端。我认为他对改变有相当开放的态度,他做好了承担风险的准备,积极推动着学校的发展。

(中学学科组长)

我认为她有非常强烈的愿景,她清楚地知道希望事情是怎么样的。她会有一个想法,她会很有动力,很有热情地去改变。所以她非常积极,乐于给人鼓励。

(小学教师)

校长领导力的早期(基础)阶段

在这一阶段优先考虑的关键策略涉及改善教学的硬件、社会、心理和情感条件,这些策略被用来确保某些"基本条件"已经到位。在基础阶段,有三个具体的策略被列为了优先事项:

(1)改善学校的硬件环境,为教职工和学生创造利于高质量教学的积极环境;

(2)制定学生行为标准,提高出勤率;

(3)重组高层管理团队,并重新确定其成员的角色、职责和责任。

改善教学条件:硬件环境

校长们认识到,创造一个让所有教职工和学生都受到鼓舞的工作和学习的硬件环境非常重要。学校建筑的变化范围各不相同,从增加教室、走廊和接待区的视觉展示,到建立内部庭院和全新的大楼。

> 当(校长)第一次来到这里时,她就把环境作为优先考虑的影响因素。所有的事情都要考虑到环境。这就是重点,没有其他的,我认为这很棒,因为如果你想在短时间内做成很多的事情,我想我们就很难有今天的成就。所以这是一件大事。
>
> (小学教师)

改善教学条件:学生行为

在早期阶段启动、改善学生行为的策略往往包括改变校服、监测出勤模式的制度和随访未经批准的缺勤。

> 我们非常严格。我们在艰难中行进,虽然我们不会要求孩子们未经允许不能呼吸,这真的很难,也不是我们的方式,但我们仍然必须保持严格。
>
> (小学副校长)

我们制定了非常好的学校制度，我认为这是你必须坚持的……我们和孩子们一起制定了规则，实际上，我们大家一起参与其中，并不断地修改，孩子们也同意遵守这些规则，所以，这是大家集体协商的结果。因此，一旦他们违反规则，就会有后果。作为教职工，我们坚持这些规则，且大家始终一致。

（小学校长）

学生的行为管理需要全校的共同协作。我们完善了班级规则，并在每个教室里贴上了相同的班级规则和对学生的期望，所以我认为，我们更强调以统一的方式处理行为问题，让学生知道基本规则和对他们的期望。

（中学学科组长）

重新设计组织中的角色和职责：高层管理团队

小学和中学都将更多的领导力和责任首先分配给了学校的高层管理团队，随后分配给了中层管理人员和其他教职工。校长们看到，为了能够制定其他重要的改进策略，尽早在他们周围建立一个支持他们的价值观、宗旨和学校方向的团队是至关重要的。

因此，(在第一阶段)，我们重新组建了高层管理团队，并开始更多地关注责任制。我们对职务说明进行了修订，以更清楚地反映国家标准。此后，高层管理团队的成员扩大到涵盖所有核心科目。在此之前，我们也让来自中层管理层的人作为客座成员加入其中，所以有一个高级教师（AST）已经在这儿两年了，他致力于推动学习评估。

（中学副校长）

在新的高层管理团队架构的第一年，恰逢当时的副校长离职，让我有机会进行重组，这在一定程度上算是我的运气……基本上就是让更多人加入团队。以前的结构是一名校长、两名副校长和两名高级教师，而我把它变成了一名校长、一名副校长和五名助理校长。随着时间的推移，助理校长的人数也在增加。我们的想法是让更多的人参与进来，尽量做到不像以前那样等级森严，这一直是一个重要的板块。

（中学校长）

小学校长也致力于向着更明确(虽然不是僵化)、更扁平化的结构发展。

> 我在进入学校后发现,有些人在做着不该做的工作,有些人没有做该做的工作,却总多管闲事。作为一个新的负责人,我以前没有这样工作过,很快就意识到我也不想这样工作。所以,这次重组有助于让大家不再限于等级地位划分,而是真正关注自己的角色是什么。
>
> （小学校长）

这种重组往往涉及在高层管理团队中设立一个新的角色,并从支持型教职工中选出一名加入高管团队,这是中小学团队建设的一个共同特点。

> 此外,在高层管理团队中我们还有一位高级教学助理(HLTA),所以她代表教学助理。这真的很好,因为她有很好的想法,可以从不同的角度看问题。
>
> （小学教师）

> 而这正是我们的优势所在,在于整个团队的方法。我有各种各样的想法,我让它们随处散落,而他们则会一个个拾起来,将它们匹配,并让它们发挥作用。他们会提供支持时间表。我认为我们的优势在于管理团队的共生关系。我们可能会角色互换,我对此没问题。在这儿没有明确的角色。我到学校里去走走,去与人交谈,尽管我说得不是很好,但我会用脚去把路走出来,并使之发挥作用。
>
> （小学校长）

> 我们有一个高层管理团队,由两名高级教师、一名第一关键阶段协调员、一名第二关键阶段协调员,以及我本人组成。但我也想说,学校的所有教职工都有特定的管理责任和课程领域,所以他们都有可支配的预算,也有责任监督他们的课程领域。因此,他们都有课程协调员的档案,并把这作为他们工作的一部分。我们还有一个非常强大的负责决策的管理机构。
>
> （小学校长）

校长领导力的中期(发展)阶段

在第二阶段,有两项关键策略被列为优先事项。它们是:

(a)"更广泛的领导力分配"——对大多数学校来说,这在早期阶段是由高层管理团队开始的,然后在中期阶段延伸到中层,后期阶段分配到其他教职工。

(b)强调利用以数据为依据来制定决策来改进教与学的质量。

重新设计组织角色和职责:扩大领导力

在奠基阶段,管理和决策过程参与度更高,主要是因为高层管理团队的成员较少。

校长的领导让我们变得相当自主,她对所有事情都了如指掌。她知道所有正在发生的事情,但这里有一个平衡——即她会让我们也一同去做。有些校长可能会参加每一次会议,但她只要能保证自己充分了解事实就已足够了。

(小学副校长)

早期的时候,因为没有其他人,所以都由我们掌管。从那时起,助理校长的队伍不断壮大。他们的能力和信心都得到了发展。他们仍然是一个能力参差不齐的团队,但他们已经有了很大的进步。他们承担了更多的责任,也被分配了更多的事情。

(中学校长)

到了中期阶段,除了二十个案例中的两个之外,所有的校长都将重要的决策权分配给了这个管理团队和范围更大的中层管理人员;到了后期阶段,所有的学校都在全校范围内分配领导力。

我们都在某种程度上(提供领导),因为每个教师都有一个课程责任领域或一个他们必须发挥领导作用的角色。

（小学教师）

中层管理人员每个人都要参与决策。

（中学教师）

每位教职工都有一个学科领域的责任，课堂助理也有责任，他们会得到学习协调员的反馈。

（小学副校长）

中层管理人员班子很是惊人……现在他们已经有了巨大的飞跃……人们加入这个学校，获得了信心……现在的部分情况是，我们会将一位学科组长与一位有相应经验的助理校长搭配。

（中学校长）

在我们的领域，我们都担着一个领导角色。所以老师们作为班主任、高层管理团队、副校长、出色的副校长，也是领导者，他们性格不同，互相影响，无疑是一个优秀的团队。

（小学秘书）

各级领导分工明确，每个人都知道自己该做什么。

（中学学科组长）

这种额外的责任在很大程度上是信任和信赖度不断提高的结果。（关于信任与领导力逐步分配之间的关系，请参见第 9 章）。

加强教与学：利用数据信息决策

利用数据了解学生的进步和成绩是所有学校实践中一个共同的重要特点。数据被用来确认哪些学生需要额外的支持，并用来促进增加个性化学习的机会。在 20 位校长中，有 11 位校长明确表示，在以后的阶段中，他们会使用更先进的方法来生成和应用这些数据，以便锁定那些接近考试分数线的学生。

（这些）数据可以帮助我们在全校或学科层面上追踪学校的进展情况，

因为每个学生在七年级加入我们的时候,都会有明确的目标。

(中学学科组长)

在第三阶段,我们把这一点又向前推进了一步,我们在第二阶段和第三阶段之间做出的一个重大决定是聘请一位系统经理人,研究如何使我们的数据为我们所用,而我们真正想要的是如交通信号灯般清楚明了的报告。

(中学副校长)

一旦学校开始使用数据作为其实践的一部分,数据就会嵌入系统中,在实践中继续实施,但每个阶段的校长对数据使用的重视程度都不同。图 7.1 显示了这一点,它显示了在学校改进历程的每个阶段,有多少中小学校长将这一策略列为优先事项。强调某一项策略并不意味着放弃其他的策略。相反,它代表的是校长们在每个改进阶段的一系列行动中强调的重点优先领域。

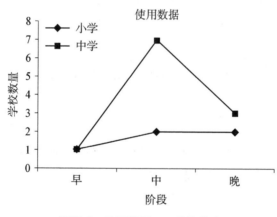

图 7.1 使用数据——优先策略

如图 7.1 所示,就小学而言,虽然所有校长都在讨论数据的使用,但并没有特定的阶段将该策略列为优先事项。然而,轨迹似乎显示,在校长领导的中期阶段,中学对数据的使用有了显著而急剧的增加。对此有两种解释:

1. 规模和复杂性意味着在他们领导的早期阶段就已经确立了其他的优先事项和先决条件(如学生行为的政策、重组和文化重塑)。
2. 理解数据是后期策略的重要先决条件,如个性化定制课程,这往往是后期的优先事项。

还应注意的是,数据的扩展使用和课程个性化都与政府政策的变化有关,这可能会影响到校长们行动的时间。不过,由于校长任职时间的不同,所有校长的中期阶段并不是同时出现的,所以不能仅用政策来解释这一趋势。

校长领导的后期(充实)阶段

重新设计课程:个性化和拓展课程

成绩提高了,并对教师和学生的信心和稳定性产生了积极的影响,因此,校长们在这一阶段优先考虑的主要策略是进一步实现学习的个性化和课程的丰富化。

个性化

课程的个性化体现在越来越强调教学,教学中重视促进互助、独立和灵活的学习,也更多地支持学生各种各样的学习方式。就中学而言,这包括了增加学生的课程选择,特别是职业教育的选择或途径。绝大多数校长都意识到了中期(发展)阶段增加数据的使用和后期课程个性化之间的联系,教职工也强调这是对学生成就产生积极影响的一个关键附加策略。这一点尤其适用于那些在现任校长任期前被英国教育标准局列为"需要采取特别措施"的学校。在这些学校里,教学质量、学生行为、教职工的积极性和投身程度,在早期(基础)和中期(发展)阶段被列为了明确、及时且紧迫的优先事项。

> 除了这些之外,我认为自己带来的下一个改变是与课程有关的。我们起步时,也就是我初来的时候,课程非常简单,主要是为第四关键阶段打造的英国普通初级中学毕业文凭(GCSE)课程。之前第三阶段的课程更多的是按照教育部的要求来管理和推动的,但在第四阶段,我们开始变得非常有创意,完全是因为我们认识到了学生的需求。
>
> (中学校长)

教职工还强调了数据的扩展使用和课程个性化之间的关系,并认为这是使

学生成就提高的关键策略:

> 应该是评估和跟踪系统。我觉得一定是,我们花了很长的时间才实现的,我认为在某些阶段,人们认为 T 先生只是在为我们填写更多的表格,但我认为现在人们已经意识到这是有好处的了,系统可以帮助我们锁定那些需要差异化方法、个性化学习的学生。这并不是一个一刀切的问题。政府现在也是这么说的。但我完全同意,你要确保每个孩子都能得到他们需要的东西。因此,我认为(这意味着)评估和跟踪系统是必不可少的。
>
> (小学副校长)

小学校长将课程的个性化重点放在了对学习的评估和学生个人目标的设定上。小学教师谈到,针对不同的学习方式制定计划是个性化课程的一个关键要素。

> 至于学习的个性化,我认为我们在教学风格方面做了很多工作。老师们知道哪种风格……孩子们比较适应。所以在这一点上,我们有相当多的知识储备。所以我认为我们在个性化的道路上走得相当顺利。学校布置的家庭作业与家长一起更多地实现了个性化。这对有特殊需求的孩子来说更重要。
>
> (小学副校长)

对所有中学校长来说,注重提供恰当的选择是个性化的关键。提供更丰富的课程和"利用数据"来了解个别学生的需求,也被中学教师确定为关键策略。这些学校往往有一系列的职业选择,并根据学生的技能为他们提供不同的途径。尽管这往往是社会经济条件较差地区的学校需要优先考虑的问题,但所有学校在后期的充实阶段都在扩大或深化这方面的工作。尽管如此,那些在学术领域特别成功的学校,在不忽视学术的同时,也做到了这些。

> 我们与工作有关的课程是从第三阶段开始的……现在不仅仅是为那些心怀不满的学生开设,还为那些更适合在中专学校学习,或者学习能力并非

很强,或者最初就想走职业道路的学生开设……而对于那些非常有能力的学生,我们提供了另外的替选项,即让他们学习自己感兴趣的课程,他们将拥有灵活的时间安排。

(中学教师)

每个学生都在学针对他们个人的课程,这是我们为他们量身定做的,帮助他们在各种课程选择面前,得到最好的发展。

(中学学科组长)

许多教师在评论中提到,这项工作对学生的成绩产生了积极的影响,并看到了个性化课程与更高的学习成绩之间的直接联系。

因此,两年后,当学校从26%上升到42%时,这一重大的课程创新被证明具有相当惊人的影响,而且超出了学校所设定的目标,所以这是极为可喜的……第二阶段是真正在落实新校长的愿景了,它在很大程度上强调了个性化学习,我想其中的关键环节是课程改革,它对应课程内容的拓展和资格证书的多样化。

(中学副校长)

我想是很多事情的共同作用推动了进步。比如更有针对性的课程,以及我们也一直在向更个性化的课程发展。全校都在努力做好课程工作及其他相关事务。

(中学学科组长)

我认为(成绩的提高)反映了孩子们拥有很好的选择,特别是他们一直在做的全国通用职业资格(GNVQs),它提供了一个更好的 GSCE 课程,如果你愿意,同样的价格可以同时学几门课程……我已经申请同时开五门不同的历史相关科目,因为我们后来听说,该模式将会给学生授予不同的证书。刚开始的时候,有很多能力较差的孩子,但现在孩子们认清了这种模式所带来的可能性以及他们能借此进入高中课程(A level)学习的事实,于是很多明智者选择了它。

(中学学科组长)

拓展课程

拓展课程指的是拓宽学生的成果并促进儿童的全面发展；它侧重于社会、情感学习，并提供培养创新的、跨学科的或基于技能的学习，如利用休息日，去接受关于如何学习与思维的教育，或者进行某特定主题的学习，其模式与课外活动的引入类似。

> 在过去的两三年里，我们做了很多，就是广义上所说的拓展活动，但我称之为学生的个人发展。我们在一开始的时候必须非常强烈地关注学术，而现在，我们很有信心我们正在保持（和）提高它。我们已经付出了很多努力，现在学生在学校的实际体验比三四年前丰富多了。所以我希望现在它成为了一个更好的学校，使学生在此得到更愉快的学习体验。
>
> （中学校长）

> 我认为学校教育要关注考试成绩以外的其他领域。我希望我是在这样一个教育体系中工作的——在这个体系中，你关注的不是一张张证书，而是离开学校后一个个鲜活的人，是你如何从社会、情感或其他方面塑造了他们，或者你如何为他们提供了在别处不可能获得的机会。
>
> （中学学科组长）

> 这关乎人的整体发展，我们从根本上培养学生的社交能力、情商，培养他们与他人、其他成人、其他学生交往的能力，培养他们以正确的方式表达自己的感受、想法等，培养他们的理想，知道自己想要去哪里，并认识到自己作为人的价值。
>
> （中学副校长）

对于小学来说，强调的往往是让课程更有创意、更灵活、更让学生喜欢，目的是激发学生的兴趣和灵感，培养更全面发展的个体。

> 现在，更多的是注重创造性，培养学生对口语和听力的喜爱。我们先引进老师，然后安排戏剧课，利用这种创造性的合作机会，让老师由此参与到教学活动中。我们还把写作作为一个非常明确的重点，它关乎我们如何能

够激发孩子们的灵感。我觉得这是学校目前所处的阶段。

(小学副校长)

我们还为他们提供了比通常情况下更丰富的课程。我们尝试让他们去周围活动,我们尝试让人们参与进来,扩大他们的经验。因此,我们意识到,目标是重要的,但它们不是孩子们在学校教育的全部。我们更多追求的是孩子的全面发展,而不是今天这种专注目标的教育理念。

(小学代理校长)

对于中学来说,灵活性和乐趣也是核心。它有时包含整个休息日的跨学科项目或是基于技能的学习。专科学校的身份经常会帮助人们聚焦,并利用专业特长来指导,包括科学趣味日活动、体育日活动中的新增内容等。

(焦点日)非常注重基于技能的学习,因此在各学科领域之间建立联系仍然是……我知道,自从国家策略开始采用跨学科方法以来,这种做法就一直在进行。在中学里,这是一个相当困难的问题,我认为我们已经开始向那个方向迈进了,我们平日聚焦的工作能帮助我们来实现,但仍需要帮助学生知道如何将不同的学科联系起来,也让教职工看到他们如何通过在其他领域的进步来改善自己的课堂。

(中学副校长)

自2006年以来,我们更多地利用了体育学院的身份,除了策划外向型活动、安排活动周以外,我们还做了这样一些事情,例如,作为体育学科组长,我向男生教授舞蹈并引导其通过舞蹈学习诗歌;我还为一些有能力的学生安排了体育日的采访任务,我们还在办报纸杂志。因此,我认为,尝试着将体育纳入课程并贯穿整个课程对我们很有帮助,特别是针对男生成绩不佳的问题,随着我们体育学院的地位越发稳固,我们对这种模式也有了更多的尝试。

(中学学科组长)

表7.1和7.2列举了一些例子来说明后期(充实)阶段的策略和侧重点。例

如,针对"学生行为",校长可能会采取三种行动:鼓励全校性的"为学习而好好表现"政策,确保教职工和学生的一致行动,以及更换校服。这三项行动均用较深的阴影来代表。单一策略如果是对之前工作的延伸,则被认为是更有力度的。这些图表也显示了重新设计课程在后期阶段的重要性。

表7.1　各阶段的课程个性化和丰富化(小学)

学校	2	3	4	5	6	7	8	10
免费午餐等级	2	3	3	4	3	4	2	3
校长任期	11年	11年	17年	12年	24年	9年	19年	7年
阶段	E M L	E M L	E M L	E M L	E M L	E M L	E M L	E M L
课程个性化丰富课程								

E＝早期
M＝中期
L＝后期

表7.2　各阶段的课程个性化和丰富化(中学)

学校	11	12	13	14	15	16	17	18	19
免费午餐等级	1	4	3	4	4	2	3	2	2
校长任期	6年	9年	8年	12年	18年	15年	7年	12年	9年
阶段	E M L	E M L	E M L	E M L	E M L	E M L	E M L	E M L	E M L
课程个性化丰富课程									

E＝早期
M＝中期
L＝后期

那些不需要解决紧迫的教学质量问题的学校(表7.2中的学校11和14)校长,似乎比其他学校能更早地把重点放在拓展课程上。然而,在现任校长上任时就处于"需要采取特别措施"状态下的学校(表7.1中的学校3、7和10),则需要等到中期阶段,也就是更多紧急教学质量问题得到解决之后,才能开始拓展课程。

学校内仍有一些孩子没有合适的课程,因为当学校被要求采取特别措施时,教学完全不能令人满意,学习也是如此。所以我们当时正在研究如何让课程更丰富,但实际上,教学质量必须提升。必须看到孩子们在学习、在进步。因此,在这里(后期),我们决定进一步丰富课程内容;它必须(是)更有创意的课程。因此,它不能仅仅是数学系统和英语系统。它必须更具创造性。

(小学校长)

没有一所学校在采用个性化策略时,是不把学习如何收集和使用数据放在首位的。学校13就是一个非常明显的例子。这所学校有大量的学生接受免费校餐(FSM 3),位于一个不重视教育的地区,并且在校长开始工作的时候,学校还处于特殊措施阶段。从那时起,学习成绩开始有所提高了,所有人都有了更高的期望。虽然校长在早期阶段就开始关注基于数据的教学,一旦这在学校中推广,中期和后期都将见证对于个性化策略发展的关注。

每个学生都在学个性化课程,这是我们为他们量身定做的东西,帮助他们在追求各种课程选择的同时,获得最佳的学习效果。

(中学学科组长)

图7.2和7.3显示,在后期阶段,大多数中学的校长优先考虑了个性化和拓展课程,而在中期阶段,大多数校长优先考虑的是拓展课程而非个性化。事实上,在后期阶段,无论是小学还是中学,大多数校长都把拓展课程置于首位,当时有一半的小学校长和四分之三的中学校长称这是关键策略。

同样地,大多数中学校长在后期阶段将个性化作为优先事项,与在中期或早期阶段注重个性化的数据相比,这一阶段的校长数量显著增加。然而,与中期阶段相比,在后期阶段将个性化作为优先事项的小学校长较少,因为他们的工作重点是拓展课程。

表7.3展示了在学校改进历程的不同阶段是如何引入这些关键的改进策略的。

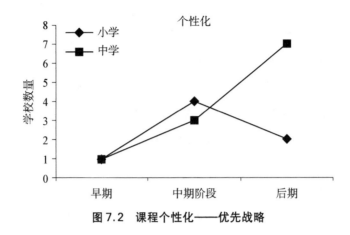

图 7.2 课程个性化——优先战略

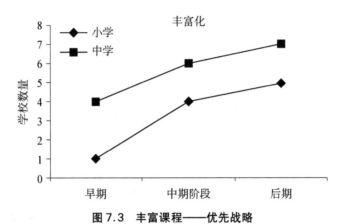

图 7.3 丰富课程——优先战略

表 7.3 不同阶段的改进战略的组合与积累

策略	阶段一基础	阶段二发展	阶段三充实
改善硬件条件	小学和中学		
制定学生行为标准	小学和中学		
重组高级管理团队	小学和中学		
分配领导权		小学和中学	
使用数据		小学和中学	
丰富课程、增加学生发声的机会			小学和中学
课程个性化			小学和中学

结语

我们研究的证据清楚地表明,虽然这些成功的校长拥有类似的教育价值观和领导品质,并采用了一系列的核心策略,但是,他们在学校改进的不同阶段所采取的不同方式,以及他们所表现出的价值观和品质的明确性和一致性,使得他们能够创造、获得和保持成功。策略组合的选择、时机和及时性,以及这些策略的积累、实施强度和持续应用,都是校长们对背景环境敏锐判断的结果,这些背景环境包括不断变化的个人、组织、社区及国家政策的关注点和需求。下一章将通过对一所小学和一所中学的详细案例研究,更深入地探讨这个问题。我们将这种现象称为"分层领导"。

第 8 章　分层领导策略：领导者如何实现和维持学校的成功改进

第 7 章讨论了在基础阶段、发展阶段和充实阶段这三阶段中，成功的校长是如何整合、应用和积累学校各种改进策略的。本章在此基础上，将对校长们取得成功的复杂过程进行更细致的、融入更多背景的描述，并试图说明在这个过程中，校长们是如何敏锐诊断出外部界定的需求及内部确定的关注点和能力的，以及如何不断对他们的价值观、对学校的目标和愿景进行清晰且一致的沟通的。在每个发展阶段，校长们都倾向于优先考虑一些策略，同时"培育"另一些策略，这些策略之后也会成为工作重点。因此，值得注意的是，对这些成功的校长来说，学校的改进过程并不是线性的，而是多层次的。本研究项目将提供丰富的例证，说明成功的校长在工作中表现出的诊断、区分、决策、情感理解和实践智慧等品质，是离不开他们个人的特征和行为的贡献的。

成功的校长如何综合运用各种策略的组合直接影响学校的改进

接下来的两个案例（一所小学和一所中学）可以作为说明校长们特质的例子，以及为了确保学校的改进，他们是如何选择、组合和调整策略行动的，在某个时间或某段时间内，对一个或多个策略行动给予相对较多或较少的关注。这个过程表明他们不仅拥有并且能应用关键的素质和技能（判断和解决问题的能力，对具体策略的选择、时机的把握和策略组合作出判断的能力，而这些判断需要对个人、组织和所处背景都很敏感），此外他们还要拥有很高的认知和情感理解力，帮助他们觉察到教职工、学生的需求，以及国家政府和地方社区所关心的问题。

第一个案例——格林帕克(Greenpark)小学,说明了校长是如何在早期基础阶段为学校的发展奠定基础,在中期发展阶段发展学校的能力,并在后期的充实阶段扩展这种能力的。

格林帕克小学和幼儿园

该校成立于 1992 年,招收 3 至 11 岁的学生,目前有 250 名学生。大部分学生入学时的成绩远低于全国平均水平,其中许多学生还有特殊教育需求。学校的校舍是 1912 年建造的,多年来进行了各种扩建。该校属于免费学校午餐第三层级/免费校餐组 3(FSM3),其中 25.5% 的学生有资格享受免费校餐。学校场地广阔,有大操场、田野和环境区。学校的大厅被用作展示专业、业余和儿童作品的画廊。学校有许多课外俱乐部,并与青年俱乐部及当地教堂建立了密切的社区联系。学校定期有工作艺术家和舞蹈团来访,还会组织学生参观剧院。

在该学区有大量的流动家庭,这意味着学生的流动率很高。此外,约有十分之一的儿童有少数族裔背景,其中以英语为母语的学生很少。这些情况给学校的教职工带来了一些挑战。校长乔安(Joan)本身就来自贫困家庭,她十分推崇平等和公平等价值观。她曾任教多年,1992 年到这所学校任职之前,她曾担任过学校的幼教顾问。当她开始担任校长时,她接手了一个由 8 名教师和 1 名行政人员组成的新团队,他们均来自不同的背景、不同的学校。当时学校的首要工作之一是建立共同的理念,为学校设定愿景。2007 年,英国教育标准局报告说,格林帕克是一所优秀的学校,拥有杰出的领导和管理,提供了"物有所值"的卓越教育。

校长特质

乐于协商、平易近人

乔安遇事乐于与他人协商,对他人想法和建议持开放的态度,教职工都认为她很平易近人。

> 她很平易近人，很容易聊天，去敲她的门就可以了。她总是在学校里转悠，看看你在做什么，她总是很支持你。如果你有什么需要改进的地方，或者有什么地方她认为可以做得稍许不同，她会以非常专业的方式来和你交流，也会是非常友好和支持的态度。如果有涉及家长或孩子的任何问题，她也会给你极大的支持，如果有需要，她随时都可以陪你和家长见面。她乐于提供支持，接触起来也很友好，这是很重要的。我不希望和连跟他说话都害怕的人一起工作。她很好，我很喜欢为她工作。
>
> （教师）

支持、关心和倾听

她为教职工提供支持，给教职工以信心，她被认为是一个善良、有爱心的人，并且是一个好榜样。她还很善于培养人们的技能，发现他们的长处，并让他们发挥这些长处。

> 非常支持……她非常善于支持你，给你信心，如果有事情我会找她说"我需要这样做"及"这个人可能会有什么反应"，她非常平易近人，她不会让你觉得如果你去问，就说明你做不到。你去问，是因为你需要得到支持。去找她是不会有任何犹豫的。她仍然会和孩子们一起工作，同时还担任领导，她也会下到基层，这很好。我认为孩子们看到这一点是好的，因为她在那里。
>
> （高级管理人员）

> 超棒，是个好榜样。非常包容，愿意倾听任何人的想法，如果可能，经济也允许的话，她会积极地支持；她很愿意在某件事上有所尝试。如果能成功，那很好，我们就会继续下去，如果不能，我们就会把它看作经验，并从中吸取教训。她非常与时俱进，我认为。她意识到，孩子们在变化，这和十年前的学校是不一样的。所以我们要与时俱进，不要固步自封，真的。
>
> （学习助理）

教职工相信或者知道她是一个有爱心的人，她是一个善良的人，她是一个善于倾听的人。你知道有不同类型的听众：有富有同理心的听众，也有听着你说,但实际上脑中想着别的事情的听众。作为一个领导者,你有时可能不得不这样做,因为有时候人们只是想找你倒苦水。但在其他时候,你必须做出这样的判断,"不,听这个人说什么是至关重要的"。所以,举例来说,如果她想开展某件事情,她还是很愿意接受别人回过头来以专业的方式再对她说"你有没有想清楚?"因为你知道她对这一点是开放的,所以你每次都会听她的意见。

(高级管理人员)

我是一个感性的人,所以我会经常买花之类的东西,用小礼物来表达我的感谢。

(校长)

我认为(校长最大的贡献是)支持教职工,支持学生,并以开放态度待人,如果人们想做一些事情,就能得到支持。如果他们想做一些真正令人兴奋的事情,那也不会被拒绝。一个令人兴奋的想法是不会被设置障碍的,99%的情况都会得到支持。孩子们需要的时候,她随时都在,当校长不忙着开会的时候,他们会去找她。他们会进去坐下来喝杯东西,说说自己做了什么。如果他们有问题,如果他们不喜欢什么,他们就会过来告诉她。他们真的会这样做。如果有什么要说的,他们知道她会听。

(高级管理人员)

教练术和咨询顾问技能

乔安觉得自己有教练术和咨询技能,她处理人际关系的技能也随着时间的推移得到了提升。

我现在是一个更好的咨询顾问了。我过去接受过咨询培训,并且仍继续定期参加儿童保护培训和反家庭暴力培训,因为我在这里越来越多地接触到了这些经历,所以我的技能得到了提升,能帮助我建立更好的关系,因为在现实世界中,我的家庭也经历过这些,当然通过一段时间的培训,也帮助我有了更深刻的理解。此外,我还观察别人,从他们身上学习,所以我的技能也随着时间的推移而得到了发展。我的天性和性格可能都是一样的,我自己的成长经历让我对每一个孩子都有牢固的理念和信念：这一点从未改变。

（校长）

我是一个外向、热情的人，但我的人际关系技巧肯定是随着时间的推移而发展起来的，因为很明显，当我来到这里的时候，我还非常年轻，我认为所有的生活经历都会让你变得更好。

（校长）

了解教职工和学生的需求

乔安对学生的家庭和社区，以及学校应该如何围绕这些而发展有非常详细的了解。她善于仔细观察教职工和孩子们的发展需求，从而使两者都得到了满足。

我认为她很有权威，她了解孩子们的需求，我猜想，她也尽量确保其他人都能了解到；就像我说的，她紧跟动态。她在日常的事务中就体现了这一点。在教职工会议上，她会确保教职工明确她的期望和所希望达成的结果。

（行政人员）

如果孩子们相当快乐，一切顺利，那么这就是她想要的：她希望这是一所快乐的学校、成功的学校，并且这里的教职工都很快乐。她对我们的发展方向和任何我们想要尝试的事情都持开放的态度，目前我们正在建立一个儿童中心。她非常善于让我们了解最新的情况，正在发生什么，有什么事可能不会推进，以及所有的变化。

（教师）

同样，这也是我对他们的信念，即重视学生的生活和家庭环境。我知道有一些其他的机构不会把孩子的家庭生活带到学校里来，这并不能取得最好的成效，因为我知道有些同事会说，在那里发生的，就让它留在那里，这里和那里是分开的，我不这样认为。所以我认为应该要对他们每一个人都满怀信心，不管他们的背景如何，都要重视。我不会对一个人的家庭妄加评论;我确实有我的判断,这是正常的,但它不会影响我对那个孩子的关心和关注,就像它不会影响我对其他任何孩子的关心和关注一样。所以这一点非常重要,另外就是因为我对教职工和孩子们都能始终做到公平对待,孩子们知道我尊重他们。

(校长)

校长是学校的推动力。她的热情、友好和对每个学生深入的了解是她的主要优势,这意味着他们的个人需求被充分了解,个人潜力得到了认可。那些表现不如预期的学生会很快被注意到并及时得到支持。

(英国教育标准局,格林帕克小学和幼儿园报告,2007年)

坚定的愿景和强烈的价值观

乔安有清晰的愿景、明确的价值观和强烈的内驱力。这包括非常注重确保为每个孩子提供最好的机会帮助他们获得成功。

我认为我的愿望是给每个孩子最好的机会,这一点从未改变过。改变的是很多其他方面的因素,包括资源和资金的增加、教师的在职培训,我们现在有更多的机会做到这一点。当我开始担任校长时,只有一个机动人员,但现在我有了更多的支持人员和教师,正因为如此,你能更好地实现这个愿望。所以这就是区别,它并没有改变我的核心价值:我的核心价值一直没改变过。

(校长)

她带领学校前进。她能和那些想看到学校成功的人打交道,她能让他们看到学校的成功。

(高级管理人员)

我认为她有非常强烈而清晰的愿景。她会有一个想法,然后会很有动力、很有热情地去改变。所以她是非常积极的人,总是给他人以鼓励。当然她有时候是在办公室,但是她也会花很多时间在学校里转悠,到教室里去。所以我觉得孩子们认为她是非常平易近人的。她总是希望孩子们来找她,她有时也会在你的班级里教一小群学生,这样孩子们就可以在不同的情况下看到她。

（教师）

坚定、公平和灵活

该校长被描述为既公平、坚定,同时又很灵活。如果来自他人的反馈表明真有必要改变,她就会做出改变。

> 坚定但公平,我们每周有两次会议。我们在不同的时间、非正式的时间都会见面。如果你想做什么,她会告诉你。但她会公平地对待……灵活这个词我也会用在她身上:坚定、公平和灵活。

（高级管理人员）

不同的阶段

在早期(基础)阶段,确立愿景是一个重要的优先事项,和高期望值一起,它常常被看作是创造学术乐观主义和重燃对未来希望的特征。对教学的关注贯穿始终,对学生行为的关注也很明显。这位校长将其16年成功的校长生涯分成了五个阶段。正如上一章所提到的,对校长来说,确定多达五个发展阶段的情况并不少见,我们在交叉案例分析中对这些阶段进行了分组,以突出学校改进的早期、中期和后期的典型策略。

除了将领导力分配给一个小团队之外,对教学方法的关注在校长工作的早期阶段也初见端倪,不过在中期阶段依然保持了此特征。通过听课和与教职工的讨论,"改善教师和教学质量"在早期、中期和后期也都有体现。这说明了早期(基础)阶段和后期(充实)阶段在方法上的不同,在这两个阶段中,校长也通过较高程度的领导力分配表现出了对教职工更高的信任,以及重视与他们之间的协商。但是,直到后期阶段,领导责任才分配给了学生,学生的声音才得到了更好的重视。学校内部组织的专业培训和发展被看作是重要的,外部课程则通常没有得到同样的重视。这种内部培训也面向了行政人员,特别是午餐时间的教职工。直到后期,才开始关注更广泛的综合护理系统,因为新的儿童中心的建立,一个负责全纳教育的新职位也随之被设立了。这也为与社区和家长接触提供了更多机会,是该校后期改进阶段的工作重点。同样,与其他学校建立网络和联系也是后期阶段的优先事项。最后,在后期阶段,学校进一步重组了高层管理团队,并扩大了其成员范围。这是所有参与研究中的个案小学的共同特征。

表8.1显示了校长最初确定的四个发展阶段中每个阶段所采用的策略和优先次序。

表8.1　格林帕克小学:领导策略

策略清单	阶段				
	早期		中期		后期
	1	2	3	4	5
设定愿景					
创建愿景	■	■			
创造条件			■		
沟通愿景			■	■	
提高教与学的条件					
校舍	■	■			
学生行为		■	■	■	
重组系统			■		■
发展高期望值		■	■	■	
重新设计组织结构					
重新考虑结构				■	
重组高级管理团队				■	■
人员开发					
人文关怀	■	■	■	■	■
分配领导权-高级管理团队			■	■	■
分配领导权-其他人			■	■	■
问责和评估			■	■	■
分配领导权-学生				■	■

续 表

策略清单	阶段 早期		中期		后期
	1	2	3	4	5
提高教与学					
教学方法	■	■	■	■	
以信息和通信技术为工具	■	■	■	■	■
使用数据				■	
绩效管理和听课	■	■			
学习测验				■	
学生学习动力					
重新设计课程					
改变			■	■	
个性化				■	■
丰富				■	■
课外活动					
提高教师素质					
校内合作	■			■	
校内在职培训		■	■		
校外在职培训			■		
示范、执教听课	■				
培养接班人					■
合作行动探索					
内部关系					
建立关系	■	■	■	■	
教职工-学生关系					
外部关系					
社区				■	

续 表

策略清单	阶段				
	早期		中期		后期
	1	2	3	4	5
家长				■	■
学校				■	
中介机构				■	
关键议题					

注：
DL=分布式领导力
PM=绩效管理
阴影越深，说明该策略越受重视。要么是有更多的策略集中在这些问题上，要么是在以前的基础上更进一步强调。

乔安对她们学校自身改进轨迹的解释以图表的形式表现出来。她确定了在学校改进历程中的每个重要节点，哪些策略是优先考虑的。其他教职工也对每个阶段中最重要的成功特征表达了类似的看法，从而为这一解释提供了三角论证和支持。乔安的学校改进历程线如图 8.1 所示。

第一阶段：设定期望值（1992—1994）

校长将这第一阶段描述为"搭台子"。这是一个诊断和反思的时期，她仔细分析了哪些事情需要优先处理，同时也向所有人表明了她的期望。乔安找出了在初始阶段所采用的五个关键策略。其中第一项是关系和团队建设，它贯穿了所有阶段。她鼓励教职工们一起工作，随着时间的推移，她自己与教职工之间关系的强度和深度也得到了发展。她也对学生的行为提出了明确的期望，并制定了全校性的政策。最后有三个重点针对教与学的策略：第一个，校长听了所有教职工的课，以评估他们的长处和短处；第二个，她为所有教师制定了清晰连贯的教学结构，并由她和副校长进行示范；然后，她为每个年级组制定了基线成绩，以指导教师并明确期望。至此，在这所学校里，可以说校长对课堂教学产生了直接的影响。

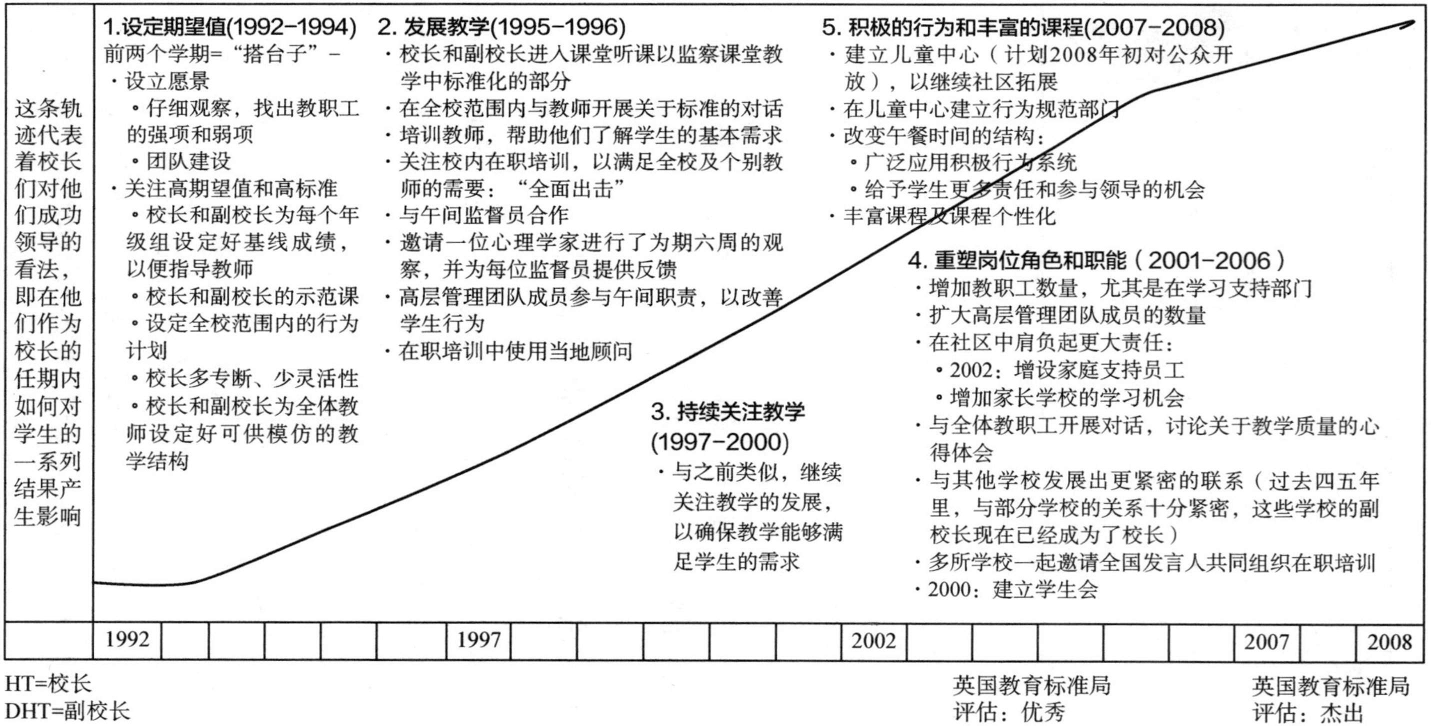

1. 设定期望值(1992–1994) — 前两个学期="磨合子" - 设立愿景	2. 发展教学(1995–1996)	5. 积极的行为和丰富的课程(2007–2008)

1. 设定期望值(1992–1994)
- 前两个学期="磨合子"——设立愿景
- 仔细观察，找出教职工的强项和弱项
- 团队建设
- 关注高期望值和高标准
- 校长和副校长为每个年级组设定好基线成绩，以便指导教师
- 校长和副校长的示范课以便全校范围内的行为计划
- 校长多专断，少灵活性
- 校长和副校长为全体教师设定好可供模仿的教学结构

2. 发展教学(1995–1996)
- 校长和副校长进入课堂听课以监察课堂教学中标准化的部分
- 在全校范围内与教师开展关于标准的对话
- 培训教师，帮助他们了解学生的基本需求
- 关注校内在职培训的需要："全面出击"
- 与午间监督员合作
- 邀请一位心理学专家进行了为期六周的观察，并为每位监督员提供反馈
- 高层管理团队成员参与监察学生行为
- 在职培训中使用当地顾问

3. 持续关注教学(1997–2000)
- 与之前类似，继续关注教学发展，以确保教学能够满足学生的需求

4. 重塑岗位角色和职能（2001–2006）
- 增加教职工数量，尤其是在学习支持部门
- 扩大高层管理团队成员的数量
- 在社区中肩负起更大责任
- 2002: 增设家庭支持员工
- 增聘家长学校的学习机会
- 与全体教职工开展对话，讨论关于教学质量的心得体会
- 与其他学校发展出更紧密的联系（过去四五年里，与部分学校建立的关系十分紧密，这些学校现在已经成为了校长、多所学校一起邀请全国发言人共同组织在职培训
- 2000: 建立学生会

5. 积极的行为和丰富的课程(2007–2008)
- 建立儿童中心（计划2008年初对公众开放），以继续社区拓展
- 在儿童中心建立行为规范部门
- 改变午餐时间的结构
- 广泛应用在职教育行为体系
- 给予学生更多责任和参与领导的机会
- 丰富课程使课程个性化

这条轨迹代表着校长他们对成功的领导力作为的看法，即在他们任期内如何对学生的一系列结果产生影响

| 1992 | 1997 | 2002 | 2007 | 2008 |

HT=校长
DHT=副校长

英国教育标准局 评估：优秀

英国教育标准局 评估：杰出

图8.1 校长的成功轨迹：格林帕克小学

关系和团队建设

在制定早期阶段的愿景时,乔安将全校和团队的建设确定为关键要素。她在每年年初与教职工、家长和督学召开的会议上努力建立集体愿景。在建立有效关系的过程中,乔安总是尽力确保她与高层管理团队和教职工分享她的愿景。她有很强的愿景,也总支持她团队的想法。

所有教职工都被鼓励参与到学校的活动中。每个人都有机会按照自己的意愿为这些活动贡献力量,并能接受相应的培训,以确保他们能够做好这些工作,这加强了学校内部的团队合作感。

> 如果我们出去吃饭,每个人都会被邀请,包括食堂员工和每一个人。上周我们出去的时候,有来自教学、保洁、食堂的代表,来自每个岗位。我们是一个团队,而不是被分隔在不同的小口袋里的。
>
> (教师)

学生行为政策

起初,有一段时期的"(学生)行为非常糟糕"(校长)。因此,在早期阶段实施的首批关键策略之一是制定一个有凝聚力的全校行为计划,该计划与强大的学生人文关怀系统并行,注重在整个学校建立一个平静的氛围。

> 行为,在学校范围内建立平静的氛围,并注重校风校纪,这真的在全校蔚然成风,真正融入学校的方方面面。
>
> (副校长)

这一行为政策与强有力的《个人、社会与健康教育课程》方案一起实施,并强调了情绪健康的重要性。

针对全体教师的听课

乔安系统而详细地观察了全校老师的课堂,以评估每个人的强项和弱项。

这使她能够衡量在专业发展方面需要什么，并在内部确定职业发展的潜力。

然后，我们会通过定期访问班级教室来进行监督，在我们的手中，一个高质量的课堂是什么样的？所以我就开始着手确保为孩子们提供有连续性的教育。

（校长）

连贯的教学模式和示范

我们为所有教师建立了明确的课程结构，并由乔安和副校长来示范。

在早期阶段，最初的五年里，我的副手当时和我有着完全相同的理念。我们能够一起进行教学示范。我们引进了一致的做法，一致的课堂管理，一致的课堂布局。

（校长）

我们在全校实施教学模式……我引入这种模式，并且我们关注学习环境的质量。

（校长）

基线成绩

由于所有教师都是来自其他学校，他们拥有不同的背景和经验，在一开始，就有必要使标准一致。因此，在早期阶段，制定标准和设立期望是首要任务。乔安为每个年级组都设定了基线成绩，并努力确保教职工了解每个孩子的需求，不断努力提高学生成就。

由于当时是在国家课程大纲实施前，我们为每个年级组制定了基线成绩。我们做了示范课程，建立起来一个所有教职工都必须遵循的教学结构，并在第二关键学段引入。

（校长）

第二阶段：提高教与学（1995—1996）

第二阶段，继续强调对教学的高期望值、教职工相关的专业学习和发展，并继续关注学生的行为标准。

对教学和学习的高期望值

乔安制定了有效的监督程序，以确保高标准的教与学。这些程序包括一个滚动式的在职培训计划，其中包括走访、工作检查以及正式或非正式的听课。

> 我们努力确保我们对孩子们有很高的期望，并确保孩子们能做到最好。我们学校的原则之一是，每个孩子都要做到最好，我们希望他们做到最好。
>
> （校长）

专业学习和发展

为了提高学习成绩，新的改革举措被推出，教职工的专业学习和发展也显得格外重要。

乔安利用学校教职工和校外顾问的力量，为所有教学和行政人员推出了一个内容丰富的在职培训计划。

> 我们参与到了不同的培训中去。每个人都会接触到孩子，所以我们都……我们在学校开展的任何在职培训活动，每个人都会受到邀请，而且大多数人都会去参加。
>
> （行政人员）

她认识到，在很少有机会参与校外课程的情况下，有必要提供校内专业学习和发展的机会。因此，她制定了一个基于学校的计划，既关注组织提出的优先事项，帮助教职工进一步了解儿童的基本需求，又关注个别教职工提出的发展需求。

在那个年代,在职培训并不受重视,参加这些课程的教职工也不多,因此,我们根据教师的需求和学校的优先事项,制定了自己的校内培训日,这意味着我们在各方面都能取得进展。

(校长)

改善学生的行为

在第二阶段,我们继续关注学生的行为。午餐时间被认为是一个需要解决的问题,因为监督员在孩子们休息时无法控制他们,导致下午会更混乱。学校里有从中学"继承"了午餐时间的教职工,他们起初并不知道乔安制定的积极行为政策。乔安采取了几个步骤来改善这种情况,包括请来一位心理学家与午餐时间督导员一起工作,并提供培训,鼓励他们更多地参与到学校生活中去。此外,他们还专门派出学校高层管理团队的成员参与到午餐时间的管理职责中来。

第三阶段:持续关注教学(1997—2000)

第三阶段主要是扩大和深化已经实施的策略,并认真思考这些策略的发展情况。需要被进一步关注的主要领域是教学方法和关系培养。

拓宽教与学的方法

教学方法不断得到完善和改进。通过加强对质量的监督,整体来说,对教学方法及其效果的认识有所提高。

我们使用任何可以利用的课程,这些课程都是由权威机构发起的。因此,随着时间的推移,每个教职工能力都得到了提升,我们也对如何监督和看待质量有了共同的认识。随着时间的推移,我们也开始对质量在学习和教学方面的意义有了共同的认识,然后顺着这条路走,我们引入了评估系统。我想就是在这一时期,考核制度开始实施,我们对教学质量的理解也因此有所提高。

(校长)

沟通和参与

沟通和关系也是领导力一直关注的重点。乔安努力确保让教职工感到自己参与到了决策中来,同时也仍在追求她自己对学校的愿景。

> 在必要的时候,有些事情她必须要带入学校,或者是希望在学校里发生,在这里,作为校长,她会明确地说明将会发生什么。但是当她传达的时候,她并不是把它作为一个既成事实来说的,她是这样来呈现的,即我们必须这样做,那么我们先退一步来看一下为什么这样做。我希望这个事情发生,这就是原因,这就是我认为的影响,同样,我们也要和大家一起做。看看效果如何,如果效果好,我们会再回来检视。如果不好,我们也会回来检讨,以后就不再做了。所以大家大部分时候都知道,我们是否有某件事情的内驱力,背后有一个安全的原因。这是愿景的一部分,我们一直在回想这个问题。
>
> (副校长)

通过定期召开教职工会议和创造合作的机会,进一步鼓励教职工关系和团队合作。乔安始终关注积极的人际关系,这是整个学校的首要任务。学生们获得很多表扬,也因取得的成绩获得奖励。

> 我最大的信念是,孩子们不仅要感受到自己的成功,也要感受到老师的成功。而在学校里,我们有一种乐于赞美的风气。成功是通过赞美获得的,而非来自恐惧和消极。
>
> (校长)

第四阶段:重塑岗位角色和职能(2001—2006)

在第四阶段,该校长维持了现有的策略,并将她的工作重点延伸到了其他领域。首先,她进一步考虑了教师的专业发展。除了全面的校内在职培训项目以外,教职工也有机会参加校外课程,而行政员工也能去获得新的职业资格证。在学校内部,教职工获得各种不同的机会来帮助他们的发展,并实现自己的发展潜力。现在,教职工相信自己有能力来为学生的福祉和成就做出贡献,他们也能够更加紧密地合作。这个阶段也开始出现了一些教职工角色的重新设计和管理团队的重组。这种情况通常发生在小学的后期阶段,在这个时候,管理团队扩大了,新的岗位也产生了。这种重组与更广泛地分配领导的职责是同步进行的。通常情况下,这种情况仅限于早期阶段。在这一阶段,拓展课程也得到了更多的关注,教学更具多样性和创造性,也更能满足不同的学习风格。这一过程也伴随着更多的数据使用和目标设定。最后,正是在这个阶段,乔安开始采用更多的策略,将关系扩展到校外,包括当地社区和其他学校。

深化职业发展策略

虽然开展专门针对学校的在职培训非常重要,但乔安也确保教职工能够充分利用好当局提供的课程。如有需要,学校还会为校外培训提供资金。一些受访者表示,学校为行政员工提供了很好的机会,让他们参加课程并获得资格证书,帮助他们开展工作。

确保学校教职工有多种教学经验是他们在这一阶段发展的关键:例如,教授多个年级。

> 最好的老师是那些有多个年级和不同阶段教学经验的老师,他们承担了不同的责任,而不是仅仅呆在同一个年级。我在一所学校工作的时候,同一个老师在一个年级工作了十年,这对该老师来说肯定是没有激励作用的。为了保持教师的参与度和灵感,我相信,多样性是生活的调味品。
>
> (校长)

在后期阶段,学校形成了一种浓厚的相互学习的文化。在计算机方面需要帮助的教职工可以联系在这方面有特长的同事。此外,所有教职工都有导师,有机会观摩示范课,也会有领导和同事来听课。

结构调整

随着时间的推移,教职工的团队精神越来越强。学校还设立了一些新的岗位。学校借调来了一位计算机的"学科带头人",帮助学校提升计算机学科水平。

乔安很谨慎地任命与她有共同愿景的新教职工,这提高了教学团队的质量。

> 其中最关键的一点是,我成功地用了一些人。只有优秀的教师才能提高标准,而我有机会做这些任命。
>
> (校长)

分配领导权

在这一阶段,乔安也开始进一步分配领导权,首先是面向高层管理团队,然后对所有教职工。她创造了一个"扁平化"的管理结构来鼓励所有教职工参与到决策中来。到了这个阶段,她开始不仅仅是将领导力视为仅属于高层管理团队的成员,而是将其视为所有教职工都应该做出贡献的东西。

> 我有一个扁平化的管理方法,从某种意义上来说。作为校长,我有时候必须要做决定,但是我坚信我的教职工也意识到他们参与到决策过程中来的重要性,培养出他们个人的管理风格,这样我就不用总是在那儿了。
>
> (校长)

> 我们一直在参与管理工作,但我认为现在更多的是在全体教职工中分配,而不仅仅是高层领导。
>
> (副校长)

教职工在提高其管理才能方面得到充分的支持。现在,领导力得到了分配,每个人都以团队的方式参与工作,所有角色都得到了平等的重视。

拓展课程

第四阶段的一个重要特点是进一步发展和丰富课程,在保证标准和教学质量的情况下,更加强调交叉课程及课程的创造性和多样性。我们提供培训让所有教职工都能应对这些挑战。

使用数据

在这一后期阶段,学校还更多地使用了数据为决策提供信息,并更加重视目标的设定和追踪。学校进行了严格的数据分析,并用于制定具体目标。教师在收集和分析课堂数据、协调工作和制定目标方面的责任越来越大。再加上对学生的密切追踪和监测,这一系列举措使学校能够更好地应对外部问责。

> 我们是非常注重数据的:我们逐年进行严格的数据分析,全年追踪,尤其是在孩子们的基线很低的年份。我们必须证明我们所做事情的合理性,以及它如何产生影响,这样我们就可以看到,这从一开始就有价值,有相当一部分孩子可能达不到全国平均水平。你肩负的责任重大,因此必须掌握这些信息。

(副校长)

在学校社区之外建立关系

最后,在这个阶段,乔安开始优先考虑扩大和深化与社区尤其是与家长的关系,也试图与其他学校建立更牢固的关系。学校创办通讯简报并寄给家长,每学期邀请家长参加一次集会。学校对家长实行开放政策,鼓励家长非正式地到学校来"帮忙"。

在这个阶段,让家长参与孩子的功课,帮助他们了解学校的期望和目标,也是学校的重点工作。

自校长到任以来,格林帕克小学在很多方面已经属于之后可能被称为"拓展"的学校,但在这一阶段,与社区的关系也非常受重视,家长班、日托、早餐和课后俱乐部都得到了进一步的改善。学校在周末向社区开放,并在暑假期间开展活动,这儿还有一个"妈妈和孩子"小组。所有这些举措都是为了让社区参与到学校生活中,并让儿童在学校感到舒适。此外,还有一个社区慈善团体在学校内工作,他们在整个学年组织了一系列的活动。

在这个后期阶段,学校也更加重视与其他学校的关系,学校也从优秀做法的交流中受益。

为了帮助六所学校提升专业能力,乔安为创建战略联盟发挥重要作用,这为教职工提供了发展机会,也为管理团队提供了相互支持的平台。

第五阶段:积极的行为和丰富的课程(2007—2008)

在这个阶段,乔安努力在关键领域进一步发展和深化策略。主要的工作重点是进一步发展课程,丰富课程内容,拓展更个性化的课程,以及接受新的国家倡议,特别是在计算机及读写方面。除此之外,学校还更加关注有特殊学习和行为需求的学生。

开发课程

学校在教学策略上做出了一些改变,乔安认为这些改变对学校的成功有很大影响。这些变化包括计算机学科上的新方法,以及诸如"聪明的拳击"和罗斯威尔逊(Ros Wilson)的"大写作"等举措[1]。通过找出学生学习中的障碍和进行更多的课程整合,使课程设置变得更加精细,更能满足学生的需求。第一学段和第二学段之间的过渡更顺畅。

学校还提供了更广泛的课外活动,包括夏令营、早餐俱乐部、午餐游戏和一系列与学校促进社会和情感健康目标有关的课后活动。学校仍然十分注重"个人、社会与健康教育课程"和"学得踏实且玩得痛快"议程[2]。在小学低龄段第一关键学段,都非常注重以游戏为基础的课程。自主学习和个性化学习是校长愿景的重要特征,跨学科工作也在不断发展。

---

[1] 小学标点符号教学的新方法、新举措。
[2] "每个孩子都重要"议程的五个要素之一。

持续关注学生的行为

随着2008年儿童中心①的开设,学校现在能够为学生及其家长提供更好的教学和学习服务。儿童中心内设了行为管理部门,强调了行为策略。

深化行为策略的另一个主要特点是让学生发声,并将领导力分配给学生。在全国性考试之后,小学生园丁、午餐督导员和体育比赛的策划者都参与其中。通过活跃的学生会,学校真正听到了学生的声音,听取了学生的意见。

分层领导

在研究这个改进路线的案例时,我们可以很明显地看出,乔安能够在每个阶段内开始新的策略,同时继续在已有的策略基础上进行改进。团队建设和关注学生的行为并不是在第一阶段实施后随即便在后面的阶段放弃,恰恰相反,这些都是贯穿始终的重要特征,尽管它们在某些阶段比另一些阶段更受重视,但它们一直都是管理方法中的重要方面。然而,随着这些策略发挥出更多的积极效果,并在学校内部更加成熟,乔安就能够继续引入或逐步强调其他策略,这些策略是建立在第一阶段的基础上的。在建立新的优先事项的同时,乔安不忘初心,她展示了我们定义中的"分层领导",这是本项目中成功校长的典型特征。

图8.2以图示的方式展示了乔安在每个阶段的策略行动,因此到了第五阶段,她能够自信地制定新策略,而这些策略又依赖于之前的优先事项所带来的持续的正面影响。一个明显的例子是,只有当良好关系的基础、专业发展的机会和对高期望的理解都到位时,才能进行领导力的分配。同样,引入丰富而有创意的课程之所以能够成功,是因为它有一个一致的教学结构和完善的教学方法作为支撑。正是这种层层递进的领导方法,使乔安对学生成就产生了积极的影响。

---

① 儿童中心不仅为幼儿园儿童提供幼儿课程,而且还为父母、家庭和社区提供全面支持。这些方案于2003年在1997年—2010年工党政府时期推出,特别侧重于贫困地区,作为促进机构间合作和支持儿童与家庭的一种手段,使儿童有一个更好的生活开端。

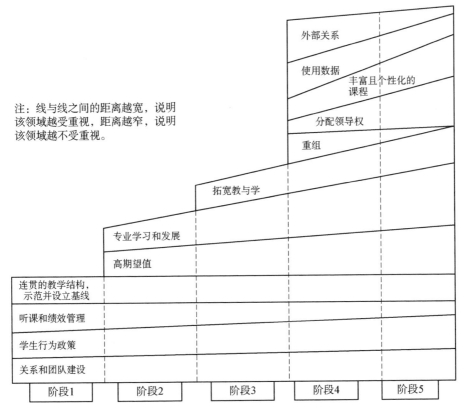

图 8.2 分层领导策略：格林帕克小学

埃汉普顿(Eyhampton)中学

埃汉普顿中学是一所招收年龄在 13—19 岁的男女混校，并被定为体育专科①学校。该校位于高度工业化的贫困地区，该地区很少有家长接受过高等教育。虽然学生来自不同的背景，但社区的期望和学术期望通常都很低。在我们访问时，该校的规模低于平均水平，注册学生为 793 人。学校提供了一系列的旅行和参观的机会，通过体育获得成就，通过戏剧和音乐艺术获得表现，以及通过参与一系列社区活动获得公民教育的机会。

---

① 自 1990 年代中期以来，作为提高标准的一种手段，英国历届政府都在推广特定专业学校。被指定的学校可获得额外的资源和支持。

当格雷汉加入该校时，学校正处于挣扎之中，学生成就低、行为不端，在当地声誉不佳，评估报告也不理想，他认为当时需要强有力的专制领导，以提高人们的期望，改变学生成就不佳的学校现状。在加入这所学校之前，他曾有十年的时间在英格兰不同地区的多所学校担任现代外语教师和高层领导职务。多年来，他努力工作，成功地改变了学校最初恶劣的硬件环境，使之更有利于教学和学习。他对教职工和学生实施开放政策，对所有人都有很高的期望，并以全校性的学术和行为系统以及具有共同教育价值观的高层管理团队为支撑。你总能在校园里看到他，他的影响力很大，他不断努力地保持一种友好而又有意义的氛围。2006 年，英国教育标准局校长和高层管理团队的领导力评定为优秀，到 2010 年，全校获得综合评价优秀等级。

校长的特质
开放和可见

访谈显示，教职工认为校长的领导风格非常开放，有一个强大的高层管理团队和开放的政策。

核心员工也将校长描述为"公众经常可见的"。虽然他不再教书，但他却密切参与学校的日常活动，教职工和学生认为他非常平易近人。他也非常关注教学质量和教师的任用。

> 校长经常出现在校内和学校大门口。在校务会和学校集会时，都能很容易地找到他。学生们把他看作是一个可以信赖的人，知道他在推动学校的发展。
>
> （核心员工）

> 校长是从正面引导的，对他希望学校发展的方向有坚定的看法。他对学校的方方面面都很感兴趣，知道正在发生着什么。你可以在学校里看到他，尽管他已经不教书了。他和学生们交谈，并在每天上课前和放学后站在学校门口。
>
> （核心员工）

> 我们有时会看到他。他坐在那里和孩子们一起吃晚饭，我觉得这真的很好，他还会去大门口，所以你确实能在学校周围看到他，尽管他很喜欢坐

在办公室里想我们的下一步计划。关于周围的事,关于他采用的东西,孩子们都能从中获益匪浅。所以你确实能看到他,但不是以视觉的方式,更多的是通过行动,通过所发生的事情。

(教师)

努力改进

格雷汉一直在努力改进。如果他在一个领域取得了成功,他就会寻找另一个需要关注的领域。

我们所能做到的一定会有极限,但我们总能比现在做得更好,所以要一直挑战这些极限,学校里总会有一个地方比它应该有的状态更薄弱。

(校长)

但是,这种准备工作就是为看似无法解决的问题找到替代性解决方案。找到解决的办法。所以这也是一个特点。

(助理校长)

高期望值

格雷汉被他的教职工描述为能力卓越,对自己和他人都有很高的要求。

校长的领导力非常出色。他总是控着球(带领全体成员),知道他想让学校往哪个方向走,并希望人们参与其中。

(学科组长)

他非常善于反思,他有一个非常清晰的愿景……他已经并正在发展更多我称之为人性化的方法……他很直接,如果他喜欢你做的事,他会说;如果他不喜欢你做的事,他也会说,但他不会贬低你。

(教师)

清晰的愿景

格雷汉对学校有非常清晰的愿景,并且他很有效地将其传达给了教职工。

我认为校长有一个非常清晰的愿景,我认为这是一个重要的影响因素。我认为从上到下,事情都以一种非常清晰的方式传递下来;我们对学校的期望是什么,我们如何处理这些期望,对这些问题我们都没有疑问,而且因为我们看到自己的学生因为我们的帮助而取得了成功,所以我认为这会激励你,你会清楚那是有效的……我们有了明确的高期望值,我想从这一点来看,所有的事情都会变得很顺利。

(学科组长)

团队建设技能

校长本人认为他的团队建设能力是他领导工作的重要组成部分,这对提高学生成就有直接影响。教职工也认可他的"团队建设能力"。

有带领众人的能力,尤其是早些年,但现在刻意减少了,更多地把别人放到了聚光灯下,但需要的时候还是会出现。与校监合作的能力……战略性思维,从繁琐的细节中提取重要信息的能力。展望未来,努力展望未来两三年的发展,所以那些会对学校产生负面影响的事情都会被解决,并先向高层管理团队提出来,然后再向教职工提出来。

(校长)

生病回来后,我感觉到了校长的支持。我有一个阶段性的回归。我想直接回来,但他说不行,他是对的。如果我有什么问题去找他,他总能解决。

(学科组长)

诚实和赢得尊重

总的来说,格雷汉在学校里很受尊重。他得到教职工的信任,被认为是一个很好的激励者。

我感受到了教职工的信任——我把所有的信息都放在公共领域,告诉教职工任何可能正在进行的创新,这样我们就可以开始作为一个团队来思考这些问题。我不会在他们背后说三道四,我会把坏消息和好消息都告诉他们。

(校长)

这所中学也体现了格林帕克小学报告中的一些特点。例如,面向全体教职工而非其中一小部分人的领导力分配方式,也是随着时间的推移而发展起来的。在第一阶段时,学校面临着许多挑战,学生的行为和成绩都很差,因此采用了相对专制的方法。随着教职工关系和能力的增强,领导力等得到了更多的分配。对学生的高期望和对他们行为的关注是贯穿始终的,并随着时间的推移逐渐扩大和深化。格雷汉确定了四个改进阶段,接下来将对每个阶段分别进行探讨。

不同阶段

格雷汉所在的学校显示出了我们抽样调查中成功中学的许多典型特征,包括加大领导力的分配,并一直注重高期望值。校内培训和发展也被认为是每个阶段的优先事项,并且采用了不同的策略来提高教师水平和教学质量,比如教练术和听课。和我们研究中的大多数中学一样,这所学校也具有这样的典型特征,即在早期阶段,重视高层管理团队的重组,而在后期阶段,则注重发展与其他学校的关系。利用数据为学校和课堂的决策提供信息,并监测学生发展,这被视为提高学生成就水平的关键策略。它开始于中期阶段,并在整个过程中进一步发展,使后期阶段的课程更加个性化和丰富。最后,学生人文关怀体系得到了广泛的重组,由非教学型关爱顾问来负责处理社会、情感和行为的问题。因此,教师发现,学生的行为和学习积极性都有了明显的改善。

表8.2说明了格雷汉确定的每个阶段中的优先事项和所采用的策略。阴影颜色越深,说明该策略越受重视。在某些情况下,颜色的逐渐加深,说明了后期的策略是建立在前期的策略之上的。例如,在早期(基础)阶段,开始着手解决学生关爱体系建设的问题,然后在中期(发展)阶段和后期(充实)阶段,调整并采取了更全面的策略。

表8.2 埃汉普顿中学：改进策略

策略清单	阶段			
	早期	中期		后期
	1	2	3	4
设定愿景				
创建愿景				
创造条件				
沟通愿景				
提高教与学的条件				
校舍				
学生行为				
重组系统				
发展高期望值				
重新设计组织结构				
重新考虑结构				
重组高级管理团队				
员工开发				
人文关爱				
分配领导权-高级管理团队				
分配领导权-其他人				
问责与评估				
分配领导权-学生				
分配领导权-其他人				
教学方法				
以信息通信技术为工具				
使用数据				
绩效管理和听课				
学习测验				
学生学习动力和责任				

续 表

策略清单	阶段			
	早期	中期		后期
	1	2	3	4
重新设计课程				
改变	▨	▨	▨	▨
个性化			▨	▨
丰富		▨	▨	▨
课外活动				
提高教师素质				
校内合作	▨	▨	▨	▨
校内在职培训	▨	▨	▨	▨
校外在职培训		▨	▨	▨
示范、教练式观察	▨	▨	▨	▨
培养接班人				
合作式行动探究				
内部关系				
建立关系	▨		▨	
职工-学生关系			▨	
外部关系				
社区		▨	▨	▨
家长	▨	▨	▨	▨
学校	▨	▨	▨	▨
中介机构		▨		
重要议题	▨	▨		▨

注：
DL＝分布式领导力
阴影越深，说明该策略越受重视。要么是有更多的策略集中在这些问题上，要么是在以前的基础上进一步强调。

格雷汉对其学校进行改进的图解可参见图8.3和表8.2。如表8.2所示，颜色越深，代表越重视。

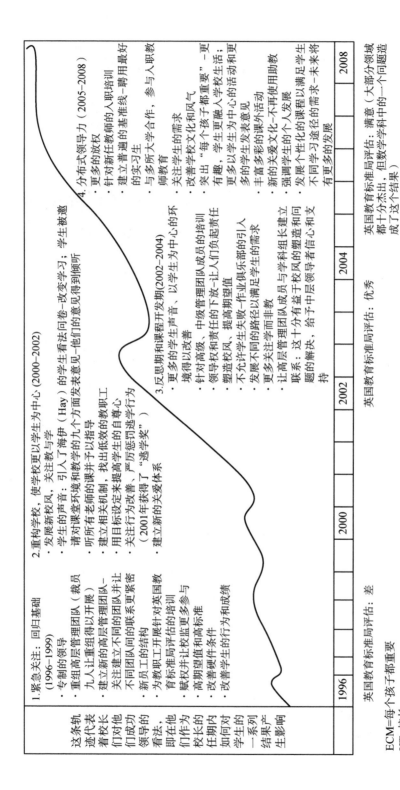

图 8.3 校长的成功轨迹：埃汉普顿中学

176 卓越学校领导力：学习与成就的基石

第一阶段：紧急关注：回归基础（1996—1999）

与抽样调查中其他中学的常见做法一样，这位校长在上任之初就对组织角色和职责进行了全方位的重新设计，尤其在管理团队内部。这位校长有一个强烈的道德目标，希望提高教学质量，为处于不利地位的、衰退中的原矿区的学生们提供独特的机会。学校明确强调对学生的高要求，并期待提高他们的志向，这一点贯穿始终，并带来对学生行为、教师和教学质量的重视，以及硬件环境的改善。

重新设计领导层和教职工团队

最初，格雷汉建立了一个新的高层管理团队，并将重点放在团队建设和团队粘性上。他在早期阶段任命了一些关键人物，后来又减少了中层管理人员的数量、压缩了高层管理团队的规模，以提高参与度，使领导结构更加强大，更加扁平。

管理团队的组织结构发生了很大的变化，很多人认为这是实现变革的根本举措。以前有一大批中层管理人员，已经变得有点像"一个抱怨团"（助理校长），这个数量减少了，取而代之的是学科组长的任用。高层管理团队中有一名成员与每个学科组挂钩，为中层管理人员提供信心和支持，这对学校风气的形成和困难的解决做出了重大的贡献。

> 我有一个优秀的中高层管理团队，现在有一个积极的"我能行"的士气。团队必须彼此联结。高级管理层中有一名成员与所有学科组长联系在一起，这样就有了信任，且避免了管理团队的潜在不信任。
>
> （校长）

全体人员的培训和发展

在他到任之前，英国教育标准局评估的结果很糟糕，格雷汉的第一项工作就是为教师未来迎接外部检查和督导做准备。

通常情况下，他的工作重点是以学校为基础或以学校为主导的专业学习和发展，他认为这比外部培训更划算。他为全体教职工提供全面的培训和监督，在第一阶段，重点是利用英国教育标准局的评判标准，提升教学质量。

学校风气和高期望值

格雷汉的第一个策略是改变学校内部的消极关系文化，提高对学生和教职工的期望值。改变学校的文化和风气是他成功领导的第一个关键特征之一，这并不容易。然而，这位校长是"幸运的"，因为许多最初抵制变革的教职工都选择了退休或离开，从而为发展新的风气和"让摇摆不定的选民加入"开辟了道路。

学校以前的风气被形容为"不积极"。在90年代初，学校在当地社区的声誉很差。学校存在帮派文化、滥用校服的问题，行为和出勤率也都很差。这种文化在学校中已经根深蒂固，"要改变它是很困难的"（校长）。

学生行为

早期对校服的改变、对纪律的关注发展和对行为的高期待，是在学校建立新文化的关键因素。在采取这些措施的同时，学校还建立了一个新的学生关爱体系，由一名高管领导，以确保在提高期望值的同时，给予学生支持和指导。

> 学校有一个积极的氛围——（优秀的）表现、良好的行为、帮派文化的消失。我们使用"严明的纪律"，这很有帮助。它是坚定的，给学生提供了界限，所有的教职工对此都有一致的行事规则。
>
> （学科组长）

此外，格雷汉还努力提高学生的出勤率，这在他刚到的时候是个问题，学校还因此获得了"逃学奖"。

> 出勤率非常差，我们在三年内将其从87%提高到了94%，这使我们进入了全国前50名的学校。这是第一阶段的一部分措施，即提高标准。
>
> （校长）

改善硬件环境

在校长来到学校之前,学校里建筑的结构状况很差。由于之前就有预算赤字的问题,所需的改善工作给财政带来了压力。尽管如此,在早期阶段,硬件环境和资源被列为优先事项。

一些校舍得到了彻底修缮,而且还在不断完善。校长首先做出的改变之一就是在每个教室里创造出有利于学习的环境。例如每个房间购买了配套的桌椅,并在教室和学校周围摆放了展示品。学校的新大门是学校的骄傲,提升了学校的形象。

第二阶段:重构学校,使学校更以学生为中心(2000—2002)

第二阶段继续关注绩效管理、高期望值,以及提高教师和教学质量。学生的行为依然是一个优先事项,后来通过关爱体系得到了解决。此外,学生的声音得到了更多的重视。

绩效管理:听课和指导

所有教职工都会定期接受督查,他们的强项和弱项显现。所有教职工都能得到指导和支持,以帮助他们达到被寄予的高期待。同行听课也开始在发展阶段中发挥作用,正是在这一阶段,学校增加了由其主办的教师培训活动的名额。

高期望值和数据的使用

为了继续提高期望值,格雷汉引入了数据的使用和目标设定。这是提升学术水平、改变教职工和学生的态度,以及重塑学校文化的关键。此外,他还建立了一个专门的中心和一个灵活学习中心,这些中心也被用于管理各种特殊学习和行为需求的学生的教学。

> 我们非常密切地追踪(有特殊需求的)孩子,这并不是学校内部所有部门都会做或者尝试做的事。然后,我们会寄信去学生的家里,比如,每个学

期一次,告诉家长他们现在所在的水平……以及百分比排名,等等。我们也起到了很大的激励作用。

(校长)

学生的行为和关爱

第二阶段持续关注学生的行为,为了确保学生获得他们所需的支持,加强了对学生的关爱。

全体教职工一起采用了一套统一的行为管理方法,在格雷汉担任校长的初期,课堂规章制度就已经得到了完善。

行为管理需要全校的共同协作。我们优化了课堂规章制度和期望值,并将其在每个教室里展现出来,所以我认为,我们更强调用一套统一的方法来解决行为问题,学生也知道这些最基本的制度和期望值。

(学科组长)

学生的声音

在这一阶段,格雷汉加强了对学生声音的关注。他通过一份学生调查问卷,让学生对课程、教师及学校生活的其他方面提出意见。

早期还成立了学生会,随着时间的推移,学生会的影响越来越大。学校在各个层面,包括人事招聘,都征求校务委员会的意见,将这些意见融入决策,对新的任命产生巨大的影响。校务委员会已经在很多方面都得到了改善,这为学生提供了领导机会。

成为一所培训学校

学校还与各大学建立了紧密的联系,并在这一阶段成为一所培训学校,使其能够培养和招聘到理解学校精神的新教师。

我们与五所大学有校外联系,每年有25—30名实习教师,我们会尽量从中招聘新老师,因为他们已经知道和理解学校的精神,可以发展他们的技能,赋予他们更多的职责。当教师从其他学校加入我们时,我们曾遇到过一些问题,比如他们不想付出额外的努力。我们这里的老师要有决心。

(校长)

第三阶段:反思和课程开发期(2002—2004)

在这个阶段,格雷汉开始更广泛地分配领导力。他还大大地拓展了课程,丰富了学生的体验,使他们的选择更加个性化、更加以学生为中心。也正是在这个阶段,学校取得了体育特长校的地位。

领导力的分配

领导力的分配在校长的整个任期内是不断变化的。起初是一种比较专制的风格,目的是为了建立愿景,并"让教职工上手"。在早期阶段,格雷汉被一些教职工描述为独裁者,但他后来逐渐将领导力分配给其他人。

格雷汉和他的助理校长最初承担了大部分的战略决策,但随着时间的推移,这一过程变得更加分散。在第三阶段,虽然最终的决定都是由校长作出的,但决策是由整个高层管理团队共同商讨完成的。

拓展课程,个性化和以学生为中心的学习方式

与格林帕克小学一样,本阶段的课程内容更加丰富了。个性化和以学生为中心的学习是重中之重。课程更加符合学生的需求,学生对自己的学习承担了更多的责任,对确定和实现自己的学习目标也有了更多的认识和责任感。

然而,对教学影响最大的是新课程的设计。

这是一个非常复杂的课程体系,但它可以灵活地满足我们在学校里各种不同的需求,从跟不上课堂进度的孩子到能进入剑桥的学生。我们有五种不同的路径,所以我们有传统的学术课程,其中50%的学生学习这类课程,然后有部分学生走职业教育之路,还有一部分学生进入大学。最后,我们有一个群体,他们在学内容非常有限的课程,因为学术能力特别低,所以我们只是教授能增强他们信心的课程。

（副校长）

格雷汉认为,作为第六种形式的可选择性路径和扩大供应规模的这些改变最能对学生成就产生影响。他认为,用这种方式拓展课程以满足学生的需求是学校成功的关键。学校提供了多种多样的选择,因而学生能够选择最适合自己的道路,并在其中取得成功。除了传统的高中课程(A-levels)外,中学最高年级现在还提供了一系列不同类型的课程,并且很灵活,鼓励不同能力水平的学生都取得优异的成绩。

这种课程的拓展不仅发生在最高年级,而且贯穿整个中学阶段。虽然这给管理增加了困难,但却对学生的成绩产生了巨大的影响。

塑造校风,提升志向

在这一阶段,学校再次注重校风建设。

校园文化中首要的是理解、尊重、热情、友好。还有高效率、高要求。

（中学学段协调员）

与此同时,学校还不断强调提高期望值。这种勤奋与尊重的支持性文化促进了校园内对成功的追求,这也受益于学校的目标驱动文化。

格雷汉还致力于为教职工和学生创造一种个人和集体的成就感,并奖励勤奋者。

专业地位提升并改善环境

正是在这一阶段,学校获得了专业特色校地位,从而有资金进一步改善硬件设施。

我们有了很多新的体育设施:星形草坪球场、体育厅、两个舞蹈室、新的更衣室和很多新的体育器材。这是一个巨大的进步。

（中学校长助理）

第四阶段：分布式领导力(2005—2008)

在第四阶段,格雷汉采取了进一步的措施以更广泛地发展分布式领导力,确保所有的教职工都能承担起领导责任。也许这个阶段最重要的变化是引入了非教学人员作为"全纳管理者",负责学生的行为和情感问题。最后,与课程相关的深层战略性工作也在这一阶段产生了很大的影响,课程变得更加个性化、丰富化。

领导力的进一步分配

到第三阶段,格雷汉已经开始向高层管理团队分配领导力了。学科组长被赋予了更多的责任来管理他们所在的学科,在这一阶段,领导责任也被进一步下放到中层管理人员和其他教职工手中。过去所有的教职工会议都是由校长来主持的,而在这一阶段,他鼓励教职工更多地主持会议。

他们在决策过程中获得了支持,并被鼓励自行寻找问题解决方案,每个人都明确地知道当他们需要指导时,可以随时向校长求助。

> （校长）希望教职工能想出解决办法来,而不是向他发问。他把责任委托出去。
>
> （校长助理）

调整关爱体系：注重学习和全纳

在这一阶段,关爱体系也进一步发生了很大的变化。在我们的许多案例研究学校中,引入非教学性的关爱顾问是一个共同的特征,所有学校都报告说这对学生的行为有很大的好处。由于受到更多的支持,学生们更愿意配合。

> （全纳管理者）实际上一直在学校里转来转去,因为他们无教学任务,因此有机会发现学校中学生行为方面的问题、与有问题的孩子打交道、联系家长、与同学们在教室里共处。我们有三个（全纳管理者）,九、十、十一年级各

一个。我们还安排了行政支持,所以每个年级组都有一个行政人员。所以,以前年级组长把时间花在整理档案上,现在则花在解决教学质量问题与管理学习上。

(校长)

新的学生关爱体系为学校提供了一个严格却友好的环境,被看作是"在这种情况下必不可少的"。新的"学习型"和"全纳型"管理者关注行为问题,并定期给予那些有相关需要的学生以帮助。这种对学生需求的关注是后期文化发展的一个关键因素。

这种监测和学习支持使学校能够满足个人和工作的需要,这在学生有不同需求和能力的地区是必不可少的。

进一步拓展课程,实现个性化

在这一阶段,课程的进一步发展也意味着学生们有更广泛的选择,为所有学生创造了成功的机会。

我们也有学生在伊汉普顿(Eyhampton)资源和信息中心接受教育,主要是针对那些在特定课程中遇到困难的学生,或是需要一对一辅导支持的学生。我们也准备了新的路径选择,所有的学生应该都能找到一个最适合他们自己的选择。所以,你可以看到路径1,这是针对更学术的学生,我们把那些称为你的1和2,因为我们有一个努力程度的分级系统。有的学生非常努力,希望可以接受继续教育和高等教育。然后,我们也有在英语和数学上需要额外支持的学生,他们就对应路径2,每个星期他们会针对这些核心科目多上三次课。但是,他们也可以选修商业与技术教育委员会国家文凭(BTEC)中的体育,这也是一个选择;也或许可以选修艺术。然后,我们还有路径3,是健康和社会关怀,或体育BTEC……然后是路径4,一个替代性的课程,这样学生就可以去学院学习;其中又可以细分为不同的类型,有的可能一周去一天学院,有的可能在做学徒……然后还有一些学生,你不想把他们排除在外,我们希望他们依然有获得教育的机会,因而还有一个被称为"桥梁"的项目,也是全日制的,他们在学一个最适合他们的学院课程,我们已经有了不少成功的案例。

(高级管理人员)

除了课程更加个性化之外,在这一阶段,学校还开展了更多的工作使学生的学校生活更加丰富、更加愉快,也为不同类型的学习提供了机会。

这个新重点的主要内容是"丰富"日和社区的参与。

例如,在10年级,我们有一个犯罪和惩罚日。因此,我们邀请司法系统进校园,我们有法官,建立了一个模拟审判,我们有警察在谈论法医科学,我们有一个预防青年犯罪团队,我们有被定罪的人谈论发生在他们身上的事情。所以这是公民身份教育,真的,这真的是为了他们好。

(校长)

许多教师评论说,学生在学校感到"快乐",这是一个"安全"和"愉快"的地方。对课外活动和学校旅行的重视意味着学生们的生活是丰富多彩的。

我们把所有九年级学生带到了一个户外活动中心,我们为他们支付了费用,在那里他们都参加了攀岩、悬崖、独木舟、坑洞、射箭、定向运动,你知道,当他们回到学校的时候,这有助于发展他们的团队合作能力和个人独立能力。

(校长)

分层领导

这所学校的案例进一步表明,在学校的改进过程中,领导力是如何进行分层并得到发展的。图8.4显示了随着时间的推移格雷汉的领导分层是如何在各项策略的基础上发展的。虽然一些策略,如早期阶段的重组策略,并没有在每个阶段中都继续下去,但是很多其他策略的重要性却在不断提升,也有一些策略为其他策略的发展提供了基础。例如,从第二阶段开始,人们对使用数据的信心不断增强,这是第三和第四阶段开发复杂的个性化课程的必要步骤。然后,这两个策略继续同步发展。到了最新的阶段,一系列策略正在同时实施,尽管不是所有的策略都具有同样的强度,但有些策略的优先级高于其他。正是基于情境而形成的不同组合,各种策略的积累,以及对策略进行及时拓宽和深化,才使得后来的策略能够取得成功,并使格雷汉的领导对学生成就产生了如此巨大的影响。

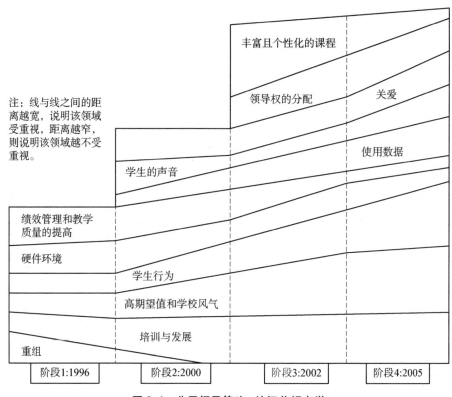

图 8.4　分层领导策略:埃汉普顿中学

结论

这两个案例研究表明,本研究报告中成功的校长有能力觉察和诊断内部需求、组织历史与文化以及外部需求,并以整体而非局部的方式来应对这些问题。

在这个过程中,他们及时做出了明智的判断,并采取了与其核心价值观相一致的、基于情境的策略。

从更大范围的研究证据来看,正如这两个例子所显示的那样,很明显,一些学校改进策略的关键组合在所有领导阶段都受到重视,而另外一些策略则只在特定的阶段中得到特别的重视,而关于这一点的决定与校长们对复杂的外部、组织、教职工和学生的需求及他们所关心问题的诊断能力有关。然而,确保教学质量、教学实践的一致性及教师的绩效管理,在早期的基础阶段就已经开始了,并且在所有阶段都继续保持。直到后期,当标准得以提高、信任得以建立、教职工和学生对自己取得成功的信心增强时,课程的丰富性才显现出来。一些阶段的策略是建立在其他阶段制定的策略基础上的。例如,学校在开展个性化课程之前,就能有效利用、分析数据,为教学决策提供依据。

因此,我们可以得出这样的结论:正是校长们在适当的时间和特定的情境下,选择和应用了合适的策略组合和积累,他们才能对提高教学水平产生积极的影响;这些策略提升了教职工、学生和外部社区的动机、参与度、积极性和投入程度,并最终提高学生成就。然而,值得注意的是,这些策略并不是孤立的,也不是单独存在的,它们也不一定会在一个任务完成后就结束,而是随着时间的推移而发展、扩大和深化,进而形成一个基础,而在这个基础上可以进一步采取其他措施。正是这种构建分层领导力的能力——再加上他们拥有个人及专业的价值观、品质和性格,并能清晰表达与交流——才使我们研究中的校长如此成功。

第四部分

未来发展与前景

第9章 组织民主、信任和领导力的逐步分配

国际上有越来越多的学者开始讨论这一现象,即自20世纪80年代末以来,许多系列的政府干预措施越来越多地限制了教师的自由判断能力,他们所处的环境越来越呈现出"低信任"的特征,且这种环境被以外部结果为导向的目标设置、外部督查及其他形式的公共问责制所主导,这些不同形式的公共问责制被许多评论家看作是苛刻的[鲍尔(Ball),1993;古德森和哈格里夫斯(Goodson 和 Hargreaves),1996;戴杰思和顾青(Day and Gu),2010]。换句话说,在系统层面,教师个体和学校掌管自己决定和行为的权力似乎被削弱了。然而,在我们研究的学校中,情况并非如此。不可否认,他们仍然对外部环境有敏锐的反应。一些学校在过去的督查中,或是在学生的成绩方面得到了差评,这些学校的新任校长将提高成绩视为工作的重中之重。值得注意的是,他们看重的是成绩本身,而不仅仅是外部的压力。正如我们在这本书的其他地方提到的那样,成功的校长对所有学生的教育和成绩具有强烈的能动性、道德和伦理责任感,并认识到实现这一目标的最佳方式是激励教职工,和教职工共同行动,而非仅仅试图控制和影响他们(戴杰思等,2000)。他们通过培养教职工的权威来证明这一点,而这一方式也被看作是有意义且有益处的。在他们的学校里,领导力的分配是很常见的,分布式领导力与重点突出的或单独实施的领导力并存或平行存在。然而,我们也发现,校长们对个人、关系、组织,及外部社会、政策环境或挑战的反应和评估不同,领导责任和权力在个人和分配来源之间的分布也不同。

本章将重点讨论学校中不同形式的分布式领导力的不同性质和目的,并将说明在成功的学校中,分配领导力需要时间,并且这与学校组织结构的逐步民主化及校长对教职工的专业精神的高度信任有关。本研究项目表明,他们提供、培

养、发展协商和参与的机会,并鼓励教职工积极参与到个人和集体的决策过程中来,这提高了教职工的工作满意度、效率和效能感,并使他们认识到教学工作是一项包含共同的利益和道德目标的集体努力。然而,本章还将表明,领导力和权威分配的成功与否和分配程度取决于信任和可信度的发展,以及所谓的"尊重经济"[哈尔彭(Halpern),2009]。因此,在本研究项目中,我们发现,在领导任期的早期阶段(见第7章),虽然所有的领导都将领导角色和职能委托给一小部分同事,即高层管理团队,但直到他们任期的中后期,当更多的教职工对他们产生信任时,领导权威、职责和责任才得到了更广泛的分配,这反映了他们对教职工的技能和能力的信心,这也是发生在他们大力强调培养员工以及重组组织之后。

组织民主

多年来,学界已有很多文章讨论了学校内的组织民主问题,尤其是在这一框架内,校长与教职工、教职工与校长之间关系的性质和效果。例如,里兹维(Rizvi,1989)提出,教职工参与决策是"提高效率的必要条件",这也支持了其他人的看法,即"参与能带来进取心、主动性、想象力和尝试的信心"[格雷斯(Grace),1995:59]。因此:

> 对于学校教育来说,这一论点意味着,如果校长高度参与其中,而不是从上到下地发号施令,那么学校的使命宣言会更容易实现。
>
> (格雷斯,1995:59)

利思伍德和他的同事们以同样的方式写道,校长有效地使用权力是为了达到目的,并同时赋予他人权力,而不是控制人。他们认为后者与变革型领导直接相关,其核心目的是为了提高组织成员的个人和集体解决问题的能力(利思伍德等,1992:7)。这种领导力,本尼斯和纳努斯(Bennis 和 Nanus,1985)认为:

> 是集体性的,领导者和追随者之间存在着一种共生关系,而使其成为集体的原因是追随者的需要和愿望,与领导者察觉这些集体愿望的能力之间

微妙的相互作用。

(本尼斯和纳努斯,转引自利思伍德等,1992:8)

在本研究项目中,这种微妙的相互作用,在成功的校长所在的学校中也可以看到,他们在这些学校中培养出一种合作文化,这些文化有助于提高教职工和学生的个人和集体的自我效能水平,正如利思伍德和他的同事所指出的那样:

> 合作文化概念的核心是在学校成员之间更公平地分配决策权,特别是当决策的焦点集中在跨班级和全校范围的事务上时,这将涉及学校行政人员(校长),即使不放弃传统意义上赋予他们职位的权力来源,至少也要放权……当然,有了权力,也就有了决策和行动的责任。

(利思伍德等,1992年:142)

最近关于尝试将学校分布式领导力不同形式之间的差异理论化的文献反映了这一点。例如,在利思伍德、马斯科尔和斯特劳斯(2008)的文章中,十个章节中有七个章节提供了独特的概念:加法和整体模式[格朗(Gronn),2008];专制和特设模式(哈里斯,2008);领导者加法和平行绩效模式[斯皮兰、坎伯恩(Camburn)和帕杰罗(Pajero),2008];有计划的调整和自发的调整模式(利思伍德等,2008),以及务实和机会主义模式[麦克贝思(MacBeath),2008]。正如这里所引用的研究者一样,学界经常选择关注不同的维度,而这些维度的分配模式可能会有所不同。迄今为止,这些维度试图捕捉:

(1) 获得领导力的不同组织成员之间的差异;
(2) 分布式领导力在多大程度上得到了协调发展;
(3) 获得领导力的成员之间相互依赖的程度;
(4) 在多大程度上领导力的分配伴随着权力和权威的分配;
(5) 领导力分配的诱因。

有几个因素影响着领导力的分配程度。这些因素包括,比如说:
- 领导者和教职工的专业程度;
- 影响学校工作方向政策和法规的普遍存在,比如克尔和杰米尔(Kerr

和 Jermier,1978)称之为"领导替代";

- 需要履行的领导职能;以及
- 要实现的目标的范围。

例如,当教职工拥有大量的相关专业知识,而且组织内领导替代相对较少时,似乎更有可能出现大规模的领导力分配。

这一新的证据表明:

- 往往是某种形式的外部压力促使人们更广泛地分配领导力:例如,改善令人失望的学校成绩的压力,这往往与外部问责机制、引入新政策以及需要掌握新的教学和学习能力的项目有关。是否将领导力更广泛地分配到正式设立的角色之外,通常取决于担任正式领导角色的人是否有意干预。
- 如果不是有意为之,校长很容易带来领导权的分配偏离正轨。影响领导力分配的重要条件是部分或全部取决于校长的工作,其中包括:为实施领导力提供时间,承认这种领导力的重要性,创造发展领导力的机会,有针对性地或鼓励人们承担领导任务,确保这类任务的明确性。
- 校长的经验、自信心、对协作型组织文化的倾向、相容的个人关系、充足的资源等因素对分布式领导力的发展也有重要影响。

在文献中,分布式领导力的作用涉及它对学校改进过程的贡献(例如,哈里斯和穆伊斯,2004),以及对因学校领导层换届而产生的负面影响的改善[芬克和布雷曼(Brayman),2006]。马斯科尔、摩尔(Moore)和詹士(2008)提出了新的证据,既证实了许多管理团队换届的负面影响,也证实了分布式领导力作为此种情况的解药的前景。此外,马斯科尔、利思伍德、斯特劳斯和萨克斯(Sacks)(2008)发现,协调式领导力分配与其教师变量之间有着显著的关系,前者被称为"有计划的结盟",而后者则被称为"学业乐观感"(霍伊,霍伊和库尔茨,2008)。有计划的结盟需要管理团队成员共同计划他们的措施,定期评估其效果,并进行相应的修正。学术乐观主义则被看作是教师信任度、教师效能感和组织公民行为的综合体,这三者均与学生成就显著相关。

信任领导力

在许多国家,学校作为一个组织是在外部环境中运作的。有学者指出,在这种环境中,生活节奏、以及个人、邻里和家庭曾经拥有的,能够协调和支持自己处理问题的资源已经"不断下降"[帕特南(Putnam),在哈丁(Hardin)的文章中,2006:4],因为"使我们彼此孤立的活动不断增加"[塞尔登(Seldon),2004:34]。21世纪的生活节奏、强度和复杂性的增加带来的一个后果是:需要人们面对面处理的问题减少了,这反过来又导致了人们彼此间信任减少。这方面的一个例子是,公共服务部门增加了官僚主义的问责措施,自20世纪80年代末以来,这些措施导致了奥尼尔(O'Neill,2002)所说的"怀疑文化"的产生,尽管并非所有国家都是如此。例如,在斯堪的纳维亚,与美国和英国社会里的脱离社会和信任腐蚀形成鲜明对比的是所谓"团结的个人主义",在这里社会互动和社会信任反而都得到了增加(哈尔彭,2009:10)。然而,即使在瑞典,自由学校运动——即家长办学——以及国家资助家长为孩子选择私立教育时所面临的挑战也表明对公共教育的信任度已经下降。正是在这种背景下,英国学校的大多数领导者以及包括美国、加拿大、澳大利亚和新西兰在内的许多其他发达国家的领导者才发现了自己的处境。本章将继续讨论:

- 成功的校长们如何根据他们对个人、关系和组织准备情况的判断,积极地建立和维持信任(又称社会资本);以及
- 信任和可信度之间的相互关系。

最后,信任和尊重经济不仅被放在学校作为一个组织本身的背景下,而且还被放在学校作为社会一个重要缩影的背景下,在这里,校长潜在地拥有着很大的权力和影响力。

> 作为榜样,全社会的领导者必须满足两个关键的信任标准:行为端正和技术精湛。领导者建立或破坏信任的力量是巨大的。如果没有诚实和能力,就会让人产生怀疑。
>
> (塞尔登,2009:26)

在这段话中，塞尔登指出了学校领导者决定学校的道德宗旨和文化（行为规范、彼此相处的模式）的权力。

我们在本书的其他地方写过成功领导力的关键维度（见第3章、第4章和第6章），在这些维度中，领导力很重要，但值得注意的是，信任作为一种价值观和实践行为，不能强加给教职工和学生。要培养、发展和维持他人的信任需要领导者表现出自己是值得信赖的。

《牛津英语词典》(The Oxford English Dictionary)将信任定义为"对人或事物的某些品质或属性的信心或依赖"。信任还与"值得信赖的品质；忠实、可靠、忠诚"(www.oecd.com)有关。换句话说，信任和值得信赖是一种相互的关系。有学者指出，"信任的假设，而非不信任的假设，有助于个人和组织的蓬勃发展"（塞尔登，2009年，序言），并且：

> 信任可以建立起更好的社区……它促进人们为了共同的目标而合作，这种合作植根于地方层面的纽带上——在学校、俱乐部和专业组织中——并且只能随着时间的推移而逐步建立起来。
>
> （塞尔登，2009：10）

那么，从以下方面来看，信任和值得信赖是相互的：

(1) 人——信任是一个双向过程的结果，它随着人们的需求而改变；以及

(2) 信任与行动和策略的关系——信任既能为策略的成功实施营造出适当的环境（如分配领导力或传达愿景），同时，也是这些策略的结果。

因此，为了创造信任文化，重要的不仅是领导者的行动，还有他们所拥有、并表达和交流的价值观和美德。在本研究项目中，我们发现，这包括那些被看作教学基础的要素：诚实、勇气、关爱、公平和实践智慧［索克特（Sockett），1993：62］。

教学中必然需要这些美德——尽管许多其他的美德偶尔也重要。首

先,由于教师以知识为业,以真理为业,所以诚实和欺骗的问题是他们工作逻辑中的一部分。第二,学习和教学都需要面对困难,承担知识和心理上的风险,这需要勇气。第三,教师对人的发展负有责任,这个过程需要对个人的无限关爱。第四,公平是民主制度或一对一关系中规则运行的必要条件。最后,实践智慧对于教学这个复杂的过程是必不可少的,当然,实践智慧很可能需要掌握某些美德(如耐心)来面对教学中的突发状况。

(索克特,1993:62—3)

由于信任依赖于另一个人、一些人或一群人的价值观、特质、倾向性和反应,因此不能简单地将其视为一种性格特征。有一些特质有助于信任的产生,但这些特质与其他变量不断地相互作用,创造出一个可供改进的环境,这使得信任成为了"开展合作行动的必要因素"(西肖尔·路易斯,2007:3)。信任是一个个人的、关系的和组织的概念,它的存在和反复践行与价值观和特质的表达、校长决策一样,对于成功的学校改进来说至关重要。的确,信任不能与任何这些领导力的元素分开。实际上,研究表明,"对领导者的信任既决定了组织绩效,也是组织绩效的产物"(西肖尔·路易斯,2007:4)。

西肖尔·路易斯记录了领导者和追随者认为建立信任关系的一些核心行为。这些品质不仅是领导者必须具备的,而且还必须将它们体现在特定的行为和行动中。我们可以将这些品质与富兰(Fullan)提出的一系列类似的"产生信任的品质"进行比较(见表9.1),几乎所有的策略行动都可以体现出这些品质;如果要取得成功,这些品质必须从一开始就成为领导者从事一切活动的核心。

表9.1 产生信任的品质:建立信任关系

● 诚信(诚实和心态开放)	● 诚信
● 关怀(关心他人)	● 关心他人
● 能力	● 能力
● 可靠(一致性) (西肖尔·路易斯,2007年)	● 尊重 (富兰,2003年)

第9章 组织民主、信任和领导力的逐步分配

因此，校长的品质或特质与信任的建立之间存在着明显的相互影响关系。西肖尔·路易斯认为，"教师对领导者的信任是建立在行为基础上的……并且教师并不对领导者的人际行为（关心、关注、尊重）、行政能力及启动和协调复杂变革的可靠性做出明确的区分"（西肖尔·路易斯，2007：17—18）。

惠特克（Whitaker，1993）使用麦格雷戈（MacGregor，1960）关于人类行为的两个理论来区分领导者对教职工的不同假设。X理论指出，"人们不喜欢工作，并试图逃避它。他们必须被贿赂、胁迫和控制，甚至受到惩罚的威胁，才能充分地履行职责"（惠特克，1993：30）。相反，Y理论主张，"人们喜欢工作，并不需要受到强迫或威胁。如果允许人们追求他们所认定的目标，大多数人都会努力工作，不仅会接受责任，而且会积极寻求承担责任"（惠特克，1993：30—1）。

> 建立信任的行为和策略的核心都是首先建立自信：相信自己的能力、技能、知识、准备和知道如何去做，也相信自己的身体和身体语言、冲动、情绪、自制力、情绪、思维、智慧和对他人的敏感性。
>
> ［所罗门和弗洛里斯（Solomon 和 Flores），2001：121］

持有X理论假设的领导者可能倾向于建立等级式的领导结构，虽然会授权一些任务，但是是以"职能"的方式授权的，还伴随着严格的绩效管理、短线的向上问责、对教职工能力不足的零容忍。换句话说，领导力的分配，是在低信任度的环境中进行的。采取X理论的领导者"会倾向于建立管理结构和系统来指导教职工努力的方向，控制他们的行动，改变他们的行为以适应组织的需要"；他们经常会使用"说服、奖励或惩罚、指示和命令"这样一些语言（惠特克，1993：31）。然而，采取Y理论方法的领导者则倾向于"建立管理结构和系统来使人们有发展的可能，寻求责任，承担风险，设定雄心勃勃的目标和挑战"（惠特克，1993：31）。后者在我们的案例学校中得到了明显的体现。

> 我允许人们在他们自己负责的领域做决定，允许他们犯错。作为领导力中风险因素的一部分，我已经做好了接受的准备。我认为人们对这一点的反应很好，一旦他们明白他们可以在自己的责任领域做出决定，他们就会

变得更加自信,我认为,他们自己也相信分布式领导力。这将进一步影响学校的发展。

(中学校长)

一位助理校长对他 12 年的校长生涯进行了评价,提到他是如何以一种支持的态度来鼓励冒险,建立信任的。

基本上没有什么责备。如果校长鼓励冒险,那他就会鼓励,如果行不通,他不会以消极的态度来应对。他是以一种支持的方式来应对的。

(中学副校长)

然而,惠特克指出,"没有任何一种管理方式能适用于所有情况。需要的是能适应不同情况下的需求和环境的行为"(惠特克,1993:31)。事实上,一个倾向于 Y 理论价值观的新上任的领导可能很难接任一个持 X 理论价值观的领导的工作,因为人们在一开始可能不信任新领导。惠特克认为,"要想获得支持,首先必须克服这种顽固的上任领导遗留问题,解释你的信念、关心的问题、假设和期望,然后使你的人际交往风格尽可能地与这些保持一致"(惠特克,1993:33)。在本研究项目中,这位小学校长很好地阐释了在一开始就设定她的价值观和信念的重要性,以及这如何有助于建立一个信任的环境。

事情的发展,引发了一些其他的东西,所以环境绝对是关键因素。教师培训日活动的第一天,我就跟教职工交流,就我的信念、期望展开深谈,我想我感受到信任是一个成功学校的必备品。我提及自己也刚走出教室,以及那个课堂是什么样的。

(小学校长)

渐进式分布

新的信任环境的建立,通常需要最初的有意为之,到之后它就会变成一种习惯;只有当受到挑战或侵犯时,信任才会再次成为一个明显的问题。

(塞尔登,2009:2)

成功的领导者认识到,建立成功的领导力需要时间,并取决于建立和维持个人和集体的愿景、希望与乐观、高期望值,以及领导者持续的诚信行为,这一系列的因素有助于培养、扩大和加深个人、关系和组织的信任。初始信任的广度和深度将取决于过去和现在的一些因素,这些因素包括组织当前的文化和过去历史上的改进。正如我们所看到的那样,如果一个校长继任的学校里成员之间曾经经历过不信任的关系,那么所需的时间则比与之相反的情况更长。

图 9.1 说明了信任得以逐步分布和嵌入的方式。

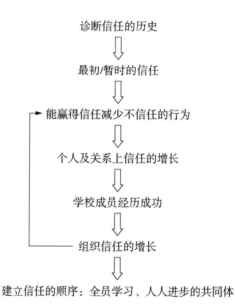

图 9.1 信任的逐步分布

这不是一个线性的过程,因为在政策、社会和个人都不断变化的背景下,人际关系中信任的增长将面临许多挑战,而且,并非所有挑战都是能预见到的。因此,图 9.1 说明了每一个信任增长点之后都需要采取进一步的行动,以赢得信任,减少不信任。正是信任与可信度的相互作用,才会在学校内部形成相互信任,并发展出信任文化。这是一个持续的过程,校长必须不断评估自己的"可信度声誉"(西肖尔·路易斯,2007:18)。校长们必须审视"他人是如何理解他们的行为和背景的……并制定获得诚实评估的策略"(西肖尔·路易斯,2007:19)。这可能包括善于反思与开展自我批评,以及擅长与教职工沟通。

我们的数据表明,虽然成功的校长都持有Y理论价值观,但是他们实施的方式和具体的时间分布并不一样,受到多种因素的影响。比如,他们对学校过去和现在的信任行为的判断,他们对教职工和学生参与分布式领导的意愿、水平和能力的判断,而分布式领导力也是学校信任文化的表现形式之一。值得注意的是,在那些存在严重问题的学校,校长在更大范围地分配领导力之前,采取了不同的方法和策略来建立教职工关系、提升其能力。

> 我认为,主要的变化是学校精气神的转变。当我12年前到任时,我接手了一个压力重重的教职工群体,我告诉他们,我的主要目的就是给他们减压。当时他们不相信我,因为以前的校长的领导风格和我完全不同,所以这花了他们好几个月的时间打消怀疑。半年后我告诉他们,"我的演技当然不可能这么好,你们所看到的就是你们得到的"。所以当三年前英国教育标准局到来时,他们说,"你有一个非常快乐的学校"……我认为这是一所快乐的学校,因为我相信要想好好学习,就必须有舒适、安全和快乐的环境体验。我想这是我所能做出的最大的贡献,这不是因为任何理论,而是它刚好作为我内在精神的一部分,我不能在一个不快乐的地方工作,所以我也会努力让大家快乐。
>
> (中学校长)

信任的行为却也不一定总能获得毫无阻碍的成功。

> 现在我已经明确我可以相信他们能做到,但是,以前我不敢如此肯定,所以并未在最初给予信任。不知道自己能不能这么想,所以刚开始的时候,我并不相信他们。虽然今年有一次后院起火的经历,当时我以为某件事能完成,但其实后来并没有。因此,我需要在何时信任和何时检查之间取得平

衡,但我想说,我现在比以前更多地放权了。

(中学学科组长)

人们普遍讨论的产生信任的初步行动包括:"明确展现出对待事物的决心与计划"、"解释价值观"、"传达愿景"和"逐步建立关系"。另一位中学校长谈到,当时 X 理论的假设使他得以掌控全局,并仅以职能的方式放权,但他在上任之初的独裁式领导方法随着时间的推移发生了改变。

在这里担任校长的头五年,我比较专制,因为我需要办成一些事情。我会让同事们了解最新的进展,但却没有让他们参与进来。接下来的五年,我开始把领导权下放给整个中高层管理团队。我是定海神针——我对自己和他人都有很高的期望。权力下放有时意味着你会重回高标准,但我必须看着人们犯错误——人们必须尝试新事物。我已经在全校范围内建立起了新的体系。

(中学校长)

经过 12 年,他已经建立起了一个高度信任的环境。

如果一个教职工需要休息一天,这不是问题。校长信任教职工,他喜欢退居幕后,让高层管理团队发挥他过去发挥的作用。然后,他会进行裁决,给予客观的反馈。任何教职工都可以接受培训,他们只需要报名参加,校长相信这对学校有好处。

(中学助理校长)

有些行为是增强信任的重要因素:

1. 对决策的影响力;
2. 决策者会顾及利益相关者的利益;
3. 经协商达成一个客观的衡量标准,来评估所实施的决策的影响和效果。

(西肖尔·路易斯,2007:20)

这些行动与我们研究中的校长的行为相似,他们在担任校长的第一阶段就重新设计了组织角色和职责。

> 对领导者的启示是,信任的建立难以轻易地与扩大教师权力和影响力的过程区分开。教师在学校中不是被动的角色,而是信任的共同建构者。作为积极的专业人员,教师如果感到自己被排除在重要决策之外,就会通过撤销信任来做出反应,从而破坏变革。

(西肖尔·路易斯,2007:18)

教职工往往能意识到仅仅是名义上参与决策时的区别,尤其是当这项活动的目的被诠释为是为了功能性的结果,而非出于为个人的考虑。在这里,我们参考了菲尔丁(Fielding)的理论,他区分了两种组织,一种组织强调"功能是以个人为目的或是个人的表达",创造了一个以人为中心的学习共同体,另一种组织强调"功能使个人边缘化",创造了一个非个人化的组织(菲尔丁,转引自戴杰思和利思伍德,2007:183)。在民主的"分布式领导力"组织中,人不仅仅被看作是达到目的的手段。当采用旨在于组织内部建立信任的策略时,领导者将不得不信任他人。因此,有些校长对教职工的信任受到道德驱使,其目的是培养个人对工作和组织的积极性和承诺感,而有些校长对教职工的信任则是以实用或职能为动力,目的是在特定的时间内完成某些任务,却并不考虑个人的成本或利益。以人为本的领导方式能够通过以下几点来识别:

> 建立一个具有包容性的共同体;强调关系和关怀伦理;通过学校的专业文化建立共同的意义和身份;教职工发展方案和教学安排;鼓励对话的学习和评估;强调个人的话语;学习的互惠性;鼓励新的学习方法;对现有关于领导力和管理的理解保持不满足的状态。

(戴杰思和利思伍德,2007:184)

因此,信任的逐步分配是一个积极的过程,必须加以领导和管理。然而,要成功地做到这一点,所需要的不仅仅是行动,还需要领导者具备智慧、洞察力和策略敏锐性。此外,组织中的信任并不是无条件的。

> 辨别适当的信任程度需要教育领导者的智慧和洞察力。最佳的信任是审慎的、经过衡量的和有条件的。
>
> [特恰宁-莫兰(Tschannen-Moran),2004:57]

塞尔登(2009)认为,当行使积极信任时,"我们有核心成员参与,在决定信任或不信任谁时,我们必须对其他个人和组织的可信度进行合理的计算"(第6页)。这与"盲目信任相反……信任必须要靠赢得"(第26页)。本研究项目的数据清楚地表明,校长们以这样的方式行使了积极的信任,但这种信任也是随着时间的推移,而被告知、培养、扩大、加深和深入的。对我们研究中的校长来说,信任他人的过程不仅是经过计算的,也是他们的价值观和性格的体现:

1. 价值观和态度:认为(大多数)人都关心学生,如果允许他们追求自己所承诺的目标,他们会为了学生而努力工作。
2. 信任的倾向:有被信任的历史,并在他人身上观察到从信任关系中得到的好处。

这些价值观和倾向使他们在与他人交往的过程中:

3. 具有个人、关系和组织信任的行为:内部和外部领导力日益分布,以及利益相关者的更广泛参与。
4. 建立、扩大和加深信任:通过反复的信任互动、结构和策略,显示出与商定的价值观和愿景的一致性。

在描述校长如何继续地获得成功的过程中,很明显,关键的组成部分是校长在这些环境中创造的结构性机会,这使得个人和集体的领导力得到发挥。

他们的做法是:

- 在与教职工、学生和家长的关系中树立关爱的榜样。
- 通过内部和外部在职培训提高教师的专业水平,促进和鼓励教师之

间的合作,以便分担责任和职业道德;以及

- 在表明:虽然没有把关爱作为提高学生成就的手段,但关爱的存在却确实对学生成就的提高产生了间接的影响,这是通过影响相应的学生出勤率、学习参与度、自我效能感和承诺感来实现的。

舒斯勒和柯林斯(Schussler 和 Collins,2006)在对 10—12 岁学生的研究中发现了关爱的五个组成部分:

1. 成功的机会;
2. (教学中的)灵活性;
3. 教师对学生的尊重;
4. "家庭"精神;
5. 归属感。

在本研究项目中,这些都存在于成功校长的学校中;它们是根基性的而不是功能性的,是他们所领导的核心价值观的一部分,是改善教学条件的一部分。

关系上的信任

> 信任在人际关系中是累积性的,并且随着每一次相遇而增长,所以关系的连续性是非常重要的。
>
> (塞尔登,2009:91)

领导者对信任的态度和对人的态度也会极大地影响关系信任的发展方式。

关系上的信任的发展对学校改进至关重要。富兰认为,信任的关系必须在进行改进工作之前建立起来(富兰,2003:32)。其关键要素包括:联络、粘性、言出必行、关爱、专注解决问题,以及对不称职的零容忍。随着关系上信任的发展,它对校长采用的策略效果有以下几个方面的重大影响:

1. 关系上的信任弱化了教职工接受新任务时的脆弱感。
2. 关系上的信任有利于共同参与解决问题。
3. 关系上的信任是学校控制体系的基础。

4. 关系上的信任为学校的改进工作创造了道德资源。(教师的积极性、参与度和留任率都可能受此影响)。

(富兰,2003:42)

上述的第四点对于理解关系上的信任对学校成功的影响尤为重要。然而,信任也是通过各种策略行动的层层累积和应用而建立起来的。组织信任的增长是受到各个层面行动推动的,但所有的策略行动都有赖于组织中其他成员的配合。沟通、示范、指导教职工、发展教职工、分享愿景、解释价值观和信念、做出明显可行的教学和课程决策、适当调整组织结构和文化、重新设计角色和职能,这些都有助于激发改善学校所需满足的道德规范。

只有当参与者表现出参与这些工作的决心,并看到其他人也在做同样的工作时,一个建立在信任基础上的真正的专业共同体才会出现。校长必须发挥带头作用,通过向他人伸出援手来扩大自己的影响力。有时,校长可能会被要求对同事表现出信任,而有些同事至少在一开始可能并不会积极回应。但他们也必须准备好使用强制力,围绕专业规范来变革一个不能正常运转的学校社群。有趣的是,一旦这些新规范被稳固地建立起来,此后就可能很少需要动用这种权力。

(富兰,2003:64)

我们的校长通过多种方式来建立关系上的信任,例如,"让下属参与变革的规划、实施,并在变革实施过程中参与其调整"(西肖尔·路易斯,2007:4)。通过循序渐进的策略和让教职工参与全校的重大决策建立起了信任。通过这种方式,信任成为变革中的积极成分,反复发挥作用,并逐步改善了策略实施的条件,使校长在其领导的后期能够将初始行动推向更为复杂的阶段。西肖尔·路易斯观察到一些领域与关系信任的发展特别相关,这些领域包括愿景、合作和教师参与(西肖尔·路易斯,2007:8)。在我们的校长那里,这些因素被阐述为信任文化,通过这些文化,他们的学校变得更加强大。因此,要改善学校的教学、学习和成绩,并不是单靠信任的建立(虽然如果没有信任,改善的机会就会减少),而是要通过领导者的价值观、性格、行动,以及互动的质量和一致性来实现的,特别是通过组织结构和其中的个人和社会关系来实现的。此外,它还需要与适当的行动和策略结合起来发展,特别是设定方向、调整组织结构和发展教职工。布赖克和施耐德提出了改善学校中现有关系信任的三种场景。

- 校长和教师
- 教师和教师
- 学校专业人员和家长

(布赖克和施耐德,2002:41)

本研究项目发现的另外两种情况是:

- 校长、教师和教辅人员(非教学)
- 校长和外部机构(包括学校)

(特恰宁-莫兰,2004:42)

虽然特恰宁-莫兰在她对三所城市小学的研究中发现,关系在18个月内变得"相当稳定",但在我们的学校里,个人、关系和组织的信任却在更长的时间内才得到巩固和深化,而且是校长们持续关注的焦点。他们认识到,如果要实现最终的成功,就需要在每一个环境中践行和重复信任。

组织层面的信任

> 信任需要平衡个人和集体的需求……在个人的表达自由和集体的要求之间取得微妙的平衡。
>
> (塞尔登,2009:26—27)

西肖尔·路易斯(2007)对美国五所高中进行了为期三年的研究,发现制度信任是信任的重要指标,也是学生成就的预测指标。该研究发现"社会凝聚力"是机构信任的重要指标。本研究项目的数据证实了她的研究成果。在我们成功的校长的学校里,教职工、学生和家长都谈到了集体目标感和参与感,采用了共同的行为规范,注重合作和以数据为依据(而不是以数据为主导)的决策方式。我们研究的一个重要发现是,强调变革的个人、关系和组织信任的增长需要时间。研究表明,一些规范是在校长任职初期建立的,而另一些规范则是在较长时期内才形成的。策略的选择和组合以及时间、顺序和速度的调控取决于校长对他们所接手环境的判断,以及他们对未来的期望。

> 信任是通过承诺期建立起来的,在此期间,每个合作方都有机会向其他人表示愿意接受个人风险,且不会利用其他人的弱点来谋取私利……当参与者开始对彼此感到更舒适时,可能会对信任和影响的限度进行默契的测试,来试图达成一套共同的期望。
>
> (特恰宁-莫兰,2004:42)

渐进式的领导力分配和信任的建立

正如本章第一部分所显示的那样,学界已经有很多文章研究了学校中分布式领导力的性质、形式和可取性,但却很少有文章探讨这种情况是如何、何时,以及在什么样的背景下发生的。

校长们开展个人、关系和组织信任的方式,与分布式领导力的决策密切相关。这些方法可能包括在尊重的基础上建立关系,建立团队归属感,创造一个充满关怀的、给予支持的、压力小的环境,同时这个环境也对能力和专业度抱有高期望值。

> 我得到这份工作的时候,有一位学校理事对我说,你的工作就是,在五年后,让自己成为多余的人;你的工作就是让学校里的每一个人都有能力完成你的工作。我觉得他说的对。任何一个校长在做这份工作的时候,都想要平衡所有的事情,那是不可能的。你必须放权,但要以支持他们的方式去做,并接受其他人的质疑。
>
> (小学校长)

我们研究中的证据表明,信任是一种价值观,是一种倾向,也是校长们的一种策略。并且信任的增长与领导力的分布之间存在着质性相关。两者都是随着时间的推移而发展的。当人们对前一任领导者的信任度较低时,更是如此。

管理人员在启动重大变革之前,需要评估目前信任的建立情况。如果信任度较低,就需要先解决信任的问题。这样,其他的组织改进工作才能在一个坚实的基础上进行。

(西肖尔·路易斯,2007:18)

因此,新任校长的首要任务之一是建立信任和提高教职工的士气,这是推行变革的必要条件,因为"信任是关系的一种相互条件"(索克特,1993:117)。但是,在教职工能力得到适当发展之前,校长可能不会立即分配领导权(见第3章和第7章)。权力如何分配、何时分配以及分配到什么程度,至少部分取决于信任。萨拉森(Sarason,1996)早就在讨论学校文化和变革问题时指出:

变革的问题就是权力的问题,而权力的问题就是如何以允许他人认同、获得对变革过程和目标的主人翁感的方式来行使权力。这不是一件容易的事,这是一个令人沮丧、需要耐心且耗时的过程。变革不可能按部就班地进行,这是拥有权力的人往往无法面对的残酷事实。

(萨拉森,1996:335)

里兹维也认识到,"在学校中引入更发达的组织民主形式将是一个缓慢的、因地制宜的过程,这取决于现有的历史和文化经验"(转引自格雷斯,1995:59),而且,"只有当属于某一特定组织的个人能够看到改变的意义时,改变才会发生"(转引自格雷斯,1995:59)。在本研究项目中,这种对情境高度敏感的领导力分配方法,增强了组织民主,是成功的校长们工作上的一个共同点。

虽然在本研究项目中,领导者对领导力的逐步分配贯穿于每一个阶段(见第7章关于发展阶段的讨论),但是其具体分布和强度却各不相同。表9.2和9.3说明了这一点。竖列代表了学校,而学校编号则显示在图表的顶部①。E、M和

---

① 对10所中学中的9所和10所小学中的8所本阶段的数据进行了全面分析。由于校长在研究的第一年离开学校,第五轮数据存在问题,因此,有3所学校被排除在这一分析之外。

L 分别代表早期、中期和后期阶段。不同的阴影表示何时采用了分布式领导,上面一行表示高层管理团队,下面一行表示中层管理人员和其他教职工。阴影的颜色越深,代表越多地采取这一策略,或者说是,颜色越深,相对应的实例越多。

表9.2 各阶段领导权分配的性质(小学)

学校	2	3	4	5	6	7	8	10
校长任期	11年	11年	17年	12年	24年	9年	19年	7年
阶段	E M L	E M L	E M L	E M L	E M L	E M L	E M L	E M L
领导权分配-高级管理团队								
领导权分配-其他人								

注:DL=领导权分配

表9.3 各阶段领导权分配的性质(中学)

学校	11	12	13	14	15	16	17	18	19
校长任期	6年	9年	8年	12年	18年	15年	7年	12年	9年
阶段	E M L	E M L	E M L	E M L	E M L	E M L	E M L	E M L	E M L
领导权分配-高级管理团队									
领导权分配-其他人									

结构方程模型(第3章)显示,在本研究项目中,接受全国问卷调查的校长都将领导力分配给了他们的高层管理团队,而所有20所案例研究学校都证实,他们在任期的早期阶段仅以有限的方式进行领导力分配。然而,表9.2和9.3显示,在中期和后期,领导力的分布范围越来越广。例如,在6、7、10号小学中及15、17、18、19号中学中,校长在任期初期将角色和任务下放,但是仍然保留着对重要事项的决策权。在其余的学校,责任和权力的分配来得更早,到了后期,学校权力在整个组织中的分布范围更广。

他与人分担责任,并且信任人。他信任每一个人。如果他要求任何人做什么,他就相信他们会做。他不会追在他们的后面问,"你做了这个吗,你做了那个吗?"他只是相信我们一定会做。

(小学学段协调员)

分布式领导力在整个学校的发展,与信任的增加有关。

  而且他在这里已经有相当长的时间了,但是有更多的人在边缘,在外围,想着我到底在不在这里面?而如果我们现在画一张图,一个目标板,如果你觉得自己是这个过程的一部分,是学校决策的领导和管理的一部分,即使你不是领导设计师,你也会靠近目标板的中心。而在以前,大多数人都会在这以外。现在,平衡已经被打破,大多数人都会出现在目标板上,而不是外围了。

(小学学段协调员)

  所以我在这里学到了关于分布式领导力的知识,但我不认为校长在早期会这么做,如果我是一个学校的新校长,我不会直接这么做。我会想先了解所有正在发生的事情,我想当分布式领导力出现的时候,这可能是你领导力经历的一个阶段。作为一个新校长,你不知道你的副手或高层管理者有多优秀,你会在最初时更多地亲力亲为,直到你觉得可以放手。

(小学副校长)

半数以上的校长表示,他们在担任校长的初期,采取了较为专制的领导风格,随着他们与教职工之间建立起信任,(从中期开始)通过分布式领导的形式增加了教职工对决策的参与。这是一个重要的发现,与分层领导的概念有关(第8章)。

  我了解到的一件事是,在20世纪90年代末,尽管我已经改变了自己的风格,但它仍然相当专制和注重权威,这样太过了。我所做的并不真正允许人们去领导自己的工作。所以这是第一件事——允许人们自己去领导。第二,是给他们机会去领导。

(小学校长)

刚开始的时候,有很多干涉,这并不民主。我做了大部分的决定,但相当快地,当高层管理团队准备好了,他们就给予我支持。此外,我和我的高层管理团队一起,完成了许多课堂观察。现在情况又发生了变化,第二阶段的中层管理人员、教师和学生都参与决策,责任分配给了全校。

(中学校长)

建立信任文化

为了营造出这样一种氛围,让校长感到愿意真正地把领导责任分配给教职工,同时也让教职工感到舒适并准备好承担这一责任,就必须在学校中建立一种信任文化。在20所案例学校中,这种文化是在不同的学校改进阶段逐步形成的(见第9章)。

我认为高层管理团队的工作(一直)在于鼓励教职工多参与,鼓励他们质疑和提问,鼓励他们参与并领导某些事情,或是学校发展的许多方面,由此,他们就上了这艘船,所以当你确实需要更快地办成某件事,或者你必须对他们说不,我们要这样做,他们是会和你站在一起的,因为他们信任你。我觉得信任和自主权真的很重要。这不是一朝一夕的事,你必须非常努力地做,你必须在你的教职工身上投入更多的时间、信任和精力等,然后他们会团结在你身边。

(小学副校长)

所有的校长都认识到,随着时间的推移,在知识和经验的基础上发展这种信任的重要性。

首先,你必须表明你信任别人。除非在一个让他们感到被信任的世界里,否则没有人会成长,没有人会获得任何个人发展。最难做的事情之一就是能够以一种不损害他人信心的方式批评别人,很明显,你将不得不这样做,因为人们并不总是能把事情做对。所以人们必须感觉到他们是被重视的,被信任的,被尊重的,他们可以犯错,这不是一个问题,在有些人身上就是会比在另外一些人身上花更长的时间。

（中学校长）

我们大多数成功的校长都建立起了完善的信任文化。一所小学的教职工清楚地表达了这一点,他们从多个角度对学校的高信任度环境进行了评价。教职工认同校长对他们的信任,因为他给予了他们作为专业人士的责任和支持。

> 我让教职工当学科带头人,赋予他们责任来监督自己的学科,这就是为了培养教职工的主人翁精神。我有非常好的教职工,就是因为如此。我让教职工按照自己的方式去教,那是他们所擅长的,那是他们接受过的训练,因此,我不干涉。我绝对地百分之百地信任他们。如果他们有什么想法,我就会去实施,因为我相信他们的判断。就像低龄段的经理,她来找我说:"你看,我们有学前班,我们有幼儿班,设立一个基础阶段部怎么样?"所以我们研究了一下,我说:"好啊,我百分之百支持你。"这就是你需要的,你需要这种积极主动的教职工。这也就是我所拥有的。

（小学校长）

> 我想他信任教职工,他相信我们能完成工作。我是想说,从这次会议回来后,我认为这个基础阶段的想法是一个很好的想法,他立马就支持了我。他搜罗资金来拆墙,找电工,找木工,他真是百分之百地支持我。而他对其他教职工也是一样。如果有任何他们想尝试或做的事情,他都会百分之百地支持他们。

（小学高级管理人员）

> 我认为他对我们所有人都非常信任,他知道我们擅长什么,他利用我们的优势为学校谋福利。我的学科领域(是)识字和计算,所以他就让我在全校范围内领导这两个学科。我认为他还是一个民主的领导者,我想我就是从他这里学到的,因为这是我唯一待过的学校。在某种潜意识里,我一定以他为榜样同时学习他的领导方法。

（小学学段协调员）

这个评论显示了信任发展的迂回往复。现在来看另一所小学的教职工对任期九年校长的评价,我们可以发现一个清晰的过程,随着时间的推移,信任进一步发展,并在此基础上,领导力分配也逐步扩大了。最初是校长起主导作用,但她逐步给人们更多的责任,让人们变得更加独立,且能感觉到自己有力量,这有助于他们取得成功。现在这里有一个信任度高的环境,从高层管理团队到教师,领导力也被广泛地分配给了所有教职工。

> 我想最初她是领导,但现在从某种程度上讲,领导权已经分散了。我想当她刚来的时候,她接过了缰绳,但在某种程度上,我们也总是参与讨论,但很明显,她不能再继续这样工作了,现在事情被布置下去,人们被赋予了更多的责任,这使她的工作变得更容易,事实上,她信任这个学校的人做事……我的意思是,放权是好的,但你需要能够信任你放权的对象,因为在一天结束时,她要对学校发生的事情负责,我认为她对这里的每个人都很尊重。
>
> (小学学段协调员)
>
> 我们有没有谈到教职工的赋能,我们变得更加独立,我还没有说过这件事,对吧?我想当你问我事情是如何改变的时候,我们就已经变得更加独立了,这里也有了更多的信任。我想英国教育标准局走后,每个人都觉得更快乐,我们也更独立。
>
> (小学教师)
>
> 从上一任校长到这任校长,我觉得现在比以前更加被赋能,我想这是因为这个校长很乐意给我责任。她信任我。她说:"对我来说,这不会是个问题。我知道你能做到。"看吧,我做到了。所以我觉得这对我的影响很大。
>
> (小学副校长)
>
> 她很信任我。有些事情你也需要在一定的截止日期内完成,每个学校都是这样,但我和其他老师谈过,似乎没有其他学校那么多。我们可能做得更多,但像其他学校那样,每周、每天都要上报的事项,似乎就没有了。我们享有更多的信任,她知道我们能做什么,她就放手让我们去做。
>
> (小学教师)

有助于逐步赢得信任的质性因素

教职工指出了一些有助于建立信任文化的因素,其中包括:对幸福感的关心、开诚布公的交流和理解、行为示范、友好、分享和协作、尊重和重视、高期望值,以及面对学校发展的集体责任:让每个人都参与到评估、监测和改进中来。

对幸福感的关心
教职工提到他们体验到了关爱文化,这有利于促成更安全的工作环境。

> 我认为,学校里的学生或教职工都是非常幸运的,因为这儿有一种关爱的文化。我认为,当人们来到学校时,这种文化就会体现出来,它在一切的背后……人们知道,我们把孩子们的利益视为最重要的,这是重点。这一点既可以通过校长,也可以通过其他任何事情体现出来,因为她并没有控制一切……但她是中心,如果你没意见的话,所以她会想,好吧,这可能会起作用,这可能会使学校更好一点。
> （小学教师）

> 他非常善于支持我们,如果我们有充分的理由去做某件事,他会信任我们。我会说这是他最强的地方,因为我参加过其他会议,我知道有些人没有这样的能力。
> （学前阶段经理）

校长解释了他是如何靠给予信任和安全感在学校建立起信任的。

> 我认为无论是孩子还是成年人,他们可能会去做被期望做的事,但如果感到害怕,就不会学到很多。你需要的是一种信任的氛围。对于教师来说,就是职业信任。我不会假装自己总是能把事情做对,很多的时候我都会做错。因此,你必须给予应有的肯定和表扬,你必须准备好说:"你怎样才能把

它做得更好呢,你是否尝试过这样那样的方法?"

(小学校长)

沟通和理解

想要发展关系上的信任,确保公开和诚实的沟通是至关重要的。

因此,我们有一种辩论的文化,恰恰是这种文化,恰恰是每个人都有自己不同的观点,才是健康的。这不会是"好吧,校长说让我们这样做";很多时候,他们可能会说,"哦不,她又有了另一个想法!"这是一种辩论的文化,说到底就是民主。

(小学校长)

我个人认为,在领导任何人的过程中,诚实是一件非常重要的事情,因为如果你对他们诚实,他们就会信任你,然后当你要求他们做某件事时,即使他们不想做,他们也会做,因为他们知道你的要求是有充分理由的。

(中学学科组长)

但是,我认为要非常诚实,要非常开放,要相信别人,要给别人责任。

(中学校长)

而且我认为,要非常开放,诚实待人,信任他人,从哲学上讲,我确实相信人们都是对的。我相信这一点是没有问题的。

(小学校长)

行为示范

新任校长需要让教职工清楚地了解他对他们的期望是什么,而行为示范是做到这一点常见的一种方式。这关系到在学校中创造高期望和目标感。

当我开始工作时,我必须做很多示范。我知道我希望人们做什么,我可以持续地把它写在公告上,我可以一直站在教师大会的讲台上,我也可以开展教职工的培训。但是,我真正需要的是人们看见它并理解它。

(中学校长)

友好

这些校长满足了教职工的"归属感"需求,创造了友好的环境,提供了合作的机会。

> 友好、热情、平等。没有人会坐在那里愤愤不平,相反,每个人都认为"这就是我的角色"。协商,而非强制要求人们需要做什么。
>
> (中学教师)

> 我认为这是一所非常友好的学校。学校的大门是敞开的;如果你有问题,总是可以找到人倾诉。我想这肯定会有很大帮助。校长是一个很好的人,他是那种让你相信如果你有问题,就可以去敲他的门,找他倾诉的人。
>
> (中学校理事)

> 我一进来就注意到了一件事,那就是高级管理层是很频繁地出现在大家面前的,并且他们有那么多友好的、公众可见的、鼓舞人的小方法,比如给你寄卡片。这对我来说非常不一样,因为我来自一个文化比较强硬的环境,所以这样的小方法会让我感受很不同。
>
> (中学教师)

分享和合作

提供分享和合作的机会也有助于形成信任文化。

> 这里也有一种分享好做法的文化。现在我们这样做得很多,学校各学科之间也开展了互相听课的活动,不同学科之间有机会进行反馈和讨论。
>
> (中学助理校长)

> 我认为这是一个注重分享和合作的方法,你知道的。因为我们这里有某些类型的学生,你不能靠自己单干,有些情况下,你尤其需要支持。我的意思是,我们有授课教师……我们也有一个超时系统来支持教师,你知道,

我们创建了共同体模式来提供支持……如果有什么问题,就会有人在那里提供支持,这就是我想说的。所以我觉得学校的文化真的很注重合作、协作和支持。

(中学学科组长)

尊重和重视

尊重和重视教职工被看作是建立信任文化的关键。

  人际关系肯定是至关重要的,你如何尊重别人,你如何与人交谈,你也会希望他们能以同样的方式回馈。

(中学校长)

  我认为是现有的环境和氛围。我认为学校的风气极佳,并且教职工之间、学生与学生之间、学生与教职工之间都彼此尊重。

(中学教师)

  教师或者学生单干,可能做不到某些事,这就是所谓的——没有你我们都做不到,必须要彼此尊重,而这需要时间。现在你去任何一个教室,都能看到教学工作有针对性进行、师生相互尊重的场面。

(中学助理校长)

当被问及给予别人信任是否会让他们更值得信赖时,这位老师指出了让人感受到他们参与其中的重要性,以及这将如何帮助信任感的形成。

  是的,因为我认为人们可以对事情做出自己的决定,如果你尊重他们、信任他们,他们就会通过好好努力来兑现。如果是来自于你,而且是由你主动提出来的,你会很高兴。有时候,如果有人说你必须做这个,必须做那个,你就会想,我不想做这个,我想做那个,而如果你问他们认为他们自己应该做什么,那么他们就会觉得自己参与其中了。所以我认为每个人都是学校的一部分,没有人害怕说出他们的想法。

(小学教师)

高期望值

建立高期望值,也被看作是校长们价值观中的重要组成部分,它们共同构建了信任和动力。

> 期望你应该永远做到最好。有高期望值,但同时也是一个足够温暖和友好的组织,如果人们觉得他们不能满足这些期望,他们也不会觉得自己会被歧视或被挑剔。我这样说,是作为一个教职工,也作为一个曾经得到我支持的人。在某种程度上,它应该是一个不错的工作场所。人们会在这里花很长的时间,他们可以在这里感觉受到重视,他们喜欢自己的工作,而孩子们喜欢来学校,这些都是很重要的。
>
> (中学副校长)

集体责任和问责制

参与决策的意识也有助于高信任环境的建立。

> 每个人都需要参与到这个评估的过程中来,每个人都需要共同前进,因为大家对学校的现状有共同的认识,而这在不同的层面上是相当困难的,所以有时候你必须把这些信息过滤掉,而且你还必须把时间安排好,因为有这么多的创新项目在进入学校。
>
> (小学副校长)

> 在这种文化中,人们可以自由地提出建议,人们被鼓励着去思考如何推动学校的发展,从我的角度来看,我想不出教职工有在任何事情上被拒绝的经历。所以,在试图增强教职工的信心这方面,这种文化是一种……是一种开放的文化,你能明白吗?是吧?教职工被鼓励着去做更多的事情,但是……不至于让他们承担过多。
>
> (小学教师)

> 传统上,人们认为,监管就是地位高于他们的人看着他们做事。因为这里的文化是这样的,每个人在这里都已经呆了很久了,都相互认识,所以你

不会感觉受到威胁,监管就稍微容易一些。这里有一种信任,人们知道你的专长是什么。所以当你说"如果……这将会更好"的时候,他们知道你说的不是针对个人,而是的确知道你在说什么。我们是想做自我监督,而这与自我评价的过程也有关。

(小学教师)

人们似乎知道自己在做什么,我以前也在一切都为你安排好的学校里工作过,你要这样做、这样、这样,对于教职工来说,这是一种非常不同的感觉。我觉得被信任的确有一些特别之处;我认为高问责伴随着低信任,而高信任则伴随着低问责。我认为这里是第二种情况:人们觉得他们可以继续他们的工作,并被信任。

(小学教师)

我认为,学校的文化和风气是其巨大的优势之一。它就是要让学校的所有教职工都有主人翁意识,每个人都有责任感,把自己看作一个重要的组成部分,他们将在决策中发挥重要作用。所以我的领导方式就是把这种权力交给其他教职工,让他们去做决定。

(中学校长)

我认为你不可能靠自己一个人做完所有的事,你要么放权,要么就会精神崩溃。你不可能了解每一个最新的状况,你必须信任别人,你必须放权……作为校长,一个很重要的职能就是让人们承担起责任,为你做事。否则,我想我不能在校长的位置上坚持下来。如果你不信任和你一起工作的人,那么你在那里就没有意义了。

(小学校长)

这位工作了26年的校长非常清楚信任的建立与学校的成功之间的关系。

我认为我的工作就是能够让老师们形成自己的观点,并且尝试自己去做一些事,只要孩子们不受到伤害,作为学校领导,我必须对他们有信心,不是告诉他们,而是让他们自己去寻找解决的办法。这就是信任的期待——我相信你能做好你的工作,我相信你能和孩子们处得来,我相信你会按照学校精神来开展工作,如果我们一起携手,就会获得成功。

(小学校长)

结论

最后,正如我们在本章中所指出那样,信任和分布式领导力也与哈尔彭(2009)所说的"尊重经济"密切相关。

> 尊重经济,以及嵌入其中的社会资本结构,其价值超过了建立在货币价值之上的实体经济(例如,考虑社会关怀的价值),而且,也许更重要的是,对我们大多数人来说,它在日常生活中的重要性远远超过了传统经济学的关注点。
>
> (哈尔彭,2009:16)

哈尔彭的论点是,社会资本——"个人和社区之间相互信任、相互帮助、相互联结的程度"。(2009:10)——适用于与国家财富有关的事项。然而,他还指出了当更多地投资社会资本时,这给个人和社会带来的其他益处可能在一定程度上解释了为什么学校中特定形式的分布式领导力为成功提供了强大的驱动力。例如,哈尔彭还补充到,这对个人的身心健康十分有益,而且社会资本还会对学生成就产生影响,尽管他承认这其中的关系更为复杂。在社会资本上的投资可能会对那些被评为成功的学校产生以下影响:高自我效能感、低教职工(和学生)缺勤率,还有高教职工留任率。本研究项目与针对其他国家的研究结果一致,发现分布式领导力是这些学校的一个关键特征。

用哈尔彭的话来说,信任是"尊重经济"的核心。信任被践行于校长和教职工的工作环境中、儿童和青少年受教育的环境中。因此,给信任下一个定义:它是一种重要的形式,能帮助理解在学校情境中,学校领导力是如何在不同时间段进行怎样的分配。这会对以下两个方面产生重要影响:一是校长投身于某所学校的时间;二是为了取得长久的成功,他们所需拥有的品质和采取的策略。本研究项目表明,能够在较长时期内不断改进和保持成功的学校校长,通常他们的领导力都是稳定的。更重要的是,它还能使我们更清楚地了解,这样的分布会以何种方式作用于提升教职工和学生的幸福感和成就,以及通过这样的方式,学校会取得怎样的持续成长和进步。

第 10 章　成功的领导力：情境、主张和特质

本书全面分析了校长的价值观和特质，他们所使用的策略，以及他们如何调整这些策略以适应具体的学校情境，从而确保其能积极促进学生的学习、幸福感和成就。我们从不同的角度探讨了领导力的这些方面，既基于我们开展的全国性的针对高效能、改进学校的混合方法研究（这是首个此类研究）——"学校领导力与学生成就研究项目"——也参考了一系列根基扎实的国际研究文献。

在本书中，我们已经：

- 提出了成功的学校领导力不仅具有一系列稳健的特质/实践，这些特质/实践在不同的辖区都有很好的应用，而且在具体选择和应用这些特质/实践时，总是会敏锐地考虑到具体的人员、组织和政策情境；
- 根据我们的实证结果和现有文献，找出、列举和阐述一套基本的领导力实践；
- 分析并描述了与学校改进历程的不同阶段相适应的领导价值观、特质和行为。
- 描述了我们研究的样本和方法论，重点说明了我们是如何考虑三个学校改进小组的所在情境的；
- 证明了学校领导者采取不同的行为与其学校所处的具体改进小组有关；
- 探讨了中小学之间成功领导力行为的不同和相同之处；
- 提供了一所小学和一所中学的描述性案例研究，重点关注了对情境高度敏感的策略的积累、组合及其相对强度；
- 关注了"信任"的重要作用，它是改进过程的核心，也是领导力得以在高层管理者以外得到逐步和有条件分配的关键。

在最后一章里,我们将研究中的这些线索结合在一起,将重点讨论成功的领导者在未来几年中会持续面临的挑战。在讨论学校领导力的发展和前景时,我们做了以下工作:

1. 简述学校领导力面临的不断变化的环境;
2. 列举学校领导者所面临的挑战;
3. 在此背景下,基于本研究项目,总结出之前在实证基础上提出的,十条关于成功的学校领导力和学生成就之间联系的主张(戴杰思等,2010);
4. 构建一个理论框架,在这一框架中,本书所描述的那类学校的成功领导力可能会对拓展有关成功领导力的知识做出贡献;
5. 找出成功领导者的五个关键特质,这些特质不仅支撑了他们的成功,也使他们能够在不断变化且日益复杂的环境中继续成功地开展工作。这些特质包括:

   (1) 脆弱性与风险;

   (2) 学业乐观感;

   (3) 情感韧性;

   (4) 希望;

   (5) 道德目的。

学校领导力所面临的不断改变的环境

自20世纪90年代以来,大多数欧洲国家的学校领导力,特别是英国的学校领导力,都发生了巨大的变化(海厄姆等,2007)。以英格兰为例:

- 由于《教育改革法》(1988年)引入了地方学校管理(LMS),所有学校脱离了地方政府直接的财政控制,因此,20世纪80年代既自由放任又家长式的领导文化发生了根本性变化。
- 通过将分配资源和决定优先事项的权力从地方行政机构转移到学校理事,从某种意义上来说,校长实际上变得更加自主。然而,这种自主权受到了高度发达的国家标准框架的制约,该框架要求校长对学校的表现负责,并在一些重要领域需要遵守国家规定。

- 在20世纪90年代中期,考试成绩的公布和全国性的督查制度(并且每个学校的督查结果还会被公开),给校长们带来了相当大的压力,也鼓励了学校之间的激烈竞争。
- 随着国家学校和儿童服务领导学院(National College for Leadership of Schools and Children's Services,简称国家学院[①])的成立,以及学校领导力的专业性发展受到了更多重视,这种竞争的环境得到了一定程度的缓解。政府的一系列举措,如"卓越城市""领导力鼓励金"和"小学联盟"等,都表达了对合作的追求,从而加强了这种趋势。
- 不可避免地,学校领导在这一时期所面临的政策上的挑战急剧增加,他们的工作强度更高,情况更加复杂。当前的两个关键性例子是如何实现标准与幸福感之间的平衡——例如2006年开始的《每个孩子都重要》(ECM),以及学校多样性和家长选择权的不断推进。
- 无论政策实施的一般和具体挑战是什么,具有跨校工作和领导合作的能力都变得越来越重要。现在,英格兰几乎所有的学校都参与了某种形式的合作或社交活动。
- 这反过来又开创了一种包含有更多协作在内的学校教育模式,学校领导大大增加了与其他学校的实际联系,希望借此来实现学校的改进,从而实现系统转型。这就是目前所说的"系统领导",即在外部督查中被评为优秀的学校的校长,现在除了自己的学校外,还在多所学校实施的系统改革中发挥着积极而明确的作用。

简而言之,1988年至2010年间,学校教育从一个"秘密花园",到需要大幅增加透明度,建立不同形式的问责制,并越来越多地受到"约束",所有这些都是为了使学生有更高质量的学习、更高的幸福感和更好的成就,尽管这并不总能成为现实。而在这一运动中,校长正日益成为先锋。当朝着这一方向发展的进程更为清晰时,校长们将如何应对新联合政府提出的"增加自主权并解除管制",这

[①] 国家学院成立于2000年,名为国家学校领导学院(NCSL),直到2010年才更名为国家学校和儿童服务领导学院。

将是一个十分有意思的问题。

本书所报告的研究明确地表明,成功的校长拥有深刻而持久的道德/伦理目的,而且具有自己的教育理念,并不遗余力地促使每个学生都取得学业、志向和个人成就。为了能在这些方面产生影响,促使那些对自己没有抱负的人取得进步和成就,校长们持续关注着:

- 学校和社区的政策、社会、硬件和教学环境;
- 成人和学生的动机、参与度和幸福感;
- 家长和当地社区成员的参与;
- 系统性的承诺。

他们通过以下方式来实现:他们每天阐述的价值观和展现的人际特质,展现个人及人际交往特质,每天交流与沟通价值观,明智诊断具体情况和人们所关心的问题,具有洞察力,具有战略敏锐性,培养个人和集体的效能感,建立关系和组织信任,拥有学术乐观精神(这是基于他们对个人准备情况和组织需求的判断,并及时开展相关能力培养的举措而实现的),在信任和信赖度的基础上逐步增加领导权分配,以及相信个人和集体有能力释放出改进所需的创造性能量。

然而,也有一个潜在的令人不安的趋势日益凸显。简单来说,即是该项目研究中的校长们反映的学校日益复杂的领导环境:如果他们和他们所在的学校以及他们合作的对象要想取得成功,他们就必须开展越来越复杂的工作。随之而来的是,他们每周必须工作的时间也在增加。

在本研究开展期间(2006—2009年),校长的薪酬显著增加,学校的资源投入也有明显加大,包括改善教师的薪酬和工作条件,以及增加教辅人员的数量。此外,还有针对校舍的大型改造计划。这些背景因素很可能在推动和促进学校改进方面发挥了重要的支持作用。

学校领导者面临的挑战

如果说积极应对这种快速变化的环境还不够的话,本研究项目还找出了一些关键的(几乎是恒有的)个人和策略上的挑战,这些挑战也是学校领导力的核心。它们包括:确保持续良好的教与学,在多元而均衡的课程设置中涵盖扎实的基础知识和技能,管理行为和出勤率,严格管理资源和环境,把学校建设成一个专业的学习共同体,并发展校外的伙伴关系,鼓励家长支持学生的学习和新的学习机会。

在这些大的挑战背景下,英格兰还有一系列具体的现实挑战,特别是来自于议程的规模和复杂性,更具体地说,来自"《每个孩子都重要》这一重要议题,'学习和标准议程'与'社会和接纳议程'并列所带来的相关的变化"(普华永道,2007:161)。它们包括:

- 标准与幸福感之间的平衡。现在,学校领导者被要求在保持对提高学生成就的严格关注的同时,也要致力于为孩子们提供更安全和健康的环境,使他们能够在乐趣中取得成就,并为社会做出积极贡献。后一个"福祉议程"包括拓展服务(包括课前和课后俱乐部)以及多家机构共同参与的儿童服务。这不仅源于对儿童安全和保护的关注,而且也是从国家层面上应对社会阶层对教育成就造成的影响的一项重要举措。
- 促使学生的学习体验日益个性化。这就要求,除其他事务外,领导者在设计学习体验时,将学习评估和使用学生成绩数据作为全校的专业实践,以真正发挥出学生的潜质。
- 实施劳动力改革。从 2005 年 9 月起,根据国家劳动力协议,学校有法律义务首次为教师提供有保障的专业(准备)时间,专业时间应占其教学时间的 10%。这是一项更为广泛的改革的一部分,目的是将教师的行政工作移交给行政人员,限制教师帮缺席的同事代课的次数,实现整体工作量的减少,并达到工作与生活的合理平衡。学校领导者面临的挑战是如何确保这能支持学校更广范围内的改进,或者至少不会破坏稳定。
- 推动学校多元化和扩大家长的选择。尤其是在中学阶段,直到 2010 年,新工党政府鼓励学校从普通的综合学校模式向多种类型的学校转型,包括课程设置(特色学校地位)和管理模式(信托和联邦)。同时,还采取了明确的行动,在招生程序和新学校(学院)建设方面,为家长提供更多的选择,让他们决定孩子要上什么样的学校。自 1988

年起,历届政府都将多元化和选择议程视为改善教育的动力。学校领导者所面临的挑战是如何在地方层面上理解这些举措,与更广泛的系统进行有意义的互动,同时让他们的学生、教职工和学校的风气不必经历不协调或不必要的改变。

- 特定学生群体的进步。这些包括特定的少数族裔和社会经济群体(包括黑人男孩和享受免费校餐的白人学生);那些英语作为第二语言(EAL)的学生,特别是在城市地区;那些有潜力取得高成就的学生,以确保他们真正能有机会发挥他们的潜力;有特殊教育需求的儿童,特别是他们从特殊学校转到主流学校(作为政府全纳议程的一部分)。

除了这些具体的挑战外,学校领导还面临着一系列其他问题,包括:在领导人才存在潜在短缺,申请担任校长的候选人数量减少的情况下,规划自己的继任;跟进并实施不同学段和 14—19 岁阶段的课程和评估变化;关注特定地区学生人数下降的可能性;以及在具有挑战性的环境中领导学校。除此之外,现在不仅要增加自主权和放松管制,而且在经历了十几年的预算逐年增加后,学校领导还必须面临资金大幅减少的未来隐忧。

十项有力主张

那么,什么形式的领导力不仅能应对这种不断变化的环境和日益增多的挑战,而且还能持续提高学生的学习水平和成就呢?这就是本书试图解决的难题。我们已经对这个问题的研究总结为《关于成功的学校领导力的十项有力主张》(戴杰思等,2010)。如下文所示,这些主张建立在前人已有的文献《关于成功的学校领导力的七大主张》上(利思伍德等,2006a),基于本书所报告的研究,这些主张得到了进一步的阐释和深化。

因此,这十项主张简明扼要地概括了那些能够使这种坚忍的领导方法取得成功的价值观和策略。一言以蔽之,这些校长通过他们的身份认同——他们的价值观、美德、性格、特质和能力——他们所选择的策略,以及他们如何根据自己所处的独特情境来调整自己的领导实践,来提高学生的成就。

主张一：校长是学校领导力的主要来源

校长被学校核心教职工看作领导力的主要来源。他们的教育价值观、反思策略和领导实践塑造了内部流程和教学法，从而提高了学生的成就。校长的领导力对教师的期望和标准有直接的影响。这包括他们思考、计划和进行教学实践的方式，他们的自我效能感、投入和幸福感，以及他们对组织的忠诚和信任——所有这些都间接影响学生成就。

带领学校不断改进的领导者诊断个人和组织需求，并把学生的需求放在第一位。然后，他们会精心布局策略组合和顺序，使不同策略相互加强和支持。在确定方向和调整组织结构之间，在重塑组织文化和改善学校条件之间，都存在着紧密的联系。

主张二：成功的领导力有八个关键维度

本研究项目确定了成功领导力的八个关键维度——所有这些维度都以学生的学习、幸福感和成就为中心。成功的领导者：

- 明确自己的价值观和愿景，以提高期望值、设定方向和建立信任；
- 改善教与学条件；
- 重组组织的各个部门，重新设计领导者的角色和职责；
- 丰富课程设置；
- 提高教师素质；
- 提升教学质量；
- 建立内部协作；
- 在学校社区外建立牢固的关系。

虽然这些策略的先后顺序和组合因学校而异，但其愿景和价值观却惊人地相似。

图 10.1 中，内圈说明了领导者关注的核心焦点，中圈说明了他们的核心策略，外圈说明了他们为支持这些策略而采取的行动。

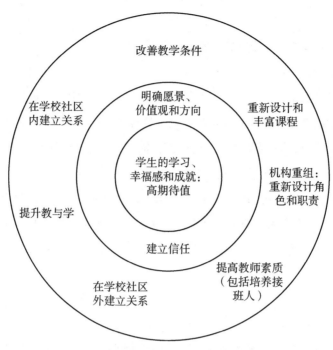

图 10.1 成功领导力的八个维度

主张三：校长的价值观是其成功的关键要素

在前面的文献综述中，我们已经提出，领导者的有效性差异往往可以通过个人的一些特质来解释。我们主张，最成功的学校领导者都是思想开放，愿意向他人学习的，他们在核心价值体系内灵活而不教条，他们坚持不懈地对他人抱有高期望，并且在情感上坚韧又乐观，这些特质有助于解释为什么成功的领导者在面对艰难的环境时，往往能够迎难而上。本研究项目也证实了这一点，案例研究中的数据为这些核心价值观提供了丰富的例证。

成功的校长拥有某些特质并普遍遵循这样一些核心价值观：

- 强烈的道德责任感和机会均等的信念；
- 坚信每个学生都应获得同样的机会，并帮助他们取得成功；
- 尊重和重视校内及与学校有关的所有人员；
- 不断学习、不断进取的热情；
- 致力于支持学生和教职工。

成功的校长认为,学生的成就涵盖行为、学业、个人、社会和情感等方面:
- 为教职工和学生设定高期望是制定教学计划的核心;
- 关爱和信任是致力于提高学生成就的学校文化的重要特征;
- 全校范围内的学生行为管理方法是提高学生成绩的一个积极策略。

主张四:成功的校长运用一些普适的领导策略,但没有一个单一的成功模式

自我们 2006 年的文献综述以来,其他研究(如鲁宾逊等,2009 年)发现,(跟教与学有关的)教学型领导者达到的效果明显大于(更注重教师发展的)变革型领导者。本书所描述的新证据是,成功的校长同时既是教学型领导者,又是变革型领导者。他们工作的时候既凭直觉又凭经验,懂得根据学校的特殊情境来调整领导策略。他们对自己的情境做出反应的能力,以及认识、承认、理解和关注他人需求和动机的能力决定了他们的成功程度。

在本研究项目中,校长们采用了相同的领导策略,但这些方法的组合、顺序和时机却有所不同。校长们使用领导策略组合的依据是:

- 他们对学校教学条件的判断;
- 教职工的信心、经验和能力;
- 学生的行为、志向和成绩水平;
- 校长自身的经验。

主张五:情境不同影响领导行为的本质、方向和步调

研究中使用的全国高效能且改进学校的样本划分为三个不同的组别——低起点、中起点和高起点——并揭示了学校所处的具体情况和学校改进状况之间的重要关系。这些关系体现在每组学校之间在某些领导力实践上的显著差异,尤其是低起点学校和那些在经济弱势地区的学校。

从低起点发展起来的学校,在学生的行为、出勤率、动机和参与度方面的变化最大。强有力的证据表明,在过去三年中,低起点组的学校在改变学校文化和氛围、教学,以及使用成绩数据等方面取得了更大的进步——所有这些都是提高学业成绩的重要先导和促进因素,尤其是在极其弱势的环境下。

处在弱势环境中成功的校长会更加努力地改善多个领域——尤其是学生的行为、动机和参与度,以及学校文化——因为他们知道,仅仅改善一两个领域是不可能保证学生成绩持续提高的。处在弱势环境中的校长特别寻求在教学和评估方面做出具体的改进,并使用成绩数据来监测所做改变的有效性。学生行为、出勤率、态度和动机的实质性改善是提高学生学业成就的重要前提和促进因素,尤其是对于那些处于社会经济条件极其弱势情境中的学校。

主张六:校长通过各种策略和行动的组合与积累,提高学生学习与成就

研究表明,学校内部学生成绩的差异往往比学校之间的差异大得多(最近的一个例子,见斯特林菲尔德等,2008年)。尽管如此,高效能且改进的学校往往会通过建立共同的目标和采取一致的行动来减少学校内部的差异。然而,尽管大多数学校层面的差异在独立测试时对学生的成绩影响不大,但它们的综合影响往往会更强。

校长们的陈述表明,学生的学习和成就受到一系列领导策略的影响,这些策略同时进行,用以解决学校文化和教职工发展的问题,并侧重于改善教和学的过程。影响学生成就的最大变量是学校条件的改善,比如强调提高学术标准、学习评估、教师协作文化、监测学生和学校的表现、教学计划的一致性,以及开展课外活动。

成功的校长会根据自己所处的具体情境来选择领导策略。特别值得注意的是:

- 校长对教师的信任所发挥的作用,包括对高层领导团队和更大范围的教职工领导层;
- 重新设计组织结构和确定方向之间的重要联系;
- 如何重新设计组织结构能预示出学校条件是否改善;
- 培养人才的领导策略与教师合作文化、高学术标准、积极的学习动机及学习文化都有着重要联系;
- 学校教学条件的改善与良好的学生行为、学生高出勤率、积极的学习动机和良好的学习文化等都呈正相关。

主张七：成功的领导力大致可分为三个阶段

成功的校长会优先考虑各种策略的组合，并大致会跨越三大阶段来实施这些策略。它们可以大致分为这三个阶段——早期(基础)阶段、中期(发展)阶段和后期(巩固)阶段。

在早期阶段，校长们重点关注：

- 改善学校的硬件环境；为教学和学习，为教师和学生创造更积极的、更能显示支持的条件；
- 制定、沟通和实施全校性的学生行为标准；
- 重组高层管理团队，调整其角色和职责；以及
- 对所有教职工实施绩效管理制度——各部门之间在时间和重点上有所差异，但总的来说，这促进了领导力的分配，并推动了一套组织价值观的形成。

在中期阶段，校长重点关注：

- 更广泛地分配领导角色和责任；以及
- 更频繁更有针对性地使用数据，协助做出与学生学习成就相关的决策——设定学习目标和方向是所有个案研究学校中的重要策略。

在后期阶段，校长的主要策略涉及课程设置的个性化和丰富化，以及更大范围的领导力分配。

在情境更具挑战性的学校，与其他学校相比，在早期阶段，校长们更关注并致力于建立、维护和保持全校范围的学生行为政策，改善硬件环境，提高教学质量。

主张八：校长通过分层的领导策略和行动来成长并确保成功

高效能的校长根据他们所处的具体情境，对策略的时机、选择、相关性、应用及持续性作出判断，为不同发展阶段内的有效教学、学习和学生成就创造最佳的条件。

因此，尽管有的策略并没有在每个阶段都持续实施——如重组，这是早期阶段的一个特征——但有的策略的重要性却不断增加，并构成了另外一些策略发展的重要基础。例如，从第二阶段开始，对使用数据的信心不断增强，这是提高

学生成就及在之后的阶段开发复杂的个性化课程的必要步骤。然后,这两种策略继续同步发展。很明显,在后期,有一系列的策略是同时开展的。一些策略的优先级高于另外一些,但正是这些策略的结合——以及策略的逐步扩大和深化——使得后面的策略得以成功,也让校长领导力对学生成就产生如此重大的影响成为了可能。

主张九:成功的校长逐步分配领导力

领导角色和责任的逐步分配与学生成就的提高之间存在着联系。领导角色和责任的分配在所有学校中都呈现出不断发展的特点,这是由校长们发起,并在很长一段时间内培养起来的。

小学和中学校长在任职初期或中期,通过在高层管理团队中分配新的角色和责任,迅速分配了领导权。然而,超过半数的校长指出,除了这一小部分人之外,他们在早期阶段是比较专制的,在工作中逐步对一系列教职工建立起信任和信心以后,才在其领导的中后期更广泛地分配了领导角色、职责和责任。

这呈现出一种随着时间的推移,而逐步有选择地分配领导权的模式,它是由四个因素决定的:

- 在学校发展的不同阶段,对学校来说什么是正确的,校长的判断;
- 校长对教职工是否准备好、是否有能力进行领导的判断;
- 信任建立的程度;
- 校长自身获得的培训、经验和能力。

主张十:领导力的成功分布取决于信任的建立

信任对于逐步、有效地分配领导权至关重要。它与积极的校风、教学条件的改善、教师课堂自主意识的增强,以及学生行为、参与度和成果的持续改善密切相关。校长们在不同时期的领导权分配明显体现了他们对取得他人信任和扩大对他人信任的重视。校长们在领导权分配中发挥了积极切实的作用,这提高了教职工的参与度、承诺感和自我效能感。

对这些校长来说,有效的分布式领导力取决于信任的五个关键因素:

- 价值观和态度:相信人们关心学生,如果让他们追求自己想要投身的目标，他们会努力为学生谋取利益。
- 信任倾向：从以往的信任关系中获得利益的经验。
- 可信度：别人对他们的信任程度。
- 反复的信任行为：使领导角色、职责和责任的分配不断增加，扩大利益相关者的参与。
- 建立和加强个人、关系和组织的信任：通过人与人间的互动、组织结构和策略，显示出价值观和愿景的一致性，并取得成功。

建立和维持信任和可信度对长期的成功起到了关键作用。有了信任，就更有通过一系列的理想、期望和实践实现变革，校长们也因此充分了解到潜在的风险，并做好面对风险的准备。

因此，回到本节最初的主题，我们看到，校长的认知、情感和实践能力使他们能够在比以往任何时候都要严苛和复杂的环境中取得成功，并应对日益增加的挑战。

本书的研究重点是学校具体的改进，以及学校的改进如何提升学生成就。然而，从校长们的证词中可以清楚地看到，当他们的学校走向卓越时，他们希望与其他学校分享这些成功的做法。前面我们已经明确提到，分布式领导力在学校逐渐形成，部分原因是为了支持他们与其他学校合作。在许多方面，分布式领导力和系统领导力需要被看作是同一个硬币的两面。协作与逐渐增加的系统性参与是下一节讨论的重点。

走向系统领导力

协作是领导力开发的前沿。学校和学院领导者协会秘书长邓福德（Dunford）在特色学校和学院信托基金的全国会议上提出：

> 在我们开发领导力的历程中，最大的挑战是如何实现系统上的改进。我们如何才能为提高标准做出贡献，不仅是我们自己的学校，也包括其他学校和学院？这个任务需要什么样的领导者？如果我们要提高绩效，需要什么样的领导风格？

（邓福德，2005：4）

为了实现系统转型,这意味着学校要与其他学校进行更多实际的合作。在英国,这被称为"系统领导力"。具体来说,一个系统领导者可以被定义为愿意并能够承担更广泛的系统角色的学校领导者,在这个过程中,他们几乎像关心自己的学校一样关心着其他学校学生的成就(霍普金斯和海厄姆,2007)。

政府在《更高的标准,更好的学校》(Higher Standards, Better Schools for All)白皮书中认可了系统领导力的概念[英国教育与技能部(DfES),2005]。虽然这份政策建议的撰写已经是五年前了,但是它的确清晰地说明了系统领导力领域在最近几年是如何演变的。具体来说,白皮书阐述了政府的意图:

- 为那些有才能和经验的学校领导者拓展更好的职业发展道路,使他们成为国家教育的领导者;尤其是那些有能力管理我们最具挑战性学校的人,以及那些有才能成为未来学校领导者的人。
- 要求国家学校领导学院与国家战略联合,培养能应对最复杂情境的学校(那些面临多重不利条件和多重联盟的学校)的领导者。
- 鼓励联盟以及其他形式合作关系的发展,以确保最好地利用我们最成功的学校领导者,使他们能够影响和支持不那么成功的学校。

在对系统领导力的新兴领域进行研究后,霍普金斯和海厄姆(2007)提出了五种关键的创新领导力实践。

- 首先是校长在几所学校之间开展和领导成功的教育改进伙伴关系。这些合作关系通常集中在一组特定的主题上,这些主题会有明确的效果,并超出了任何单一学校的能力范围。
- 第二种是选择"改变情境"的校长,他们选择在充满挑战的情境中领导和改进原本成绩较差的学校,然后在相当长的一段时间内将其维持为高增值的学校。
- 第三种是那些与另一所面临困境的学校合作,以改善其现状的校长。行政校长就是一个例子。他们负责管理两所或更多的学校,这些学校已经签订了(通常是有时间限制的)联盟或地方协议,让一所牵头学校带动另一所合作学校的提高。
- 第四,有的校长作为社区领袖,在当地社区内促成、塑造伙伴关系或更广泛的关系网络,以支持儿童的福利和潜力。这样的校长与国家《每个孩子都重要》和《拓展学校》的议题完全吻合。

- 第五,作为变革推动者或专家型领导者的校长。这里的重点是提供实用的知识和指导,并通过正式的学校改进项目来转化最佳做法。此外,在英格兰,至少还有三种新兴的变革推动者,他们的专长也是学校改进——顾问领导、学校改进合伙人(SIPs)和新设立的国家及地方教育领导人(NLEs 和 LLEs)。

与孤立的组织相比,技能、专业知识和经验的集体共享为强有力的变革创造了更丰富、更可持续的机会。这就是发挥系统领导力的基础。前面几章已经论证了我们最成功的领导者是如何在他们的学校中建立这种能力和资本的。这也就是为什么在结尾部分,我们会再次对这些品质进行最后的反思。

成功领导者的五种品质

成功的校长似乎尤其具备以下五种品质:

1 愿意基于明确的教育价值观承担(计算过的)风险,尽管这样可能会表现出一定的脆弱性;

2 学术乐观主义;

3 情绪韧性;

4 希望;

5 道德目的。

脆弱性和风险

派特·汤姆森(Pat Thomson)在她最近出版的《学校领导力:如履薄冰的校长》(*School Leadership: Head on the Block?*)中将校长的职务定性为有风险的事业(2009),并引用贝克(Beck)及其同事的观点,认为风险社会的发展导致校长的日常生活中离不开三种实践:

(1) 风险评估——能预测潜在风险的计算策略;

(2) 风险规避——根据潜在的不利后果作出决策;

(3) 风险管理规划——制定合理的计划,当风险成为现实时,用来处理后果,防止风险蔓延。

(汤姆森,2009:4)

然而,她认为上述实践与舒尔曼(Shulman,1998)称作的在不可避免的不确定性条件下实施评判一致,在这其中,例如,"由于过分强调对规定内容的反刍,导致了无法去实验,无法去想象各种可能性,无法去探索潜在的途径,无法面对犯错的现实"(汤姆森,2009:8)。成功学校的成功课堂是指那些允许教学风险存在的课堂。我们在本书所报告的研究中已经表明,在成功校长的素质中,有一些与挑战教学边界的风险相关的素质。然而,我们也知道,创造性地处理模糊性问题——这是学校领导者生活的一个基本特征——既让人激动,又让人有压力。此外,除了风险之外,校长们还强调了明确而一致的结构和制度以支持、重视学生的成就和幸福感,减少教育失败的风险。

学术乐观主义

教师的学术乐观主义被定义为教师个人和集体所持有的信念,"他们能有效地教学,学生能学习,家长也会支持他们,这样教师就可以努力敦促学习"[彼尔德(Beard)等,2010]。它包括"认知、情感和行为层面上的乐观主义以及由它们构建起来的单一综合体"(彼尔德等,2010:1142),它与关系和组织信任相关(布赖克和施耐德,2002;西肖尔·路易斯,2007)。据称,它是在美国"当社会经济地位和以前的成绩相同时,少数的几个会影响学生成就的学校组织特征之一"(彼尔德等,2010:1136),"(它)至少通过两种机制直接影响学生成就:以远大且有挑战性的目标来激发动机,以家长和教师间的协作来提升学生成就"(彼尔德等,2010:1143)。最后,作者将他们的数据理论化,提出,"具有强烈的学术乐观主义的学校和教师,其学生往往具有很高的学习积极性,因为他们有极富挑战性的目标、孜孜不倦、坚持不懈、坚韧不拔,并且可以收到极具建设性的反馈"(彼尔德等,2010:1143)。本研究项目发现,这些品质也是成功校长的特点。

我们可以看到,学术乐观主义是教师成功的必要构成要素,与此同时,我们提出,学术乐观主义也是所有成功校长的共同特征之一,这一点的提出不无道理,本书的实证数据也证明了这一点。事实上,彼尔德等(2010)也将学术乐观主义与"激活型"学校文化联系在一起。霍伊和米斯克尔(Miskel，2005)将后者定义为提供帮助而非阻碍的层级制度，以及引导解决问题而非惩罚失败的规章制度。

情绪韧性：成功的必要但不充分条件

在传统心理学文献中，韧性几乎总是与"反弹"的能力联系在一起；面对不利的环境，快速复原或冲刺的能力。(尽管很少有研究提及个人成本，)但是，显然在我们研究中，成功校长和世界各地的教师似乎都能做到这一点，无论他们的旅程是多么崎岖。

要想长期以最佳状态担任领导工作，就必须具备韧性。这是校长和教师必备的素质和能力。虽然心理学学科所阐述的韧性概念有助于明确具有韧性的人的特征，但它没有讨论到在不同的消极情境中所应该具备的韧性能力。这些能力与个人因素还是职业因素有关？它们是否会因为我们的工作性质、同事、个人的信念或抱负的强度而增强或减少？

韧性能被学会或习得[希金斯(Higgins)，1994]，并且可以通过提供相关且实用的保护因素来实现，如充满关怀的教育环境、积极的高期望值、良好的学习环境、强大的社会团体支持，和同侪之间的支持[例如，见特拉(Rutter)等，1979；约翰逊(Johnson)等，1999]。因此，韧性并不是一种与生俱来的品质。相反，它是一种相对的、发展的、动态的概念(特拉，1990)。因此，它既是个人和职业倾向及价值观的产物，又受到组织和个人因素的影响，并由个人应对特定情境因素的能力决定。例如，教师在面对充满挑战的环境时，可能会做出积极或消极的反应，这取决于组织或同事的领导水平以及他们自身的投入程度。在社会建构而非心理领域，领导韧性认为，和教师一样，个人、专业和情境因素的组合对校长维持自身情绪健康和专业承诺的能力都很重要。

然而，仅有韧性是不够的。差劲的领导者(和教师)可能也会有韧性，他们不做改变、不求进步也可以生存下来。没有道德目的，没有自我反省和学习的意愿，没有对不断改变不断提高的追求，只有韧性是不够的。因此，不能离开上述的概念单独来讨论韧性——投入、能力、主观能动性、使命感、个人和集体的学术乐观主义，以及希望。此外，校长的责任是确保教师工作的本质、环境和管理能尽量减少消极的压力体验,并增强他们的韧性。从这个角度看,韧性是指"个人与实践之间的动态或辩证关系,它反映了人在生活中面对具有挑战性的环境时的行为,以及对环境的重塑,从而促使自己进步"[爱德华兹(Edwards),2010]。

希望

教学以及担任领导是一个价值引领的职业,其核心是为学生带来积极改变,并最终推动整个社会的进步。事实上,一个没有希望的世界将是"一个屈从于现状的世界"[塞姆卡(Simecka),1984:175]。

愿景是希望的表达,就像索克特说的那样:"这是一种肯定,尽管我们每天都面临着心碎和考验……我们仍然可以看到我们的行动是有目的和意义的"(1993:85)。对学校领导者来说,愿景和希望需要通过展现志向和信任的日常行为来进行经常性的回顾,而不能仅仅是在年终或年初的教职工会议或研讨会上被提及。通过愿景表达希望是一个动态的过程。它涉及:

> 变革方案中不断发展的主题的复杂融合。构建愿景是一个动态的过程,不同于一次规划,有开始,有结束。愿景是在行动中发展和加强的,尽管它们可能有一颗单纯基于希望的种子。
>
> [西肖尔·路易斯和迈尔斯(Miles),1990:237]

好的领导力和好的教学一样,本质上是基于一套理想的希望之旅。可以说,正是我们的理想支撑着我们度过困难时期,穿过不断变化的人事、职场环境。它们是韧性的重要组成部分。

> 有了希望,就不会向巨大的焦虑屈服……的确,充满希望的人在追求目标的过程中,会比其他人经历更少的抑郁情绪,一般来说,他们的焦虑更少,情绪困扰也更少。
>
> [戈尔曼(Goleman),1995:87]

本研究项目表明,成功的领导者,尤其是校长,一直是学校和社区的希望灯塔。

道德目的

优秀的教师和学校领导者都有一个惊人的特质——他们非常关爱自己的学生,希望能改善他们的人生际遇,并把高质量的教育看作是一种能进行有效干预的重要因素,用于帮助减少不平等,降低弱势社会地位的影响。大多数教师和校长都是因为想改变现状而从事教学工作的。在经济合作与发展组织(OECD)的"教学质量"研究中,那些优秀教师的一个关键特征是他们"对孩子的爱"(霍普金斯,1994)。但实际中的情况可能是,由于各种原因(其中许多原因可能与教师目前的工作环境有关),一定程度的愤世嫉俗和疲惫感可能会消磨这种最初的热情。但正如迈克尔·富兰(Michael Fullan)(1993:10)很久以前所评论的那样,"从一个好教师身上可以看到道德目的"。

2006年10月,我们其中一人在中国北京国家教育行政学院(NAEA)召集了一个来自14个不同国家的100名校长组成的小组(G100),探讨世界教育系统的变革和创新。在研讨会的最后一次会议上,全体成员合作编写了一份会上得出的结论公报(霍普金斯,2008)。最后几段内容如下:

> 我们需要确保在与家长、学生、教师、合作伙伴、政策制定者,以及更广泛的社区进行的所有教育讨论中,都将道德目的置于重要的位置。
>
> 我们将道德目的定义为,为学生做正确的事、让学生能做正确的事的强大动力,通过"提高标准、缩小差距"的专业行为为他们服务,并通过这样做表现出一种意图,即当我们共同生活在这个世界时,我们要互相学习、互相借鉴。

(霍普金斯,2008:127)

这些不同背景但价值观相同的校长能有这样一致的表达充分证明,道德目的给予了我们全国乃至全球的杰出校长动力。

成功校长的道德目的并不是高高在上的理想主义,它只是致力于为所有学生提供高质量的教育,无论其背景如何,均应准备好可以让学生发挥潜力的条件。这种道德目的通常体现在为学生的学习和成就制定的少量具体而又宏伟的目标,并竭力追求这些目标上。正如我们在本书中所看到的那样,通过制定这些目标并确立实现这些目标的具体步骤,他们希望能够大幅提高教育质量。如果这些是目标的话,那么实现这些目标的手段就是我们在前面所描述和讨论的价值观、行为和策略。

  最后,重要的是要记住归根结底,领导力的挑战,特别是在一个系统性的背景下,具有很强的道德深意。它需要直面学生的学习需求和教师的专业成长,并强化学校作为社会变革助推器的作用。正如我们所看到的那样,道德目的在教育中最好的定义是,坚决不接受情境因素作为学术和社会成功的决定因素——因地制宜,不把贫困和社会背景看作是学校教育成功与否的必要决定因素,对做什么、何时做、与谁做的问题做出明智而及时的判断,拒绝不加思考地接受外部的政策要求和指南,投身学校及共同体建设,积极做好沟通,并通过坚守来建立信任、提升能力和提高影响力,这些就是学校成功改进的核心。

附　录

附录 3.1 校长问卷调查的部分问题示例

	一点也没有	几乎没有	很少	部分	很大	非常大
1. 你认为在过去的三年里,你的领导实践和行为在以下方面,发生了多大程度上的变化?						
(1) 让教职工有整体目标感	□1	□2	□3	□4	□5	□6
(2) 协助阐明本校实施改进举措的原因	□1	□2	□3	□4	□5	□6
(3) 帮助教职工制定短期教与学的目标	□1	□2	□3	□4	□5	□6
(4) 对教职工的工作寄予厚望	□1	□2	□3	□4	□5	□6
(5) 对学生的行为抱有高期望	□1	□2	□3	□4	□5	□6
(6) 对学生的成绩抱有高期望	□1	□2	□3	□4	□5	□6
(7) 与理事会合作	□1	□2	□3	□4	□5	□6
(8) 与地方当局合作	□1	□2	□3	□4	□5	□6
(9) 与高层管理团队/高层领导团队合作	□1	□2	□3	□4	□5	□6
(10) 将学校的优先事项与国家政府的政策结合起来	□1	□2	□3	□4	□5	□6
	一点也没有	几乎没有	很少	部分	很大	非常大
2. 你认为在过去的三年里,你的行为在以下方面,发生了多大程度上的变化?						
(1) 向教职工提供个性化支持,帮助他们改进教学实践	□1	□2	□3	□4	□5	□6
(2) 鼓励他们考虑新的教学理念	□1	□2	□3	□4	□5	□6
(3) 示范高水平的专业实践	□1	□2	□3	□4	□5	□6
(4) 形成关爱和信任的氛围	□1	□2	□3	□4	□5	□6
(5) 促进教师的领导力发展	□1	□2	□3	□4	□5	□6
(6) 促进所有教职工参加各类在职培训	□1	□2	□3	□4	□5	□6
(7) 鼓励教职工思考学术课程以外的学习问题(如个人、情感和社会教育、公民意识等)	□1	□2	□3	□4	□5	□6

续 表

	一点也没有	几乎没有	很少	部分	很大	非常大
3. 你认为在过去的三年里,你的行为在以下方面,发生了多大程度上的变化?						
(1) 鼓励教职工之间的协作工作	□1	□2	□3	□4	□5	□6
(2) 确保制定学校改进决策时的广泛参与度	□1	□2	□3	□4	□5	□6
(3) 让家长参与学校的改进工作	□1	□2	□3	□4	□5	□6
(4) 增加学生和成人之间关于学校改进的对话	□1	□2	□3	□4	□5	□6
(5) 改进内部审查程序	□1	□2	□3	□4	□5	□6
(6) 建立社会对学校改进工作的支持	□1	□2	□3	□4	□5	□6
(7) 利用教辅人员的技能来促进学生的学习	□1	□2	□3	□4	□5	□6
(8) 根据学生的需求策略性地分配资源	□1	□2	□3	□4	□5	□6
(9) 与其他学校合作	□1	□2	□3	□4	□5	□6
(10) 构建有利于开展工作的组织结构	□1	□2	□3	□4	□5	□6
	一点也没有	几乎没有	很少	部分	很大	非常大
4. 你认为在过去的三年里,你的行为在以下方面,发生了多大程度上的变化?						
(1) 提供或寻找资源,帮助教职工改进教学	□1	□2	□3	□4	□5	□6
(2) 定期听课	□1	□2	□3	□4	□5	□6
(3) 在听课后,协助教师提高其教学	□1	□2	□3	□4	□5	□6
(4) 利用教练模式和导师制来提高教育质量	□1	□2	□3	□4	□5	□6
(5) 经常与教职工讨论教育问题	□1	□2	□3	□4	□5	□6
(6) 减少教师教学中的干扰	□1	□2	□3	□4	□5	□6
(7) 鼓励教职工在工作中使用数据	□1	□2	□3	□4	□5	□6
(8) 鼓励全体教职工在规划学生个人需求时使用数据	□1	□2	□3	□4	□5	□6
(9) 将研究证据纳入我的决策过程中,为实践提供指导	□1	□2	□3	□4	□5	□6
(10) 利用学生的成绩数据来做出关于学校改进的大部分决定	□1	□2	□3	□4	□5	□6

附录 3.2 小学校长对过去三年为实现改进而采取的三项最重要行动/策略的反馈分类

	回复数量	百分比	个案数量	百分比
1. 领导实践				
(1) 设定方向				
I. 让教职工有目标感	16	1.3	16	4.2
II. 完善学校改进规划	43	3.4	39	10.3
III. 协助制定短期教学目标	35	2.8	34	9.0
IV. 展示对教职工的高期望	28	2.2	25	6.6
(2) 培养员工				
I. 为教职工提供支持和想法，以改进教学实践	29	2.3	27	7.2
II. 示范高水平的专业实践	3	0.2	3	0.8
III. 关爱和信任的氛围	12	1.0	11	2.9
IV. 促进领导力的发展和在职培训的开展	63	5.0	60	15.9
V. 改善教职工的征聘和留任率	12	1.0	12	3.2
(3) 重新设计组织结构				
I. 鼓励教职工之间的合作与参与	38	3.0	37	9.8
II. 让家长和社区参与进来	20	1.6	20	5.3
III. 完善内部审查程序	6	0.5	6	1.6
IV. 资源的策略性分配	86	6.8	77	20.4

附录 3.3 中学校长对过去三年为实现改进而采取的三项最重要行动/策略的反馈分类

	回复数量	百分比	个案数量	百分比
1. 领导实践				
(1) 设定方向				
I. 让教职工有目标感	17	1.5	17	4.7
II. 完善学校改进规划	24	2.1	23	6.3
III. 协助制定短期教学目标	53	4.5	51	14.0
IV. 展示对教职工的高期望	40	3.4	38	10.4
(2) 培养员工				
I. 为教职工提供支持和想法，以改进教学实践	18	1.5	18	4.9
II. 示范高水平的专业实践	6	0.5	6	1.6
III. 关爱和信任的氛围	7	0.6	7	1.9
IV. 促进领导力的发展和在职培训的开展	58	5.0	55	15.1
V. 改善教职工的征聘和留任率	9	0.8	9	2.5
(3) 重新设计组织结构				
I. 鼓励教职工之间的合作与参与	23	2.0	21	5.8
II. 让家长和社区参与进来	20	1.7	19	5.2
III. 完善内部审查程序	36	3.1	36	9.9
IV. 资源的策略性分配	31	2.7	29	7.9

续 表

	回复数量	百分比	个案数量	百分比
V. 与其他学校合作	12	1.0	12	3.3
VI. 构建有利于开展工作的组织结构	57	4.9	5.2	14.2
(4) 改进教学实践				
I. 提供和分配资源	73	6.3	71	19.5
II. 听课	25	2.1	25	6.8
III. 教练式与导师式指导	20	1.7	20	5.5
IV. 减少教师的干扰	5	0.4	5	1.4
V. 鼓励使用数据和研究	130	11.1	124	34.0
VI. 注重教学政策和实践	105	9.0	101	27.7
2. 领导者的自我效能感	6	0.5	6	1.6
3. 领导权分配	15	1.3	1.5	4.1
4. 劝说策略	5	0.4	5	1.4
5. 学校条件				
(1) 学校	41	3.5	40	11.0
(2) 纪律氛围	36	3.1	35	9.6
(3) 学术压力和强调				
I. 教师/学校有高标准	14	1.2	14	3.8

续 表

	回复数量	百分比	个案数量	百分比
Ⅱ. 对学科和教师的监督	61	5.2	58	15.9
Ⅲ. 改进评估程序	69	5.9	68	18.6
Ⅳ. 改变学生的目标设定	44	3.8	43	11.8
(4) 学校文化	85	7.3	77	21.1
(5) 课外活动	6	0.5	6	1.6
(6) 拓展服务	4	0.3	4	1.1
6. 教室条件				
(1) 工作量	9	0.8	9	2.5
(2) 工作的复杂性	4	0.3	4	1.1
未回复数	—	—	16	4.4
共计	1168		365	

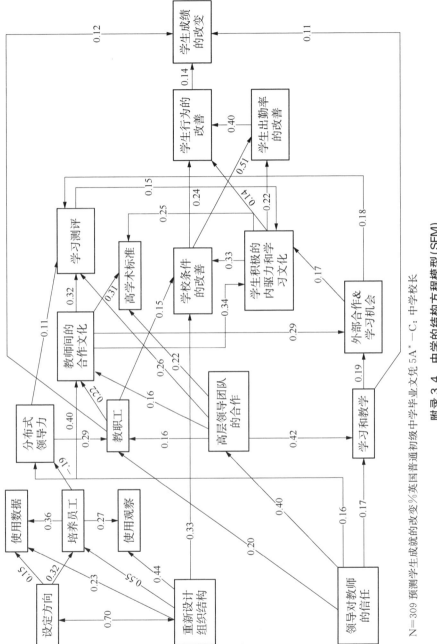

附录 3.4 中学的结构方程模型（SEM）

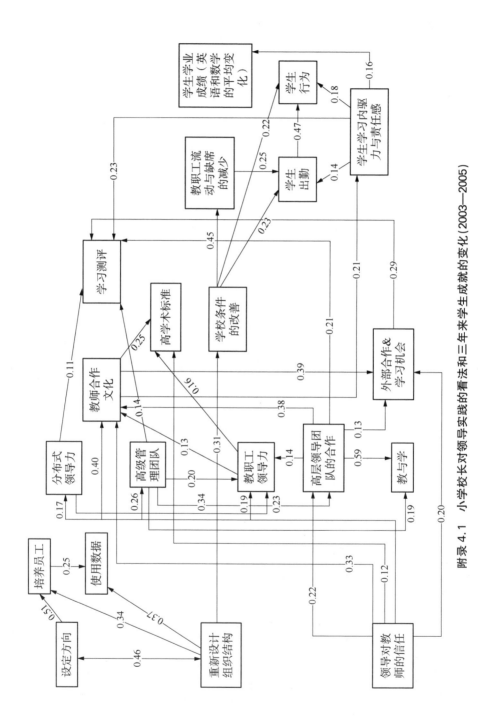

附录 4.1 小学校长对领导实践的看法和三年来学生成就的变化（2003—2005）

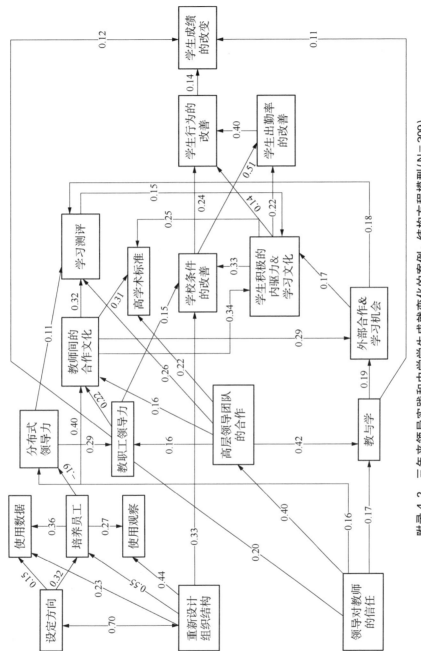

附录4.2 三年来领导实践和中学学生成就变化的案例：结构方程模型（N=309）

附录 5.1　费舍尔家族信托(FFT)改进标志的定义

基于三年的数据,费舍尔家族信托根据差异的统计学意义,对学校的原始、情境以及简单增值(VA)结果进行了分类。若结果在三年内有显著变化(95%置信度,1.96 标准差;$p<0.05$),则会将结果进行标记:趋势 3 标志。

因此,三年期间的"改善"可能是以下任一情况:
a) 第 1 年到第 2 年间有显著改善,然而第 2 年到第 3 年间没有显著变化;
b) 第 1 年到第 2 年间没有显著变化,然而第 2 年到第 3 年间有显著改善;
c) 第 1 年到第 3 年间有显著改善。

类似的标准也适用于"下降"。"变化"是指显著改善($p<0.05$)或下降(反之亦然),而"稳定"则表明在三年期间没有显著变化。

改善标志的得出,是通过计算每个学段组合的两个指标中,有多少个趋势 3 标志为"改善"(基于上述定义)。在 2-3 学段,英语、数学和科学达到 5+级,国家课程水平均值(英语、数学、科学);在 2-4 学段和 3-4 学段,则达到 5A*—C 级和 PTC 级。因此,最多可能获得六个改进标志。

总之,获得 1 到 6 个改进标志的学校,是指那些在 2003 年到 2005 年间,基于原始、简单,以及情境增值结果的分析,有显著改善的学校。改进标志越多,则说明学校的改进越显著。

附录 5.2　费舍尔家族信托按免费学校午餐(FSM)层级划分的改进学校和高效能学校

	中学潜在样本		全国中学		小学潜在样本		全国小学	
	频率	(%)	频率	(%)	频率	(%)	频率	(%)
免费学校午餐第一层级	01	35	1 159	37	1 852	37	6 150	42
免费学校午餐第二层级	93	34	1 097	35	1 366	27	3 896	27
免费学校午餐第三层级	91	17	520	17	870	17	2 359	16
免费学校午餐第四层级	56	14	339	11	915	18	2 267	15
总计	141	100	3 115	100	5 003	100	14 672	100

附录5.3 问卷回收率

整体回收率			
	问卷回收数量	学校样本量	回收率
表A：问卷回收率（校长）			
小学	378	1 550	24
中学	362	1 140	32
表B：问卷回收率（学校层面主要教职工）			
收回问卷的学校数量			
小学	409	1 550	26
中学	393	1 140	34
表C：问卷回收率（问卷层面的主要教职工）			
总体回收率			
问卷样本量*			
		（N）	
小学	608	3 100	20
中学	1 167	5 700	20

* 小学发给主要教职工2份表格，中学发给学科负责人5份表格。

参考文献

Anderson, N. (2010) Supportive leadership helps retain top teachers, *The Washington Post*. www.washingtonpost.com/wpdyn/content/article/2010/03/02/AR2010030204203.html.

Avolio, B.J. (1994) The alliance of total quality and the full range of leadership, in *Improving Organizational Effectiveness through Transformational Leadership*, B.M. Bass and B.J. Avolio (eds), Sage, Thousand Oaks, CA.

Avolio, B.J. and W. Gardner (2005) Authentic leadership development: Getting to the root of positive forms of leadership, *Leadership Quarterly*, 16 (3): 315–38.

Ball, S.J. (1993) Education markets, choice and social class: The market as a class strategy in the UK and the USA, *British Journal of Sociology of Education*, 14 (1): 3–19.

Bandura, A. (1986) *Social Foundations of Thought and Action*, Prentice-Hall, Englewood Cliffs, NJ.

Bass, B.M. (1985) *Leadership and Performance beyond Expectations*, Free Press, New York.

Bass, B.M. and B.J. Avolio (1994) *Improving Organizational Effectiveness through Transformational Leadership*, Sage, Thousand Oaks, CA.

Beard, K.S., W.K. Hoy and A.W. Hoy (2010) Academic optimism of individual teachers: Confirming a new construct, *Teaching and Teacher Education*, 26: 1136–44.

Bennis, W. and B. Nanus (1985) *Leaders: The Strategies for Taking Charge*, Harper & Row, New York.

Braukmann, S. and P. Pashiardis (2009) From PISA to LISA New Educational Governance and School Leadership: exploring the foundations of a new relationship in an international context, paper presented to the AERA annual meeting, San Diego, April.

Brooks, J.S., G. Jean-Marie, A.H. Normore and D. Hodgins (2007) Distributed leadership for social justice: Equity and influence in an urban school, *Journal of School Leadership*, 17 (4): 378–408.

Bryk, A.S. and B. Schneider (2002) *Trust in Schools: A Core Resource for Improvement*, Russell Sage Foundation, New York.

Bush, T. and G. Oduro (2006) New principals in Africa: Preparation, induction and practice, *Journal of Educational Administration*, 44 (4): 359–75.

Cameron, D.H. (2010) Working with secondary school leadership in a large-scale reform in London, UK: Consultants' perspectives of their role as agents of school change and improvement, *Educational Management and Administration*, 38 (3): 341–59.

Clarke, S. and H. Wildy (2004) Context counts: Viewing small school leadership from the inside out, *Journal of Educational Administration*, 42 (5): 555–72.

Coleman, J.S. (1966) *Equality of Educational Opportunity*, Government Printing Office, Washington, DC.

Connolly, M. and C. James (2006) Collaboration for school improvement: A resource dependency and institutional framework of analysis, *Educational Management Administration and Leadership*, 34 (1): 69–87.

Creemers, B.P.M. and L. Kyriakides (2008) *The Dynamics of Educational Effectiveness*, Routledge, London.

Davies, L. (1987) The role of the primary school head, *Educational Management and Administration*, 15: 43–7.

Day, C. and Q. Gu (2010) *The New Lives of Teachers*, Routledge, London.

Day, C. and K. Leithwood (2007) *Successful School Principal Leadership in Times of Change: International Perspectives*, Springer, Dordrecht.

Day, C., P. Sammons and Q. Gu (2008) Combining qualitative and quantitative methodologies in research on teachers' lives, work and effectiveness: From integration to synergy, *Educational Researcher*, 37 (6): 330–42.

Day, C., A. Harris, M. Hadfield, H. Tolley and J. Beresford (2000) *Successful Leadership in Times of Change*, Open University Press, Buckingham.

Day, C., P. Sammons, D. Hopkins, A. Harris, K. Leithwood, Q. Gu, C. Penlington, P. Mehta and A. Kington (2007) *The Impact of Leadership on Pupil Outcomes: Interim report*, DSCF Research Report RR018, Department of Children, Families and Schools/National College of School Leadership, Nottingham.

Day, C., P. Sammons, D. Hopkins, A. Harris, K. Leithwood, Q. Gu, C. Penlington, P. Mehta, E. Brown and A. Kington (2009) *The Impact of Leadership on Pupil Outcomes: Final Report to DSCF*, Department of Children, Families and Schools/National College of School Leadership, Nottingham.

Day, C., P. Sammons, D. Hopkins, A. Harris, K. Leithwood, Q. Gu and E. Brown (2010) *10 Strong Claims about Successful School Leadership*, National College for Leadership of Schools and Children's Services, Nottingham.

De Maeyer, S., R. Rymenans, P. Van Petegem, H. van der Bergh and G. Rijlaarsdam (2006) Educational leadership and pupil achievement: The choice of a valid conceptual model to test effects in school effectiveness research, unpublished manuscript: University of Antwerp, Belgium.

DfES (Department for Education and Skills) (2005) *Higher Standards, Better Schools for All*, DfES, London.

Dunford, J. (2005) *Watering the Plants: Leading Schools and Improving the System*. Address to the National Conference of the Specialist Schools and Academies Trust.

Edwards, A. (2010) Resilience as a concept from a cultural historical perspective. Paper presented to ESRC Seminar Series, *An Interdisciplinary Inquiry into the Nature of Resilience in Teachers*, 16 June, 2010, University of Oxford.

Evans, A. (2009) No Child Left Behind and the quest for educational equity: The role of teachers' collective sense of efficacy, *Leadership and Policy in Schools* 8 (1): 64–91.

Fink, D. and C. Brayman (2006) School leadership succession and the challenges of change, *Education Administration Quarterly*, 42: 62–89.

Finn, J.D. (1989) Withdrawing from school, *Review of Educational Research*, 59 (2): 117–43.

Finnigan, K. and T. Stewart (2009) Leading change under pressure: An examination of principal leadership in low-performing schools, *Journal of School Leadership*, 19 (5): 586–618.

Foster, R. and B. St Hilaire (2004) The who, how, why, and what of leadership in secondary school improvement: Lessons learned in England, *Alberta Journal of Educational Research*, 50 (4): 354–69.

Fullan, M. (1993) *Change Forces: Probing the Depths of Educational Reform*, Falmer Press, London.

Fullan, M. (2003) *The Moral Imperative of School Leadership*, Corwin Press, Thousand Oaks, CA.

Goddard, R.D., W.K. Hoy and A.W. Hoy (2000) Collective teacher efficacy: Its meaning, measure, and impact on student achievement, *American Educational Research Journal*, 37 (2): 479–507.

Goddard, R.D., S.R. Sweetland and W.K. Hoy (2000) Academic emphasis of urban elementary schools and student achievement: A multi-level analysis, *Educational Administration Quarterly*, 36: 683–702.

Goldring, E.B. (1990) Elementary school principals as boundary spanners: Their engagement with parents, *Journal of Educational Administration*, 1: 53–62.

Goldring, E., J. Huff, H. May and E. Camburn (2008) School context and individual characteristics: What influences principal practice, *Journal of Educational Administration*, 46 (3): 332–52.

Goldring, E. and S. Rallis (1993) *Principals of Dynamic Schools*, Corwin Press, Newbury Park, CA.

Goldstein, H. (1995) *Multilevel Statistical Models*, Edward Arnold, London, and Halsted Press, New York.

Goleman, D.P. (1995) *Emotional Intelligence: Why It Can Matter More Than IQ for Character, Health and Lifelong Achievement*, New York, Bantam Books.

Goodson, I.F. and A. Hargreaves (eds) (1996) *Teachers' Professional Lives*, Falmer Press, London.

Gordon, J. and J.A. Patterson (2006) School leadership in context: Narratives of practice and possibility, *International Journal of Leadership in Education*, 9 (3): 205–28.

Grace, G. (1995) *School Leadership: Beyond Education Management. An Essay in Policy Scholarship*, Falmer Press, London and Washington.

Graen, G.B. and M. Uhl-Bien (1995) Relationship-based approach to leadership: Development of leader-member exchange (LMX) theory of leadership over 25 years: Applying a multi-level multi-domain perspective, *Leadership Quarterly*, 6: 219–47.

Gray, J. (2000) *Causing Concern but Improving: A Review of Schools' Experience*, Department for Education and Skills, London.

Gray, J., D. Hopkins, D. Reynolds, B. Wilcox, S. Farrel and D. Jesson (1999) *Improving Schools: Performance and Potential*, Open University Press, Buckingham.

Gronn, P. (2008) Hybrid leadership, in *Distributed Leadership According to the Evidence*, K. Leithwood, B. Mascall and T. Strauss (eds), Routledge, London.

Gu, Q., P. Sammons and P. Mehta (2008) Leadership characteristics and practices in schools with different effectiveness and improvement profiles, *School Leadership and Management*, 28 (1): 43–63.

Hadfield, M. (2003) Building capacity versus growing schools, in *Effective Leadership for School Improvement*, A. Harris, C. Day, D. Hopkins, M. Hadfield, A. Hargreaves and C. Chapman (eds), Routledge Falmer, New York.

Hallinger, P. (2001) The principal's role as instructional leader: A review of studies using the 'Principal Instructional Management Scale'. Paper presented at the annual meeting of the American Educational Research Association, Seattle, WA.

Hallinger, P. (2003) Leading educational change: Reflections on the practice of instructional and transformational leadership, *Cambridge Journal of Education*, 33 (3): 329–51.

Hallinger, P. (2005) Instructional leadership and the school principal: A passing fancy that refuses to fade away, *Leadership and Policy in Schools*, 4 (3): 1–20.

Hallinger, P., L. Bickman and K. Davis (1996) School context, principal leadership, and student reading achievement, *The Elementary School Journal*, 96 (5): 527–49.

Hallinger, P. and R. Heck (1996) The principal's role in school effectiveness: An assessment of methodological progress, 1980–1995, in *International Handbook of Educational Leadership and Administration*, K. Leithwood and P. Hallinger (eds), Kluwer, Dordrecht.

Hallinger, P. and R. Heck (1998) Exploring the principal's contribution to school effectiveness: 1980–1995, *School Effectiveness and School Improvement*, 9 (2): 157–91.

Hallinger, P. and R. Heck (1999) Next generation methods for the study of leadership and school improvement, in *Handbook of Research on Educational Administration*, J. Murphy and K. Louis (eds), Jossey-Bass, San Francisco, CA.

Hallinger, P. and R. Heck (2009) Assessing the contribution of distributed leadership to school improvement and growth in math achievement, *American Educational Research Journal*, 46 (3): 659–89.

Hallinger, P. and R. Heck (2010) Collaborative leadership and school improvement: Understanding the impact on school capacity and student learning, *School Leadership and Management*, 30 (2): 95–110.

Halpern, D. (2009) Capital gains, *Royal Society of Arts Journal* (Autumn): 10–15.

Hardin, R. (2006) *Trust*, Polity Press, Malden, MA.

Hargreaves, A. and D. Fink (2006) *Sustainable Leadership*, Wiley and Sons, San Francisco, CA.

Harris, A. (2008) Distributed leadership: The evidence, in *Distributed School Leadership: Developing Tomorrow's Leaders*, Routledge, London.

Harris, A. and C. Chapman (2002) *Effective Leadership in Schools Facing Challenging Circumstances*, National College for School Leadership, Nottingham.

Harris, A., P. Clarke, S. James, B. Harris and J. Gunraj (2006) *Improving Schools in Difficulty*, Continuum Press, London.

Harris, A., I. Jamieson and J. Russ (1995) A study of effective departments in secondary schools, *School Organisation*, 15 (3): 283–99.

Harris, A. and D. Muijs (2004) *Improving Schools through Teacher Leadership*, Oxford University Press, London.

Haydn, T. (2001) From a very peculiar department to a very successful school: Transference issues arising out of a study of an improving school, *School Leadership and Management*, 21 (4): 415–39.

Henchey, N. (2001) *Schools that Make a Difference: Final Report, Twelve Canadian Secondary Schools in Low Income Settings*, Society for the Advancement of Excellence in Education, Kelowna, BC.

Higgins, G. (1994) *Resilient Adults: Overcoming a Cruel Past*, Jossey-Bass, San Francisco, CA.

Higham, R., D. Hopkins and E. Ahtaridou (2007) *Improving School Leadership: Country Background Report for England*, available from www.oecd.org/dataoecd/33/45/39279379.pdf (accessed on 23 November 2007).

Highfield, C. (2010) Disparity in student achievement within and across secondary schools: An analysis of department results in English, maths and science in New Zealand. *School Leadership and Management*, 30 (2): 171–90.

Hofstede, G. (2001) *Culture's Consequences: Comparing Values, Behaviors, Institutions, and Organizations Across Nations*, Sage, Thousand Oaks, CA.

Hopkins, D. (1994) *Quality in Teaching*, OECD, Paris.

Hopkins, D. (2008) *Transformation and Innovation: System Leaders in the Global Age*, Specialist Schools and Academies Trust, London.

Hopkins, D. and R. Higham (2007) System leadership: Mapping the landscape, *School Leadership and Management*, 27 (2): 147–66.

Horn, I.S. and J.W. Little (2010) Attending to problems of practice: Routines and resources for professional learning in teachers' workplace interactions, *American Educational Research Journal*, 47 (1): 181–217.

House, R.J., P.J. Hanges, M. Javidan, P.W. Dorfman and V. Gupta (2004) *Culture, Leadership, and Organizations: The GLOBE Study of 62 Societies*, Sage, Thousand Oaks, CA.

Hoy, A.W., W.K. Hoy and N.M. Kurtz (2008) Teachers' academic optimism: The development and test of a new construct, *Teaching and Teaching Education*, 24: 821–32.

Hoy, W.K. and C.G. Miskel (2005) *Educational Administration: Theory, Research and Practice*, McGraw-Hill, New York.

Jackson, D. (2002) The creation of knowledge networks: Collaborative enquiry for school and system improvement, paper presented at the CERI/OECD/DfES/

QCA ESRC forum 'Knowledge Management in Education and Learning', 18–19 March, Oxford.

James, C., M. Connolly, G. Dunning and T. Elliott (2006) *How Very Effective Primary Schools Work*, Paul Chapman, London.

Johnson, B., S. Howard and M. Oswald (1999) Quantifying and prioritising resilience-promoting factors: Teachers' views, paper presented at the Australian Association for Research in Education and New Zealand Association for Research in Education conference, Melbourne, 29 November–2 December.

Kelly, C. and J. Shaw (2010) *Learning First! A School Leaders' Guide to Closing the Achievement Gap*, Corwin Press, Thousand Oaks, CA.

Kerr, S. and J.M. Jermier (1978) Substitutes for leadership: Their meaning and measurement, *Journal of Organisational Behaviour and Human Performance*, 22 (3): 375–403.

Kmetz, J. (1982) Elementary school principals' work behavior, *Educational Administration Quarterly*, 18 (4): 62–78.

Kruger, M., B. Witziers and P. Sleegers (2007) The impact of school leadership on school level factors: Validation of a causal model, *School Effectiveness and School Improvement*, 18 (1): 1–20.

Kythreotis, A., P. Pashiardis and L. Kyriakides (2010) The influence of school leadership styles and culture on students' achievement in Cyprus primary schools, *Journal of Educational Administration*, 48 (2): 218–40.

Lee, V. and R. Croninger (1994) The relative importance of home and school in the development of literacy skills for middle-grade students, *American Journal of Education*, 102 (3) (May): 286–329.

Leithwood, K., P.T. Begley and J.B. Cousins (1992) *Developing Expert Leadership for Future Schools*, Falmer Press, London.

Leithwood, K. and C. Day (2007) Starting with what we know, in *Successful Principal Leadership in Times of Change*, C. Day and K. Leithwood (eds), Springer, Dordrecht.

Leithwood, K., C. Day, P. Sammons, A. Harris and D. Hopkins (2006a) *Seven Strong Claims about Successful School Leadership*, DfES, London, and NCSL, Nottingham.

Leithwood, K., C. Day, P. Sammons, A. Harris and D. Hopkins (2006b) *Successful School Leadership: What it Is and How it Influences Pupil Learning*, DfES, London, available at www.dfes.gov.uk/research/data/uploadfiles/RR800.pdf.

Leithwood, K., A. Harris and D. Hopkins (2008) Seven strong claims about successful school leadership, *School Leadership and Management*, 28 (1): 27–42.

Leithwood, K., A. Harris and T. Strauss (2010) *School Turnaround Leadership*, Jossey-Bass, San Francisco, CA.

Leithwood, K. and D. Jantzi (1999) The relative effects of principal and teacher sources of leadership on student engagement with school, *Educational Administration Quarterly*, 35 (supplemental): 679–706.

Leithwood, K. and D. Jantzi (2000) *The Transformational School Leadership Survey* OISE/University of Toronto, Toronto, ON.

Leithwood, K. and D. Jantzi (2005) A review of transformational school leadership research: 1996–2005, *Leadership and Policy in Schools*, 4 (3): 177–99.

Leithwood, K. and D. Jantzi (2006) Transformational school leadership for large-scale reform: Effects on students, teachers, and their classroom practices, *School Effectiveness and School Improvement*, 17 (2): 201–27.

Leithwood, K. and D. Jantzi (2009) 'A review of empirical evidence about school size effects: a policy perspective', *Review of Educational Research* 79 (1): 464–90.

Leithwood, K., D. Jantzi and R. Steinback (2009) *Changing Leadership for Changing Times*, Open University Press, Maidenhead.

Leithwood, K. and B. Mascall (2008) Collective leadership effects on student learning, *Educational Administration Quarterly*, 44 (4): 529–61.

Leithwood, K., B. Mascall and T. Strauss (eds) (2008) *Distributed Leadership According to the Evidence*, Routledge, London.

Leithwood, K. and C. Riehl (2005) What we know about successful school leadership, in *A New Agenda: Directions for Research on Educational Leadership*, W. Firestone and C. Riehl (eds), Teachers College Press, New York.

Leithwood, K. and R. Steinbach (1995) *Expert Principal Problem Solving: Evidence from School and District Leaders*, SUNY Press, New York.

Leithwood, K. and J. Sun (2009) Transformational school leadership effects on schools, teachers and students, in *School improvement*, W. Hoy, and M. DiPaola (eds), Information Age Publishers, Charlotte, NC.

Leithwood, K., K. Louis, S. Anderson and K. Wahlstrom (2004) *The Learning from Leadership Project (2004–2009)*, Wallace Foundation, New York.

Little, J. (1982) Norms of collegiality and experimentation: Workplace conditions of school success, *American Educational Research Journal*, 19: 325–40.

Locke, E.A. (2002) The leaders as integrator: The case of Jack Welch at General Electric, in *Leadership*, L.L. Neider and C. Schriesheim (eds), Information Age Publishing, Greenwich, CT.

Lord, R. and K. Maher (1993) *Leadership and Information Processing: Linking Perceptions to Performance*, Routledge, New York.

Lowe, K.B., K.G. Kroeck and N. Sivasubramaniam (1996) Effectiveness correlates of transformational and transactional leadership: A meta-analytical review of the MLQ literature, *Leadership Quarterly*, 7 (3): 385–425.

Lutyen, H. and P. Sammons (2010) Multilevel modelling, in *Methodological Advances in Educational Effectiveness Research*, ed. B.P.M. Creemers, L. Kyriakides and P. Sammon, Routledge, London.

Lytton, H. and M. Pyryt (1998) Predictors of achievement in basic skills: A Canadian effective schools study, *Canadian Journal of Education*, 23 (3): 281–301.

Ma, X. and D.A. Klinger (2000) Hierarchical linear modeling of student and school effects on academic achievement, *Canadian journal of Education*, 25 (1): 41–55.

MacBeath, J. (2008) Distributed leadership: Paradigms, policy and paradox, in *Distributed Leadership According to the Evidence*, K. Leithwood, B. Mascall and T. Strauss (eds), Routledge, London.

MacGregor, D. (1960) *The Human Side of Enterprise*, McGraw-Hill, New York.

Marks, H. and S. Printy (2003) Principal leadership and school performance: An integration of transformational and instructional leadership, *Educational Administration Quarterly*, 39 (3): 370–97.

Marzano, R.J., T. Waters and B.A. McNulty (2005) *School Leadership that Works: From Research to Results*, Association for Supervision and Curricula Development, Alexandria, VA.

Mascall, B., K. Leithwood, T. Strauss and R. Sacks (2008) The relationship between distributed leadership and teachers' academic optimism, *Journal of Educational Administration*, 46 (2): 214–28.

Mascall, B., S. Moore and D. Jantzi (2008) *The Impact of Leadership Turnover on School Success*, final report of research to the Wallace Foundation, New York.

Mattessich, P.W. and B.R. Monsey (1992) *Collaboration: What Makes it Work?*, Amherst H. Wilder Foundation, St Paul, MN.

Matthews, P. and P. Sammons (2004) *Improvement through Inspection: An Evaluation of the Impact of Ofsted's Work*, Ofsted/Institute of Education, London, available at www.ofsted.gov.uk/publications/index.cfm?fuseaction=pubs.displayfileandid=3696andtype=pdf.

Matthews, P. and P. Sammons (2005) Survival of the weakest: The differential improvement of schools causing concern in England, *London Review of Education*, 3 (2): 159–76.

McGuigan, L. and W.K. Hoy (2006) Principal leadership: Creating a culture of academic optimism to improve achievement for all students, *Leadership and Policy in Schools* 5: 203–29.

Mintrop, H. (2004) *Schools on Probation: How Accountability Works (and Doesn't Work)*, Teachers College Press, New York.

Mortimore, P., P. Sammons, L. Stoll, D. Lewis and R. Ecob (1988) *School Matters: The Junior Years*, Open Books, Wells.

Muijs, D., A. Harris, C. Chapman, L. Stoll and J. Russ (2004) Improving schools in socioeconomically disadvantaged areas: A review of research evidence, *School Effectiveness and School Improvement*, 15 (2): 149–75.

Mulford, B. (2007) *Overview of Research on Australian Educational Leadership 2001–2005*, Australian Council for Educational Leaders Monograph No. 40, Australian Council for Educational Leaders, Melbourne.

Mulford, B. (2008) *The Leadership Challenge: Improving Learning in Schools*, Australian Education Review Number 53, Australian Council for Educational Research, Camberwell.

Murphy, J. and L. Beck (1995) *School-Based Management as School Reform*, Corwin Press, Thousand Oaks, CA.

Northouse, P. (2007) *Leadership: Theory and Practice*, Sage, Thousand Oaks, CA.

O'Day, J. (1996) Incentives and student performance, in *Rewards and Reform: Creating Educational Incentives that Work*, S. Fuhrman and J. O'Day (eds), Jossey-Bass, San Francisco, CA.

Ofsted (2000) *Improving City Schools*, Ofsted, London.

Ofsted (2009) *Twelve Outstanding Secondary Schools Excelling Against the Odds*, Ofsted, London.

O'Neill, O. (2002) *A Question of Trust: The BBC Reith Lectures 2002*, Cambridge University Press, Cambridge.

Pashiardis, P. and P. Ribbins (2003) On Cyprus: The making of secondary school principals, *International Studies in Educational Administration*, 31 (2): 13–34.

Penlington, C., A. Kington and C. Day (2008) Leadership in improving schools: A qualitative perspective, *School Leadership and Management*, 28 (1) (February): 65–82.

Podsakoff, P., S. MacKenzie, R. Moorman and R. Fetter (1990) Transformational leader behaviours and their effects on followers' trust in leader satisfaction and organizational citizenship behaviours, *Leadership Quarterly*, 1 (2): 107–42.

Printy, S. (2010) Principals' influence on instructional quality: Insights from US schools, *School Leadership and Management*, 30 (2): 111–26.

PWC (2007) *Independent Study into School Leadership*, a report for the DfES, RR818A, DfES, London.

Reeves, J. (2000) Tracking the links between pupil attainment and development planning, *School Leadership and Management*, 20 (3): 315–32.

Reynolds, A.J., S. Stringfield and D. Muijs (n.d.) Results for the High Reliability Schools Project, unpublished manuscript.

Reynolds, D. (1998) The study and remediation of ineffective schools: Some further reflections, in *No Quick Fixes: Perspectives on Schools in Difficulties*, L. Stoll and K. Myers (eds), Falmer Press, London.

Reynolds, D., D. Hopkins, D. Potter and C. Chapman (2001) *School Improvement for Schools Facing Challenging Circumstances: A Review of Research and Practice*, Department for Education and Skills, London.

Rizvi, F. (1989) In defence of organisational democracy, in *Critical Perspectives on Educational Leadership*, J. Smyth (ed.), Falmer Press, London.

Robinson, V. (2007) The impact of leadership on student outcomes: Making sense of the evidence, in *The Leadership Challenge: Improving Learning in Schools. Proceedings of the Australian Council for Educational Research Conference*, Melbourne, 12–16.

Robinson, V. (2008) Forging the links between distributed leadership and educational outcomes, *Journal of Educational Administration*, 46 (2): 241–56.

Robinson, V., M. Hohepa and C. Lloyd (2009) *School Leadership and Student Outcomes: Identifying What Works and Why. Best Evidence Syntheses Iteration (BES)*, Ministry of Education, New Zealand, available from http://educationcounts.govt.nz/goto/BES.

Robinson, V., C. Lloyd and K. Rowe (2008) The impact of leadership on student outcomes: An analysis of the differential effects of leadership types, *Educational Administration Quarterly*, 44: 635–74.

Rosenholtz, S.J. (1989) *Teachers' Workplace: The Social Organization of Schools*, Longman, New York.

Rowan, B. (1996) Standards as incentives for instructional reform, in *Rewards and Reform: Creating Educational Incentives that Work*, S.H. Fuhrman and J.J. O'Day (eds), Jossey-Bass, San Francisco, CA.

Rutter, M. (1990) Psychosocial resilience and protective mechanisms, in *Risk and Protective Factors in the Development of Psychopathology*, J. Rolf, A. Mastern, D. Cicchetti, K. Neuchterlein and S. Weintraub (eds), Cambridge University Press, New York.

Rutter, M., B. Maughan, P. Mortimer and J. Ousten (1979) *Fifteen-thousand Hours: Secondary Schools and Their Effects on Children*, Harvard University Press, Cambridge, MA.

Sammons, P. (2007) *School Effectiveness Research and Equity: Making Connections*, CfBT, London.

Sammons, P. (2008) Zero tolerance of failure and New Labour approaches to school improvement in England, *Oxford Review of Education*, 34 (6): 651–64.

Sammons, P., Gu, Q., Day, C., and Ko, J. (2011) "Exploring the impact of school leadership on pupil outcomes: Results from a study of academically improved and effective schools in England", *International Journal of Educational Management*, 25 (1): 83–101.

Sammons, P., T. Mujtaba, L. Earl and Q. Gu (2007) Participation in network learning community programmes and standards of pupil achievement: Does it make a difference?, *School Leadership and Management*, 27 (3) (July): 213–38.

Sammons, P., S. Thomas and P. Mortimore (1997) *Forging Links: Effective Schools and Effective Departments*, Paul Chapman, London.

Sarason, S. B. (1996) *Revisiting 'The Culture of the School and the Problem of Change'*, Teachers College Press, New York.

Scheerens, J. and R. Bosker (1997) *The Foundations of Educational Effectiveness*, Pergamon, Oxford.

Schussler, D.L. and A. Collins (2006) An empirical exploration of the who, what and how of school care, *Teachers College Record*, 108 (7): 1460–95.

Seashore Louis, K. (2007) Trust and improvement in schools, *Journal of Educational Change*, 8: 1–24.

Seashore Louis, K. and S.D. Kruse (1995) *Professionalism and Community: Perspectives on Reforming Urban Schools*, Corwin Press, Newbury Park, CA.

Seashore Louis, K. and S.D. Kruse (1998) Creating community in reform: Images of organizational learning in inner-city schools, in *Organizational Learning in Schools*, K. Leithwood and K. Seashore Louis (eds), Swets & Zeitlinger, Lisse.

Seashore Louis, K. and M.B. Miles (1990) *Improving the Urban High School: What Works and Why?*, Teachers College Press, New York.

Seashore Louis, K. and K. Wahlstrom (in press) Introduction, in *Learning from Leadership: Investigating the Links between Leadership and Student Learning*, K. Leithwood and K. Seashore Louis (eds), Jossey-Bass, San Francisco, CA.

Seldon, A. (2004) *Blair Unbound*, Simon and Schuster, London.

Seldon, A. (2009) *Trust: How We Lost it and How to Get it Back*, Biteback Publishing, London.

Shulman, L.S. (1998) Teaching and teacher education among the professions, 38th Charles W. Hunt Memorial Lecture, AACTE 50th Annual Meeting, New Orleans, Louisiana, 25 February 1998.

Silins, H. and W. Mulford (2002) Leadership and school results, in *Second International Handbook of Educational Leadership and Administration*, K. Leithwood and P. Hallinger (eds), Kluwer, Dordrecht.

Silins, H. and B. Mulford (2004) Schools as learning organisations: Effects on teacher leadership and student outcomes, *School Effectiveness and School Improvement*, 15 (4): 443–66.

Simecka, M. (1984) A world with utopias or without them?, in *Utopias*, P. Alexander and R. Gill (eds), Duckworth, London.

Smith, P.A. and W.K. Hoy (2007) Academic optimism and student achievement in urban elementary schools, *Journal of Educational Administration*, 45 (5): 556–68.

Sockett, H. (1993) *The Moral Base for Teacher Professionalism*, Teachers College Press, New York.

Solomon, R.C. and F. Flores (2001) *Building Trust: In Business, Politics, Relationships, and Life*, Oxford University Press, Oxford.

Southworth, G. (2008) Primary school leadership today and tomorrow, *School Leadership and Management*, 28 (5): 413–34.

Spillane, J. (2005) Primary school leadership practice: How the subject matters, *School Leadership and Management*, 25 (4): 383–97.

Spillane, J.P. (2006) *Distributed Leadership*, Jossey-Bass, San Francisco, CA.

Spillane, J.P., E.C. Camburn and A.S. Pareja (2008) School principals at work: a distributed perspective, in *Distributed Leadership According to the Evidence*, K. Leithwood, B. Mascall and T. Strauss (eds), Routledge, London.

Spillane, J.P., E. Camburn, J. Pustejovsky, A. Pareja and G. Lewis (2008) Taking a distributed perspective: Epistemological and methodological tradeoffs in operationalizing the leader-plus aspect, *Journal of Educational Administration*, 46 (2): 189–213.

Stein, M. and J. Spillane (2005) What can researchers on educational leadership learn from research on teaching?: Building a bridge, in *A New Agenda for Research in Educational Leadership*, W. Firestone and C. Riehl (eds), Teachers College Press, New York.

Stringfield, S., D. Reynolds and E.C. Schaffer (2008) *Improving Secondary Students' Academic Achievement through a Focus on Reform Reliability: Four and Nine Year Findings from the High Reliability Schools Project*, CfBT, London.

Sun, J. (2010) A review of transformational leadership research, University of Toronto, unpublished doctoral thesis.

Supovitz, J., P. Sirindides and H. May (2010) How principals and peers influence teaching and learning, *Educational Administration Quarterly*, 46 (1): 31–56.

Tashakkori, A. and C. Teddlie (2003) *Handbook of Mixed Methods in Social and Behavioural Research*, Sage, Thousand Oaks, CA.

Tschannen-Moran, M. (2001) Collaboration and the need for trust, *Journal of Educational Administration*, 39 (4): 308–31.

Tschannen-Moran, M. (2004) *Trust Matters: Leadership for Successful Schools*, Jossey-Bass, San Francisco, CA.

Tschannen-Moran, M. and M. Barr (2004) Fostering student achievement: The relationship between collective self-efficacy and student achievement, *Leadership and Policy in Schools*, 3 (3): 189–210.

Teddlie, C. and D. Reynolds (2000) *The International Handbook of School Effectiveness Research*, Falmer, London.

Teddlie, C. and P. Sammons (2010) Applications of mixed methods to the field of educational effectiveness research, in *Methodological Advances in Educational Effectiveness Research*, B.P.M. Creemers, L. Kyriakides and P. Sammons (eds), Routledge, London.

Thomson, P. (2009) *School Leadership: Heads on the Block?*, Routledge, London.

Wahlstrom, K. and K. Louis (2008) How teachers experience principal leadership: The roles of professional community, trust, efficacy and shared responsibility, *Educational Administration Quarterly*, 44 (4): 458–97.

Walberg, H. (1984) Improving the productivity of America's schools, *Educational Leadership*, 41 (8): 19–27.

Wallace, M. and L. Huckman (1999) *Senior Management Teams in Primary Schools*, Routledge, London.

Waters, T., R.J. Marzano and B. McNulty (2003) *Balanced Leadership: What 30 Years of Research Tells us about the Effect of Leadership on Pupil Achievement. A Working Paper*. Mid-continent Research for Education and Learning (McREL), Denver, CO.

Weindling, D. and C. Dimmock (2006) Sitting in the 'hot seat': new headteachers in the UK, *Journal of Educational Administration*, 44 (4): 326–40.

Wendell, T. (2000) *Creating Equity and Quality: A Literature Review*, Society for the Advancement of Excellence in Education, Kelowna, BC.

West, M., M. Ainscow and J. Stanford (2005) Sustaining improvement in schools in challenging circumstances: A study of successful practice, *School Leadership and Management*, 25 (1): 77–93.

Whitaker, P. (1993) *Managing Change in Schools*, Open University Press, Buckingham.

Wohlstetter, P., A. Datnow and P. Park (2008) Creating a system for data driven decision making: Applying the principal-agent framework, *School Effectiveness and School Improvement*, 19 (3): 239–59.

Woods, P.A., G.J. Woods and M. Cowie (2009) 'Tears, laughter, camaraderie': Professional development for headteachers, *School Leadership and Management*, 29 (3): 253–75.

Yukl, G. (1994) *Leadership in Organizations*, Prentice-Hall, Englewood Cliffs, NJ.